Kindheit zwischen Recht und Schutz: Wissen und Praktiken von Fachkräften im Kinderschutz

Kindheiten. Gesellschaften

herausgegeben von
Rita Braches-Chyrek
Charlotte Röhner
Heinz Sünker

Band 5

Rita Braches-Chyrek

Kindheit zwischen Recht und Schutz: Wissen und Praktiken von Fachkräften im Kinderschutz

Verlag Barbara Budrich
Opladen • Berlin • Toronto 2021

Bibliografische Information der Deutschen Nationalbibliothek
Die Deutsche Nationalbibliothek verzeichnet diese Publikation in der Deutschen Nationalbibliografie; detaillierte bibliografische Daten sind im Internet über https://portal.dnb.de abrufbar.

Gedruckt auf säurefreiem und alterungsbeständigem Papier

www.budrich.de

ISBN 978-3-8474-2489-5 (Paperback)
eISBN 978-3-8474-1633-3 (PDF)
DOI 10.3224/84742489

Umschlaggestaltung: Walburga Fichtner, Köln
Typographisches Lektorat: Angelika Schulz, Zülpich
Druck: docupoint GmbH, Barleben
Printed in Europe

Vorwort

Die Bestandsaufnahmen zum Wissen über die Strukturen und Dynamiken im Kinderschutz zeigen, dass in den letzten Jahren eine Vielzahl von Rahmenbedingungen geschaffen wurden, um das Wohl von Kindern sicher stellen zu können. Jedoch stellt sich nach wie die Frage, wie Kinder im Kinderschutz wahrgenommen werden und in welcher Weise ihre Wünsche, Bedürfnisse und Handlungsweisen berücksichtigt werden. Bisher werden Kinder eher als Opfer, Schutzbedürftige oder als Problemträger*innen bzw. -verursacher*innen betrachtet. Für ihre Handlungsfähigkeit, Mitgestaltungsmöglichkeiten, ihre Beteiligung am „Austarieren" von Bedarfen, ihre Anpassungsstrategien und Mechanismen der Selbstselektion wird sich wenig interessiert. Daher werden in diesem Buch Forschungsergebnisse zur Aufschlüsselung des grundlegenden Spannungsverhältnisses zwischen den Dimensionen von Schutz und Partizipation in der Kinderschutzarbeit vorgestellt. Befunde zu den leitmotivischen Positionierungen der Fachkräfte des Allgemeinen Sozialen Dienstes und der Kindertagesbetreuung im Kinderschutz ermöglichen eine Diskussion über ihre Möglichkeiten den Interessen der Kinder Gehör zu verschaffen. Durch die Förderung der Deutschen Forschungsgemeinschaft konnte das Projekt (Geschäftszeichen BR 5330/2-1) realisiert werden. Dafür ist nachdrücklich zu danken.

Gleichfalls soll an dieser Stelle den Leitungen sowie den sozial- und kindheitspädagogischen Fachkräften der Allgemeinen Sozialen Dienste, der Kindertagesbetreuung wie auch Familienzentren ein besonderer Dank ausgesprochen werden. Sie haben sich Zeit für die Interviews genommen und es daher überhaupt erst möglich gemacht ihre hier nachfolgend angeführten professionellen Perspektiven auf die Kinderschutzarbeit zu diskutieren. Durch ihre Erfahrungen in der Kinderschutzarbeit können zentrale Bezugspunkte professionellen Handelns benannt werden.

Ebenfalls gilt mein nachdrücklicher Dank Frau Gottschalk, Frau Wirbatz und Frau Glück, die nicht nur die wesentlichen Vorarbeiten für die Auswertung der umfangreichen Daten geleistet, sondern mit ihren sinnvollen Anregungen und Vorschlägen zur Einordnung der Ergebnisse und somit zur Realisierung dieser Publikation beigetragen haben.

Rita Braches-Chyrek

Inhaltsverzeichnis

Abkürzungsverzeichnis

Abs.	Absatz
ALR	Allgemeines Landrecht für die preußischen Staaten
Art.	Artikel
ASD	Allgemeiner Sozialer Dienst
BAGLJÄ	Bundesarbeitsgemeinschaft der Landesjugendämter
BGB	Bürgerliches Gesetzbuch
BGH	Bundesgerichtshof
BKiSchG	Bundeskinderschutzgesetz
BVerfG	Bundesverfassungsgericht
bmfsfj	Bundesministerium für Familie, Senioren, Frauen und Jugend
DFG	Deutsche Forschungsgemeinschaft
DJI	Deutsches Jugendinstitut
FamFG	Gesetz über das Verfahren in Familiensachen und in den Angelegenheiten der freiwilligen Gerichtsbarkeit
FAmRZ	Zeitschrift für das gesamte Familienrecht
GG	Grundgesetz
HPG	Hilfeplangespräch
Kap.	Kapitel
KiBiz	Kinderbildungsgesetz
KICK	Kinder- und Jugendhilfeweiterentwicklungsgesetz
KJH	Kinder- und Jugendhilfe
KJHG	Kinder- und Jugendhilfegesetz
KKG	Gesetz zur Kooperation und Information im Kinderschutz
KoKi	Koordinierende Kinderschutzstellen
KRK	UN-Kinderrechtskonvention
NRW	Nordrhein-Westfalen
OGS	Offene Ganztagsschule
SGB VIII	Sozialgesetzbuch VIII
UN	United Nation

Abbildungs- und Tabellenverzeichnis

1 Kindheit zwischen Recht und Schutz

Kindheit ist exklusiv, ein privilegierter und schützenswerter Ort der magischen Momente, der glücklichen Erinnerungen, des Vergnügens, des Staunens, der Unschuld und eben auch der Sorge und Angst (Garlen 2019, S. 55). Schon dieser Befund zeigt, dass die gesellschaftlichen Wahrnehmungen und Deutungen von Kindern und Kindheit überaus different sind. Kindheit als eine Zeit der Glückseligkeit, sorglosen Verzauberung ist ein mächtiges soziales Konstrukt, was dazu geführt hat, Erwartungen darüber zu formulieren, wie Kindheit zu sein hat. Eine Vielzahl von emotionalen Investitionen und sozialen Spannungen haben die Konzepte von Kindheit ausgeformt und eben auch die Vorstellungen des grundlegenden, universellen und nicht hinterfragbaren Schutzes von Kindern.

Bereits in den Anfängen der Kinderrechtsbewegung im 18. Jahrhundert lassen sich die Narrative über die „gefährdete Unschuld" der Kindheit nachweisen (ebd., S. 63). Sie führten dazu, dass gesellschaftliche Normen, Regeln, Prinzipien, Dispositionen, Gewohnheiten, Haltungen oder Annahmen einer grundlegenden Überprüfung unterzogen werden konnten. Mit der nachdrücklichen Forderung das „unveräußerliche Recht des Kindes auf seine Kindheit" in allen Lebensbereichen umzusetzen wurde ein bis heute gültiger und umfassender Schutzgedanke formuliert (Cunningham 2005, S. 227; Liebel 2017a, S. 29).[1] Dabei orientiert sich der vehement eingeforderte Schutz für kindliches Leben an unterschiedlichen – vielfach im Kontext der ideengeschichtlichen Entwicklungen der Aufklärung entstandenen – Vorstellungen moderner Kindheit (Bühler-Niederberger 2020, S. 89).

Zentral war sicherlich die Annahme, dass Erziehung und Bildung von Kindern einen nachhaltigen Nutzen für die Gesellschaft haben. Demzufolge sollten jegliche Gefährdungen, wie bspw. Einflüsse des Milieus und/oder der Familie bzw. Erziehungsverantwortlichen, eine frühzeitige Einbindung in Arbeitsprozesse oder den Militärdienst, vermieden werden. Gleichzeitig ging es auch um eine möglichst wirksame Sozialisierung der Kinder, damit die Übernahme von Wert- und Normvorgaben sowie das Hervorbringen von erwünschten „vernünftigen" Verhaltensmustern gewährleistet werden können (Locke 1990; Jean-Jacques Rousseau 1971; Bühler-Niederberger 2020, S. 89).
Diese ersten Formen des Erklärens und Verstehens von Bildungs- und

---

1 Obwohl zumindest für den deutschsprachigen Raum schon umfassende gesetzliche Rahmungen vorlagen, wie bspw. durch das preußische allgemeine Landrecht (ALR), das badische Landrecht, den französischen Code Civil oder auch das sächsische BGB orientierten sich die Überlegungen zu Kinderrechten eher an den Vorstellungen der allgemeinen Menschenrechte, die im Jahr 1948 durch den Art. 1 dahingehend präzisiert wurden, dass alle Menschen frei, gleich an Würde und Rechten geboren werden (Sachße 2018).

Erziehungsmustern, kulturellen Praktiken und Programmen zu den sozial erwünschten Aktivitäten von Kindern wie auch zur Einleitung von Prozessen der Ordnungsbildung führten zu Debatten um alternative Wissensordnungen.

„So werden die Schemata, welche die Wahrnehmung, die Bewertung, das Denken und das Handeln strukturieren [...] durch die pädagogische Arbeit aufgezwungen und eingeprägt (Bourdieu 2004, S. 45)".

Es entstanden Überlegungen zu Partizipations- und Teilhaberechten von Kindern, wie z.B. bei Thomas Spence in seinem Werk „The Rights of Infants" (1796). Somit konnten neue Akzentsetzungen hin zu Fürsorge, Schutz, Absonderung und Beaufsichtigung von Kindern ermöglicht werden (Cunningham 2005, S. 192).

Mit dem Bestreben eigenständige Kinderpolitiken zu etablieren, konnten weitere zentrale Betätigungsfelder für Regierungen, kommunale und karitative Organisationen sowie anderen Akteur*innen in den Bereichen der sozialen Dienste und der Wissenschaft – insbesondere der Pädagogik – etabliert werden. Die Verhinderung von Armut, die Einschränkung von Kinderarbeit und eine Verstetigung der Erziehungs- und Bildungsbemühungen sind bis heute zentrale Ziele staatlicher Maßnahmen in den Bereichen des Kinderschutzes.[2]

Pädagogisch legitimierte, staatlich abgesicherte und geförderte Leitbilder von Sorgeordnungen, die sowohl sozialstaatliches Handeln wie auch die Entscheidungen von Akteur*innen auf den unterschiedlichen gesellschaftlichen Ebenen der Gewährleistung des Kinderschutzes und der Einhaltung von Kinderrechten legitimieren waren die Folge, nicht zuletzt aufgrund der breiten öffentlichen Diskussion schwieriger Fallbearbeitungen im Kinderschutz.

Der Kinder- und Jugendhilfe wird eine ganz besondere und grundsätzliche Kinderschutzfunktion zugeschrieben, die nicht zuletzt durch das Kinder- und Jugendhilferecht (KJHG) (SGB VIII) gerahmt wird. Zum einen wird Hilfe in Form von Beratungsleistungen, Begleitungen, usw. wie auch von Räumen (z.B. für Wohngruppen, Tagesgruppen usw.) für Kinder und ihre Eltern in schwierigen Lebenssituationen zur Verfügung gestellt. Zum anderen sind mit der Entstehung des Arbeits-, Handlungs- und Wissenschaftsfeldes des Kinderschutzes auch vielfältige Vorgaben und Kontrollaufgaben bzw. -systeme entstanden.

Mit dem Anspruch Kinder vor jeglichen realen, möglichen oder potenziellen Gefahren schützen zu wollen, konnten sich einer Reihe administrativer Steuerungsmöglichkeiten herausbilden. Die Sicherung des Kindeswohls wurde zu einer zentralen Begründungsfigur für (präventiv angelegte)

2 Zur kritischen Auseinandersetzung mit der zunehmenden Etablierung von Leitbildern, Normsetzungen und der Kodifizierung staatlicher Interventionen in den Debatten zu Kinderrechten und zum Kinderschutz in westlichen Demokratien (s. Liebel 2007; 2017).

Hilfeaufgaben und die kontrollierenden Interventionen der Sozialen Dienste. Beide Handlungsbereiche sind in der Kinder- und Jugendhilfe mittlerweile fast gleichrangig. Deutlich wird dies auch an den aktuellen Zahlen. Die Verfahren zum Kindeswohl nehmen seit Jahren kontinuierlich zu, ebenso wie die Anzahl von Inobhutnahmen (Antholz 2019, S. 221).[3]

Dabei ist trotz der gesetzlichen Vorgaben nicht von vornherein klar, wie sich die konkrete Zusammenarbeit in den jeweiligen Arbeitsfeldern und Organisationen der Kinder- und Jugendhilfe gestaltet.

Die Wahrnehmung von Aufgaben und Zuständigkeiten, die Formen der gemeinsamen Fallbearbeitungen und Entscheidungen, die Autonomieansprüche wie auch die konkreten Handlungsmöglichen der Akteur*innen im Kinderschutz sind nicht unbedingt einheitlich.

Auch zeigen die zentralen Diskurslinien um die Vermeidung von Fehlern und die Minimierung von Risiken[4], dass die Berücksichtigung von Kinderinteressen und die Beteiligung von Kindern im Kinderschutz noch wenig erforscht ist. Demzufolge sind die Fragen danach, welche besonderen Herausforderungen an das Handeln der zentralen Akteur*innen im Kinderschutz, der Mitarbeiter*innen im Jugendamt sowie in der frühen Kindheit gestellt werden Gegenstand der nachfolgenden Diskussionen.

Leitmotivisch wird davon ausgegangen, dass kontinuierliche Relationierungen in der unmittelbaren Ausgestaltung der professionellen Praxis[5] hinsichtlich folgender Aspekte relevant sind:

1. Das Spanungsverhältnis von Recht und Schutz wirkt auf die Handlungsmuster, -fähigkeiten, -kompetenzen und -möglichkeiten wie auf die Autonomieansprüche der Akteur*innen im Kinderschutz.

---

3 Für das Jahr 2019 sind insgesamt 55. 500 Fälle von Kindeswohlgefährdungen bei Kindern und Jugendlichen festgestellt worden (nach §§ 41, 42a SGB VIII) (www.destatis.de). Die Zahlen sind somit auf einem neuen Höchststand. Vielfach sind Kinder unter 8 Jahren betroffen. Sexuelle Gewalttaten gegen Kinder haben deutlich zugenommen und hier insbesondere die Herstellung und der Vertrieb von kinderpornografischem Material (ebd.). Als Begründungen für die deutliche Zunahme von Gewalt werden die Auswirkungen der Gesundheitskrise, eine umfangreichere Berichterstattung sowie Sensibilisierung der Öffentlichkeit und Behörden angeführt (ebd.).

4 Zur Risikovermeidung und zum Umgang mit Fehlern liefert Munro (2019a; Fegert et al. 2008) einen interessanten Überblick, in dem sie unter anderem darauf verweist, dass Entscheidungen im Kinderschutz oft unter einer gewissen Unsicherheit getroffen werden müssen. Häufig geht es – getrieben durch ein modernes Risikomanagement – gerade in schwierigen Fällen im Kinderschutz, auch um die Frage nach Schuld, als „generally choosing between wholly safe or dangerous options" (Munro 2019a, S. 125). Deshalb braucht es nach Munro (2019a) eine neue Lernkultur, in der aus Fehlern gelernt wird (ebd., S. 126).

5 Der Begriff der Praxis steht für „das Andere" (das Gegenüber), Praxis ist das, was nicht Theorie ist, das Nachdenken über Praxis und das Sprechen über sie, trennt von der Praxis (Bourdieu 1998, S. 173).

2. Der „Erledigungsdruck“ der Praxis führt zu Interesseninkongruenzen und beeinflusst die Interaktionsdynamiken im Kinderschutz. Grenzen im Handeln zwischen Adressat*innen (Kinder, Erziehungsberechtigte) und professionell Tätigen ergeben sich durch die doppelte Funktion von Hilfe und Kontrolle.

Professionelles Handeln im engeren und weiteren Sinne (Hamburger 2016, S. 173)[6] im Kinderschutz ist einer Vielzahl von Aushandlungsprozessen und Dilemma unterworfen, wie nachfolgend beschrieben wird:

„Hilfe versus Kontrolle, Sozialdisziplinierung versus Befähigung zur autonomen Lebensführung, Dialog und Zwangskontext, Macht und Ohnmacht, Risiko und Vertrauen, Nähe und Distanz, Rückzug und Veränderung – das ist das alltägliche ‚Brot‘ Sozialer Arbeit, ihre Bühne, es sind die ‚Bretter‘, die sie zu bohren und doch taktvoll auszubalancieren hat, will sie gelingen“ (Böver/Kotthaus 2018, S. 9).

An die Fachkräfte in den Sozialen Diensten werden im Kontext öffentlicher, professionsspezifischer wie auch disziplinärer Debatten hohe Forderungen gestellt, die es jeweils auszutarieren gilt. Dies zeigen auch die Befunde der international ausgerichteten Kinderschutzforschung.

Seit den 1970er sind vielfältige Forschungsschwerpunkte, Publikationen und Praxisprojekte entstanden. Das wechselseitige Bedingungsverhältnis von Wissen und professioneller Wahrnehmung bzw. Bewertung der Wissensbemühungen und Weiterentwicklung von Wissen ist daher Gegenstand der folgenden Darstellung der Forschungsergebnisse aus dem DFG-Projekt. Die sich nun anschließenden Ausführungen sind wie folgt gegliedert:

- In Kapitel 1 werden grundlegende Bestimmungen zu den Begriffen Kinderrechte, Kinderschutz, Kindeswohl, Kindeswohlgefährdung und Kinderwille im Kontext ihrer unterschiedlichen rechtlichen und normativen Konstruktionen diskutiert.
- Die Anlage und Methodik der Forschung wird in Kapitel 2 vorgestellt, um zentrale Funktions- und Gegenstandbestimmungen wie auch Begründungsfiguren konturieren zu können.

---

6 Sozialpädagogisches Handeln im engeren Sinne meint Interaktionen mit Adressat*innen im Kontext von Einzelfallhilfe, Gruppenarbeit und im Sozialraum. Dies umfasst Tätigkeiten wie beobachten, beraten, erziehen, bilden, unterstützen, befähigen, planen, dokumentieren, informieren, Problemdefinitionen usw. (Hamburger 2016, S. 173). Gleichfalls wird Handeln in der Sozialen Arbeit eine doppelte Struktur unterstellt, als professionelles (an Wissen zurückgebundenes) und soziales Handeln (ebd.; Schütz 2010; 2011; Elias 1971).

- Anschließend werden in Kapitel 3 relevante rechtliche und strukturelle Orientierungen im Kinderschutz diskutiert.

- Kapitel 4 dient der Auseinandersetzung mit internationalen und nationalen Forschungsergebnissen.

- Der Hauptteil der vorliegenden Publikation (Kapitel 5) widmet sich ausgewählten Positionierungen von pädagogischen Fachkräften des Allgemeinen Sozialen Dienstes und der Kindertageseinrichtungen zu den „Anforderungsprofilen" im Kinderschutz (v. Spiegel 2013, S. 71). Ihre Situations- und Problemanalysen werden differenziert nach den möglichen Modalitäten bzw. Bedingungen für professionelles Handeln im Kinderschutz in den Fokus genommen. Das hier vorgestellte Datenmaterial konnte durch Interviews und Gruppendiskussionen[7] mit ausgewählten Akteur*innen im Kinderschutz gewonnen werden.

- Die Auswirkungen der „Anforderungsprofile" (ebd.) an professionelles Handeln im Kinderschutz werden im Kontext der Berücksichtigung von Kinderrechten und Kinderschutz in Kapitel 6 diskutiert und weitere Forschungsbedarfe begründet.

- Abschließend wird in Kapitel 7 die Wirkung von relevantem Wissen als Schlüsselkomponente und Verständigungskomponente im Kinderschutz entfaltet.

Ein besonderer Fokus lag analog zu den leitenden Fragestellungen im Forschungsprojekt auf der Herausarbeitung der Handlungskompetenzen, mit denen ein „gelingender" Kinderschutz gestaltet werden kann. Dabei war die Berücksichtigung von Kinderinteressen und -rechten ein wichtiger Bezugspunkt für die Analyse der Interviewergebnisse.

Vor dem Hintergrund der Annahme, dass unterschiedliche Wissensordnungen für die Zusammenarbeit mit Kindern, Erziehungsberechtigten sowie den unterschiedlichen Akteur*innen im Kinderschutz von Relevanz sind, werden widersprüchliche Interessen und Leitbilder des Kinderschutzes kritisch hinterfragt. Im Kontext ausgewählter Positionierungen und leitmotivischer Erfahrungswelten der Akteur*innen im Allgemeinen Sozialen Dienst und Kindertageseinrichtungen werden Perspektiven einer „guten" kinderschutzbezogenen Arbeit erörtert.

---

7 Das DFG-Projekt wurde im Zeitraum von 01.02.2017 bis zum 31.10.2019 bearbeitet. Die Gesamtdauer des Projekts betrug 24 Monate.

1.1 Ambivalenzen in den Begriffsbestimmungen: Kinderrechte, Kinderschutz, Kindeswohl, Kindeswohlgefährdung

Kinderrechte, Kinderschutz, Kindeswohl und Kindeswohlgefährdung sind die zentralen Begriffe, die das professionelle Handeln der Akteur*innen in den Kinderschutzsystemen rahmen. Dabei muss zur Kenntnis genommen werden, dass es kein allgemeingültiges materiell-rechtliches Verständnis der Begriffe gibt. Besonders deutlich wird dies in den kindschafts- und familienrechtlichen Bestimmungen sowie in behördlichen Verfahren (Zitelmann 2020, S. 460).

1.1.1 Kinderrechte

Durch das Urteil des Bundesverfassungsgerichts (1968) wurde ein Paradigmenwechsel eingeleitet. Es wird ausgeführt:

„Das Kind [hat] als Grundrechtsträger selbst Anspruch auf den Schutz des Staates […]. Das Kind ist ein Wesen mit eigener Menschenwürde und dem eigenen Recht auf Entfaltung seiner Persönlichkeit im Sinne der Artikel 1 Abs. 1 und Artikel 2 Abs. 1 GG" (Entscheidungssammlung des Bundesverfassungsgerichts 1968, S. 119)[8].

Seit dieser Festlegung, dass Kinder als Grundrechtsträger wahrzunehmen sind, entwickelten sich neue rechtliche Normierungen. Diese führten dazu, dass Kindern das Recht auf Schutz, Würde, Achtung und Entfaltung ihrer Persönlichkeit zugestanden wurde. Kindliches Aufwachsen und kindliche Sozialisation sollten durch die Eltern in geschützten sozialen Kontexten bzw. Räumen ermöglicht werden. Die Elternverantwortung rückte als Pflicht in den Mittelpunkt des staatlichen Interesses. Elterliche Rechte und Pflichten zeichnen sich seitdem durch eine „wesensbestimmende" Verbundenheit aus und der Staat wacht über eine angemessene Ausübung des Elternrechts (staatliches Wächteramt) (Surall 2009, S. 54 f.; Engelhardt 2017, S. 167). Die Qualität der Beziehungen zwischen den Generationen veränderte sich mit der Anerkennung des Kindes als eines Rechtssubjekts. Jedoch wird den Eltern nach wie vor die Verantwortung für die Ausgestaltung der Familienbeziehungen zugeschrieben, und die Familie ist grundgesetzlich geschützt (Art. 6 GG). Kinder sollen gefördert werden und die Möglichkeit erhalten, eigene Erfahrungen in der Ausübung von Rechten zu sammeln. Sie sollen in ihrem alltäglichen Handeln bestärkt und in ihrem Eigenwert respektiert werden (Jones/Welch 2010; Engelhardt 2017, S. 167).

Die Anerkennung von Kindern als Rechtssubjekte und das damit verbundene Recht auf Schutz, Versorgung und Beteiligung, machte es möglich, dass

---

8 Vgl. Braches-Chyrek 2020a, S. 443.

im staatlichen Handeln neue Wege eingeschlagen werden konnten, wie z.B. durch die Einführung des Schutzauftrages (§ 8a SGB VIII). Die Qualität der Beziehungen zwischen Erwachsenen und Kindern wurde in der Auseinandersetzung mit der bis dahin uneingeschränkten Festlegung des elterlichen Erziehungsprimats kritisch reflektiert. Jedoch ist die elterliche Verantwortungsübernahme für die Versorgung und den Schutz von Kindern nach wie vor sehr bedeutsam. Dies kann im Kontext der drei zentralen Bereiche der Kinderrechtskonvention – *„Protection, Provision, Participation"* – nachgezeichnet werden, da hier das Verhältnis von Kindern, Eltern und staatlichen Institutionen ausgelotet wird.

1.1.1.1 Kinderrechte als Schutzrechte

Durch die UN-Kinderrechtskonvention sind eine Vielzahl von Schutzrechten *(protection)* festgelegt worden, wie auszugweise gezeigt werden soll:

- Art. 3: Fürsorge und vorrangige Beachtung des Kindeswohls,
- Art. 6: Leben, Überleben und Entwicklung,
- Art. 8: Wahrung der Identität,
- Art. 9: Schutz vor willkürlicher Trennung von den Eltern,
- Art. 16: Schutz der Privatsphäre und der Ehre,
- Art. 19: Schutz vor Gewaltanwendung, Misshandlung und Verwahrlosung,
- Art. 24: medizinische Versorgung und gesundheitliche Vorsorge,
- Art. 26: soziale Sicherheit
- Art. 27: Unterhalt und angemessene Lebensbedingungen,
- Art. 28 und 29: Schule, Bildung und Ausbildung,
- Art: 31: Freizeit, Spielen und Kultur,
- Art. 32: Schutz vor wirtschaftlicher und sexueller Ausbeutung.

Diese Schutzrechte orientierten sich lange Zeit primär an traditionellen Kindheitsbildern und Kindheitsverständnissen, die von potenziell gefährdeten, schutzbedürftigen Kindern ausgingen, demnach eher ein passives Bild von Kindheit und Kindern entwarfen. Im Kontext dieser Sichtweisen konnte sich das Leitbild einer gewaltfreien Erziehung etablieren. Kinder sind

> *„vor jeder Form körperlicher und geistiger Gewaltanwendung, Schadenszufügung oder Misshandlung, vor Verwahrlosung oder Vernachlässigung, vor schlechter Behandlung oder Ausbeutung einschließlich des sexuellen Missbrauchs zu schützen" (Art. 19 UN-Kinderrechtskonvention).*

Demzufolge haben Kinder ein Recht auf Schutzmaßnahmen und sowohl ihre Eltern bzw. Erziehungsberechtigten wie auch die staatlichen Institutionen und

Organisationen sind verpflichtet, Kinder zu schützen (staatliches Wächteramt). Jedoch konnte im Kontext der Debatten um die Kinderrechtskonvention ein Paradigmenwechsel eingeleitet werden, der dazu geführt hat, dass Kinder als Subjekte und Träger*innen eigener Rechte wahrgenommen werden (Maywald 2010; Engelhardt 2017, S. 171). Kindern wird das Recht auf Information und Partizipation zugestanden (Pluto 2018). Demzufolge können und sollen sie ihre möglichen und jeweils individuellen Schutzinteressen äußern. Die sich hier offenbarende „Dialektik von Schutzanspruch und eigenständigem Rechtanspruch“ (Kerber-Ganse 2009, S. 236; Schwarz 2011) spiegelt sich nach wie vor in den gesellschaftlichen und innerfamiliären Kontroll-, Zwangs- und Machtverhältnissen wider. Bis zur Schwelle einer feststellbaren Kindeswohlgefährdung gilt das Elternrecht.

Kindheitsanalytische Diskurse – wie von den childhood studies, children‘s rights movement und children's rights studies initiiert – haben diese Zusammenhänge analysiert und problematisiert (Braches-Chyrek 2020a; Bendo 2020, S. 173). Mit der Analyse von historischen Quellen zu Kindheitsvorstellungen und Kindheitsmustern konnte gezeigt werden, dass Kindheit als historische und soziale Realität zu begreifen ist und demzufolge die mit Kindheit verbundenen Vorstellungen, die sich in institutionellen Konzeptionen und Praktiken von Erziehung und Bildung widerspiegeln, historischen Wandlungen unterworfen sind (Winkler 2008, S. 98; Braches-Chyrek/Sünker 2020).

Den hier kurz skizzierten Wandel in der Wahrnehmung von Kindern und Kindheit, der auf den unterschiedlichen Ebenen des Alltagsverständnisses sowie normativen Setzungen einer „guten“ Kindheit oder auch „guter“ Eltern offenbar wird, führte zu Kindheitsvorstellungen, die davon ausgehen, dass das Kind die „letzte, verbliebene, unaufkündbare, unaustauschbare Primärbeziehung“ ist (Beck 1986, S. 193 f.). Eine Folge dieser Entwicklung ist die „Überemotionalisierung“ (Beck/Beck-Gernsheim 1990, S. 182) des Verhältnisses von Eltern zu ihren Kindern. Weitere Wirkungen sind Fokussierungen auf die kindliche Unschuld und damit einhergehend den Schutz von Kindern sowie die Positionierung von Eltern sowohl als Schutz- und als Risikofaktoren im Verlauf der kindlichen Entwicklung (Rooth et al. 2018, S. 369; Garlen 2019, S. 54).

Diese Perspektivierungen in den Sichtweisen auf Kindheit und Kinder führten zu zunehmenden Begrenzungen sowie zu „Verinselungen“ kindlicher Orte und Erfahrungsräume wie auch zu frühen Einschränkungen kindlicher Freiheitsrechte im Alltag (Beck 1986, S. 193f.; Qvortrup 1994; Zeiher/Zeiher 1994). Die mit den Narrativen über die gefährdete Unschuld der Kindheit einhergehende Ausgestaltung von sozialer Praxis verschleiert nicht nur die sozial konstruierte „Natur“ des Kindes, sondern führt auch dazu, dass kindliche Unwissenheit zum Idealzustand des frühen Lebens wird (Garlen 2019, 57).

Vor allem Kinder aus sozial privilegierten Milieus sind in einem weitaus höheren Maße den von ihren Eltern, Erziehungsberechtigten, Betreuer*innen und pädagogischen Fachkräften eingeforderten und durchgesetzten Schutzmaßnahmen unterworfen. Kinder aus weniger sozial privilegierten Milieus sind hingegen den Folgen von elterlichen Bildungsentscheidungen, gesundheitlichen, ernährungsbedingten Vernachlässigungen sowie des Aufwachsens in prekären Einkommens- und Wohnsituationen schutzlos ausgeliefert (Braches-Chyrek/Sünker 2020). Sie erleben frühe Benachteiligungen in den Bereichen von Sicherheit, Konsum, sozialkultureller Teilhabe, Freizeit und Bildung (Chassé/Rahn 2020). Durch den Art. 19 der Kinderrechtskonvention soll gewährleistet werden, dass jedes Kind vor

> *„körperlicher oder geistiger Gewaltanwendung(en), Schadenszufügung(en), Misshandlung(en), Vernachlässigung(en) und Gefahr(en) kindlicher Wohlfahrt“ [geschützt wird] [R. B.-C.], „gleichzeitig werden die direkten und indirekten Verletzungen des kindlichen Rechts auf bestmöglichen Schutz durch gesellschaftlich geformte Machtungleichheiten in Institutionen und durch Wirtschafts- und Handelspolitiken, in deren Folge sich die soziale Exklusion von Kindern weiter verschärft, nur unzureichend thematisiert“ (Moran-Ellis/Sünker 2008, S. 62).*

In der Kinder- und Jugendhilfe hat die Auseinandersetzung mit den Bestimmungen der Kinderrechtskonvention und den dadurch eingeforderten Möglichkeiten der Berücksichtigung von Kinderinteressen und dem Kinderwillen bei Einzelentscheidungen zu Veränderungen geführt. Es konnten Beschwerdestellen geschaffen und Gewährleistungskataloge, die die Kinder eigenständig nutzen können, etabliert werden. Zudem ist ein breites Angebot von Präventions-, Hilfs- und Beratungsmöglichkeiten entstanden, wie z.B. die Frühen Hilfen.

1.1.1.2 Kinderrechte als Versorgungsrechte

Mit dem Recht auf Versorgung (provision) wird der Infrastrukturgedanke und die mit ihm verbundenen kindlichen Lebensbereiche, wie das Recht auf Gesundheit, Bildung, angemessene Lebensbedingungen, Ernährung, Kleidung, Wohnung, soziale Sicherheit, Recht auf einen Namen (z.B. der Eintrag ins Geburtenregister), Staatsangehörigkeit (damit auch das Recht auf Identität und Bürgerrechte), zentral. Zugleich wird mit dem Begriff *provision* auf nationale und internationale Problemlagen bei der Bestimmung und Umsetzung von Kinderrechten verwiesen (Liebel 2017, S. 29). In globalen Diskursen werden Debatten um *„basic needs“*, *„basic education“*, *„child labor“*, *„education of girls“*, *„disabled children“* und *„minority groups“* geführt, während in nationalen Kontroversen die Themen „Sozialstaat und Gesellschaftspolitik“ sowie „öffentliche und private Erziehung/Bildung“ behandelt werden (Moran-

Ellis/Sünker 2008, S. 62). Die verankerten Rechte des Kindes auf Bildung (Artikel 28 und 29 der Kinderrechtskonvention) sowie die damit einhergehenden Definitionen von Bildungsinhalten zeigen, dass die Beteiligung aller Kinder am sozialen, kulturellen und politischen Leben durch private und/oder öffentliche Bildungsinstitutionen sichergestellt werden sollte, um das Ziel eines „guten" Lebens realisieren zu können:

„Die Vertragsstaaten erkennen das Recht des Kindes auf Bildung an; um die Verwirklichung dieses Rechts auf der Grundlage der Chancengleichheit fortschreitend zu erreichen [...]" (Art. 28 UN-Kinderrechtskonvention).

Es sollen verbesserte Infrastrukturmaßnahmen (curriculare und institutionelle Reformen, Professionalisierung usw.) in allen Bildungsbereichen eingeleitet werden. Jedoch muss an dieser Stelle festgehalten werden, dass nur mit der Benennung und Analyse gesellschaftlicher Reproduktionsprozesse sozialer Ungleichheit aus einer kinderrechtlichen und kinderpolitischen Perspektive der Blick auf aktuelle gesellschaftliche Entwicklungen, wie z.B. der Verstetigung von Armutsverhältnissen in der Kindheit, geschärft werden kann (Chassé/Rahn 2020).

Die Ergebnisse der international vergleichenden Studien der OECD und der Bildungsberichterstattung bestätigen die frühe Kanalisierung von kindlichen Bildungs- und Lebenschancen (Braches-Chyrek/Sünker 2020; Bildungsbericht 2020). Kulturelle Privilegien der mittleren und oberen sozialen Milieus verfestigen sich. Deutlich sichtbar werden diese Entwicklungen, wenn etwa die Informations- Mitbestimmungs- und Handlungsrechte von Kindern mit Migrationsbiografien, in Asylverfahren[9], mit „Auffälligkeiten" und „Handicaps" durch die Zuweisung in „besondere" Institutionen verletzt werden. Ebenso zeigen die Daten über die Beanspruchung von Krippenplätzen und Angeboten der Ganztagsbetreuung in Kindertagesstätten, dass schon in früher Kindheit eine soziale Auslese stattfindet (Braches-Chyrek/Sünker 2020).

Nach wie vor besteht ein enger Zusammenhang von sozialer Herkunft und Bildungslaufbahn. Diese grundlegende gesellschaftliche Hierarchisierung steht den Forderungen der Kinderrechtskonvention diametral entgegen. Kinder sind als individuelle Persönlichkeiten zu achten und ihre jeweils besonderen Fähigkeiten sind zu berücksichtigen – unabhängig davon, welche Bildungsinstitution sie besuchen und welche Bildungsabschlüsse sie erreichen.

---

9 Erst am 04.05.2010 hat die Bundesregierung ihre Vorbehaltserklärung zur Kinderrechtskonvention zurückgenommen. Eine Anpassung des Ausländerrechts, Asylverfahrensgesetzes, Aufenthaltsgesetzes, des Kinder- und Jugendhilfegesetzes wurde nach und nach eingeleitet (Braches-Chyrek 2020a, S. 448).

1.1.1.3 Kinderrechte als Partizipationsrechte

Das Thema Partizipation und die Möglichkeiten der Umsetzung der vielfältigen Aspekte von Selbstbestimmung sind mittlerweile in allen Bereichen der Kinder- und Jugendhilfe äußerst relevant. Kinder als Träger*innen von Rechten zu begreifen heißt auch, sie an den Angelegenheiten, die sie betreffen, teilnehmen zu lassen. Obwohl die Kinderrechtskonvention allen Kindern – ungeachtet ihres Alters – das Recht auf Partizipation *(participation)* zuerkennt, werden gleichzeitig Einschränkungen vorgenommen, wie folgende Interpretation des Artikels 12 der Kinderrechtskonvention durch den UN-Ausschuss für die Rechte des Kindes zeigt:

> *„Die direkte Partizipation der Kinder [soll] an Entscheidungen unter Beachtung des Prinzips der sich entwickelnden Fähigkeiten weitestgehend ermöglicht werden [...]. Allerdings ist offensichtlich, dass die KRK für Kinder nicht das Recht vorsieht, selbst Entscheidungen in öffentlichen Angelegenheiten zu treffen, und es letztlich Erwachsenen bzw. den Staaten vorbehalten bleibt, das beste Interesse bzw. Wohl des Kindes zu definieren und in seinem Sinne zu handeln" (Liebel 2010, S. 51).*

Wie hier durch diese Formulierungen gezeigt werden kann, wird das kindliche Recht auf Partizipation unterschiedlich interpretiert. Zentral ist immer die ganz grundsätzliche Diskussion darüber, ob und ab wann Kinder fähig sind sich zu beteiligen (Liebel 2007; 2010, S. 63; Liebel/Saadi 2010). Es wird aber auch danach gefragt, ab wann und wie Kinder sich eine eigene Meinung bilden können und sich mit Aspekten der Selbstbestimmung sowie der Moralentwicklung auseinandersetzen können. Vor allem in juristischen Auseinandersetzungen werden konkrete Altersbestimmungen vorgenommen, um die Beteiligung von Kindern an allen Angelegenheiten, die sie betreffen, zu ermöglichen.

Diese Vorgehensweisen zeigen, dass das kindliche Recht auf Partizipation nach wie vor durch Erwachsene interpretiert und kanalisiert wird. Auch empirische Studien bestätigen, dass das Recht der Kinder auf Mitbestimmung stark von ihrem Alter abhängt (Ross 2013, S. 341f.; Pölkki et al. 2012, S. 119; Rap et al. 2019). Aufgrund der Anerkennung der Handlungsmächtigkeit von Kindern werden sie vielfach auch als Rechtssubjekte behandelt, nicht aber als Personen, die Rechte selbst ausüben können, obwohl ihnen die Rechte auf Information und freie Meinungsäußerung (Art. 12, 13)[10], auf Anhörung und Beteiligung an unmittelbar lebenswichtigen Entscheidungen durch die UN-Kinderrechtskonvention prinzipiell zugestanden werden. Trotzdem werden Kindern

10 Art. 12 der Kinderrechtskonvention beinhaltet Ausführungen zur Berücksichtigung des Kinderwillens durch angemessene Mitsprache in allen seine Interessen berührenden Angelegenheiten. Art. 13 und Art. 17 der Kinderrechtskonvention enthalten Bestimmungen über die freie Meinungsäußerung, Information und Zugang zu Medien und Art. 15 über die Vereinigung- und Versammlungsfreiheit.

im Kinder- und Jugendhilferecht – bis auf wenige Ausnahmen – keine eigenständigen Antrags-, Veto-, Beschwerde- oder Anwesenheitsrechte eingeräumt. Hier bedarf es zukünftig sicherlich weiterer Debatten, einer verbesserten Informations- und Beratungspraxis wie der Bereitstellung von finanziellen und personalen Ressourcen, um dem Anspruch der Kinderrechtskonvention gerecht zu werden.

Weiterhin sind Partizipationsrechte unmittelbar mit dem kindlichen Recht auf politische Bildung verbunden und gehen demzufolge mit einer Vorstellung von Politik einher, die von den bisherigen generationalen Arrangements abweicht. Die generationale Ordnung bestimmt aber

„die Kommunikation und den Alltag von Erwachsenen und Kindern und stellt Aufgaben, die in spezifischen Sozialbeziehungen erfüllt werden“ (Honig 1999, S. 181).

Die mit der Durchsetzung von Partizipationsrechten für Kinder postulierte Gleichsetzung mit dem Status der Erwachsenen bedeutet dagegen, dass Kinder in politischen Prozessen als gleichrangige gesellschaftliche Akteur*innen wahrgenommen werden, sie handlungsmächtig sind und über gleiche Zugänge sowie gleiche Berechtigungen verfügen, um an demokratischen Prozessen zu partizipieren[11]. Zu realisieren wäre also eine

„Vorstellung von Politik, die Kinder als gesellschaftliche Akteure Erwachsenen vergleichbar betrachtet, und demzufolge durch eine Radikalisierung der strukturellen Bedingungen von Kindheit Kindern die Möglichkeiten zur Erfahrung mit Partizipation als einem Gesellschaftsprinzip so früh wie möglich zu vermitteln sind“ (Moran-Ellis/Sünker 2008, S. 54).

Mit diesen Auseinandersetzungen über die gesellschaftlichen Bilder und Rollen von Kindern und Kindheit konnte die Subjektstellung und rechtliche Position von Kindern gestärkt werden. Gleichzeitig wurde über die pädagogischen Herausforderungen und Spannungsfelder im Kinderschutz nachgedacht. Zum einen wird den Fachkräften im Kinderschutz zugeschrieben stellvertretend Kinder vor Gewalt, Vernachlässigung und mangelnder Förderung zu schützen. Zum anderen soll es Kindern ermöglicht werden autonom und selbstbestimmt handeln zu können. Dafür müssten aber für alle Kinder gleiche Bildungsmöglichkeiten geschaffen werden, damit ein selbstbestimmtes Handeln wie auch die Teilhabe am politischen und gesellschaftlichen Leben möglich wird.

Die Minimierung von Risiken und die Ermöglichung von umfassender Partizipation sind demzufolge zentrale Herausforderungen für die pädagogische Arbeit im Handlungsfeld Kinderschutz (Wolff et al. 2014, S. 17). Die gesetzlichen Forderungen § 5 SGB VIII (Wunsch und Wahlrecht) und § 36 SGB VIII (Hilfeplanung) sind stets auszutarieren und dies analog zum

---

11 Es konnte mit dem Konzept des partizipatorischen Citizenship gezeigt werden, wie Kinder konkret informiert und beteiligt werden können (Hutchby/Moran-Ellis 1998).

Entwicklungsstand (§ 8 Abs. 1 SBG VIII), den Partizipationsvorgaben der UN-Kinderrechtskonvention (Art. 12), der Handlungsfähigkeit und Würde von Kindern.

Schutzpraktiken, die davon ausgehen, dass kindliche Unschuld universell ist und versuchen diesen idealisierten Zustand zu verlängern bzw. zu bewahren verweigern Kindern die Teilnahme an sozialen Realitäten. Dadurch wird verhindert, dass Kinder über ihre Ängste, Wünsche, Fragen und Erfahrungen sprechen (Garlen 2019, S. 60).

1.1.2 Kinderschutz als disziplinäre Grenzlinie?

Die Verwendung des Begriffs *Kinderschutz* erfolgt in den Fachdebatten wie auch in der Praxis sehr unterschiedlich. Zum einen geht es um die Ermittlung wie auch Überprüfung des elterlichen Erziehungsverhaltens und um die sich daran anschließende zielgerichtete Intervention in Folge der Bestimmung von Kindeswohlgefährdung. Zum anderen werden mit dem Begriff Kinderschutz auch präventive Maßnahmen bezeichnet, die die Eltern bei der Wahrnehmung ihrer Erziehungsaufgaben mit dem Ziel Gefährdungen zu verhindern unterstützen (Rooth et al. 2018, S. 370). Es lassen sich folgende Begriffswendungen herausarbeiten (Schutter 2020, S. 463):

- Kinderschutz wird verwendet um die zentrale Forderung nach mehr öffentlicher Verantwortung als eine gesamtgesellschaftliche wie sozial- oder familienpolitische Aufgabe zu umschreiben.
- Mit Kinderschutz werden soziale Angebote und Maßnahmen bezeichnet, die primär präventiv sind und die Förderung, Beratung und Unterstützung von Kindern und ihren Familien beinhalten (wie z.B. durch frühe Hilfen, Familienhebammen, Familienbegleiter*innen usw.)
- Mit Kinderschutz werden soziale Leistungen und Maßnahmen zur Intervention bei bestehenden Gefährdungen von Kindern und Jugendlichen bezeichnet.

Folglich kann davon ausgegangen werden, dass Kinderschutz je nach fachlichen Systemen und den dort tätigen Fachkräften, mit unterschiedlichen Professionsauffassungen begrifflich wie auch inhaltlich im Kontext der jeweiligen Wissensbestände codiert ist. Daher

> *„[beruht] [R. B.-C.] Handeln im Kinderschutz an der Grenzlinie zwischen Sozialer Arbeit und dem Familiengericht und an der Schnittstelle zwischen verschieden Disziplinen (Sozialpädagogik, Recht, Medizin, Psychologie) stets auf fachlichen, rechtlichen und persönlichen Bewertungsschemata" (ebd.).*

Dies bedeutet, dass Informationen, die an andere Disziplinen, wie etwa vom Familiengericht zum Jugendamt oder umgekehrt, weitergeleitet oder ausgetauscht werden, unterschiedliche Wahrnehmungen und Deutungen erfahren. Sie sind demzufolge „oft nur ein brüchiges Transportmittel für Informationsübermittlungen zwischen den Disziplinen“ (Hensen/Schone 2019, S. 13).

Jedoch ist eine isolierte Betrachtung des professionellen Handelns im Kinderschutz wenig hilfreich (Hammer 2019, S. 28). Kinderschutz ist im Grundgesetz und in der Kinderrechtskonvention rechtlich verankert und daher sollte professionelles Handeln nur im Zusammenhang mit der Förderung und Beteiligung von Kindern diskutiert werden.

1.1.3 Kindeswohl und Kinderrechte

Auch der Begriff *Kindeswohl* ist nicht klar definiert. Kindeswohl wird als unbestimmter Rechtsbegriff bezeichnet, obwohl er im Familienrecht des Bürgerlichen Gesetzbuches (BGB) mehrfach erwähnt wird. Dort wird mit Kindeswohl

> *„sehr allgemein (das) Rechtsgut, welches das gesamte Wohlergehen eines Kindes oder Jugendlichen und auch seine gesunde Entwicklung umfasst. Er ist ein Orientierungsmaßstab, an dem sich elterliches wie auch öffentliches Handeln (z.B. der Jugendhilfe) ausrichten soll“ (Hensen/Schone 2019, S. 13).*

Wenn Kindeswohl beschrieben wird, wird auf kindliche Bedürfnisse, Rechte von Kindern und/oder Handeln im Kontext von *„the best interest of the child“* hingewiesen. Kindeswohl wird im Kontext von Lebensweisen, Lebensqualität und politischer Beteiligung diskutiert. Die sprachliche Erfassung und Thematisierung (positive Konnotation) von Kindeswohl ist zu einem zentralen rechtsethischen Prinzip im Kinderschutz geworden (Schwarz 2011, S. 93).

Damit ist die Funktion verbunden einzelne Tatbestände der kindlichen „Lebenssachverhalte“ zu erfassen und die Rechtsbeziehungen zwischen Eltern und Kindern zu strukturieren (ebd.).

Die Akteur*innen im Kinderschutz nehmen vor dem Hintergrund der Grundsatznorm Kindeswohl eine fachlich nachvollziehbare Einordnung der elterlichen Sorge, des Erziehungs- und Bildungsverhaltens vor (§1697a BGB; Schwarz 2011, S. 26).

> *„Die Konkretisierung dieses unbestimmten Rechtsbegriffes erfordert eine kindzentrierte Ermittlung und die fachlich fundierte Einschätzung der Gesamtsituation, bezogen auf die individuellen Bedürfnisse und Interessen des Kindes. Diese Einschätzung hat zunächst ganz unabhängig von den legitimen, eigenen Interessen und Rechten der Geschwister oder Eltern zu erfolgen“ (Zitelmann 2020, S. 457).*

Dabei treffen unterschiedliche Wissensbestände aufeinander, wie z.B. juristische Perspektiven im Kontext von familiengerichtlichen Entscheidungen oder auch bei der Gewährung und Bereitstellung von öffentlichen Hilfen.

Eine Begründung für diese unterschiedliche Berücksichtigung der Schutzbedürfnisse des Kindes kann im Kontext der grundgesetzlichen Vorrangstellung des Kindeswohls erfolgen:

„Im Grundgesetz dominiert die Bemühung um Fürsorge und Anwaltschaft. Das Kindeswohl erhält Verfassungsrang, nicht aber die Kinderrechte. Das Wohl des Kindes wird aus dem spezifischen Schutzbedürfnis des Kindes begründet. Die Interessen des Kindes vertreten die Erwachsenen, in der Regel die Eltern" (Rosenkötter 2019, S. 37).

Immer geht es um die Abwägung aller Bedürfnisse, Gegebenheiten und Möglichkeiten, um entscheiden zu können, was dem Wohl des Kindes entspricht, was moralisch zu legitimieren ist und der psychisch-emotionalen Beziehungswelt des Kindes nicht widerspricht (ebd.; Schwarz 2011, S. 83).

1.1.4 Bestimmungen von Kindeswohlgefährdung

Ob eine *Kindeswohlgefährdung* vorliegt, wurde schon früh durch richterliche Entscheidungen bestimmt, wie das Urteil des Bundesgerichtshofes aus dem Jahr 1956 zeigt:

„wenn eine gegenwärtige oder zumindest unmittelbar bevorstehende Gefahr für die Kindesentwicklung abzusehen ist, die bei ihrer Fortdauer eine erhebliche Schädigung des körperlichen, geistigen oder seelischen Wohl des Kindes mit ziemlicher Sicherheit voraussehen lässt" (BGH FAmRZ 1956, S. 351).

Trotz dieser relativ genau umschriebenen Tatbestände einer Kindeswohlgefährdung werden je nach Auffassung, mit Bezug zu den bisherigen rechtlichen Grundlagen, unterschiedliche Orientierungen zur Bestimmung von Kindeswohl bedeutsam.

„Jedes Kind hat ein Recht auf Entwicklung zu einer freien, eigenverantwortlichen und gemeinschaftsfähigen Persönlichkeit. Der Staat fördert dies durch die Gesetzgebung, die vollziehende Gewalt und die Rechtsprechung. Er schafft die erforderliche Voraussetzung für eine an den Zielen der Entwicklung des Kindes ausgerichtete Gestaltung der Lebensverhältnisse von Kindern" (Münder 2017, S. 18).

Dabei korrelieren häufig enge Auslegungsweisen (mit denen etwa der Eingriff in das Elternrecht gerechtfertigt wird) und breite Auffassungen (mit denen präventiv soziale Probleme gestaltet werden).[12]

---

12 Vgl. zur Diskussion um die Aushandlungsprozesse gutachterlicher Stellungnahmen s. Schneider-Janessen et al. 2014.

*„Allerdings hat die gesetzliche Unbestimmtheit und Normativität des rechtlichen Begriffs der ‚Kindeswohlgefährdung' zur Folge, dass die zur Sicherung des Kindeswohls beauftragten Personen (Sozialarbeiter*innen, Richter*innen, Psycholog*innen, Mediziner*innen etc.). immer auch ihre eigenen, wesentlich durch gesellschaftliche Norm- und Wertvorstellungen geprägten weltanschaulichen, politischen, alltagstheoretischen, schichtspezifischen Vorstellungen von Familie, Erziehung und Kindeswohl zum Maßstab ihres Handelns machen. Eine allgemeingültige und operationalisierbare Begriffsdefinition innerhalb der und zwischen den davon betroffenen Bezugswissenschaften (z. B. Psychologie, Pädagogik, Recht, Sozialwissenschaften) gibt es bislang nicht und wird (zumindest interdisziplinär) auch kaum herstellbar sein" (Hensen/Schone 2019, S. 20).*

Diese unterschiedlichen Orientierungen der Akteur*innen im Kinderschutz können wie folgt spezifiziert werden.

- Die Kinder- und Jugendhilfe orientiert sich an der leitenden Norm des § 1 SGB VIII und dem Schutzauftrag nach § 8a SGB VIII, Art. 6 GG, Abs. 2 Satz 2 (Wächteramt des Staates).
- Die Träger*innen von Einrichtungen orientieren sich an den Bestimmungen des § 8b, Abs. 2 SGB VIII (Beratung bei der Entwicklung fachlicher Handlungsleitlinien zur Sicherung des Kindeswohls und zum Schutz vor Gewalt).
- Grundlage vieler familiengerichtlicher Entscheidungen sind die leitmotivisch formulierten Vorgaben der §§ 1666, 1666a BGB, die einen staatlichen Eingriff in das Elternrecht nur dann rechtfertigen, wenn erhebliche körperliche, geistige oder seelische Schädigung prognostiziert werden und die elterliche Bereitschaft fehlt, diese Gefahren abzuwenden.
- Sachverständigengutachten werden vielfach von unterschiedlichen professionellen Akteur*innen durchgeführt (u.a. Psycholog*innen, teilweise als Sachverständige ausgebildete Pädagog*innen, Sozialpädagog*innen, Ärzt*innen usw.) (§ 163 Absatz 1 FamFG). In ihren Einschätzungen von Kindeswohlgefährdungen werden ebenfalls unterschiedliche Annahmen und Einordnungen zum Kindeswohl sichtbar (Castellanos/Hertkorn 2016).[13]

Festgehalten werden muss, dass die Trennung des Kindes von den Eltern den stärksten Eingriff in das Elternrecht darstellt (Artikel 6 Abs. 2 u. 3. GG. und §

---

13 Andrea Christidis (2019) führt dazu aus: *„Die Aufträge der Gerichte an Sachverständige (sog. Beweisanträge) bestehen in der Regel aus Rechtsfragen, die von den Sachverständigen [häufig][R. B.-C.][als Nichtjurist*innen]nach Belieben oder nach Rücksprache als inoffizieller Auftrag interpretiert und ausgeführt werden. Eine nicht unerhebliche Anzahl von Sachverständigen ist zudem nicht Willens oder in der Lage, Rechtsfragen in die entsprechenden psychologischen Fragen zu transferieren. Darin finden sich oft schon die schwerwiegendsten Fehler in einem Gutachten"* (S. 220).

42, Abs. 2 SGB VIII, Art. 16 der Allgemeinen Erklärung der Menschenrechte). Dieses Paradoxon wird von Ainsworth und Hansen (2012, S. 146ff.) als „doing harm while doing good“ bezeichnet, da auch die Eltern unter Inobhutnahmen leiden, während jedoch viele Kinder ein tendenziell positiveres Wohlbefinden aufweisen.

Deshalb sind alle Akteur*innen auf den unterschiedlichen Ebenen des Kinderschutzes aufgefordert, den Grundsatz der Verhältnismäßigkeit, ob ein Eingriff oder Nichteingriff erfolgt, anzuwenden. Ein Eingriff in das Elternrecht kann nach vorherrschender Gesetzeslage nur dann gerechtfertigt werden, wenn die Gefahr für das Wohl des Kindes nicht auf andere Weise, also z.B. durch Beratung, Begleitung (Erziehungshilfen, sozialpädagogische Familienhilfe usw.) abgewendet werden kann.

Orientiert an den kinderrechtlichen Vorgaben können folgende Aspekte genannt werden, mit denen Kindeswohlgefährdung bestimmt wird (Walper 2015, S. 516):

- Wenn in nicht ausreichender Weise für die Versorgung mit Nahrung, Kleidung, Körperpflege und Unterkunft des oder der Kinder gesorgt wird.
- Wenn die Gesundheit des Kindes oder der Kinder gefährdet wird oder eine Unterversorgung vorliegt.
- Wenn der Schutz des Kindes oder der Kinder vor psychischen und physischen Übergriffen nicht gewährleistet ist.
- Wenn Kinder keine sozialen Beziehungen eingehen können, die langfristig und tragfähig sind.
- Wenn Kinder nicht die Chance haben an Bildung, ihrem sozialen Umfeld und/oder dem Gemeinwesen zu partizipieren.
- Wenn die Interessen und Bedürfnisse der Kinder nicht in geeigneter Form respektiert und gefördert werden.
- Wenn Kindern keine gesicherte Zukunft geboten wird.

Mittlerweile gibt es eine Reihe von praxisbezogenen Handreichungen und Instrumenten, wie z.B. Diagnose-Tabellen, Richtlinien, Checklisten, Kinderschutzbögen, die helfen sollen Umstände, Belastungen und Ressourcen zu ermitteln, um eine Einschätzung von Gefährdungslagen zu ermöglichen (Zitelmann 2020).[14]

---

14 Zentral für professionelles Handeln im Kinderschutz ist stets die Klärung der Frage des Risikos. Gefährdungen sind nicht immer offensichtlich (wie z.B. Vernachlässigung, Unterernährung oder Verletzungen). Vielfach können keine klaren Sachverhalte oder Tatbestände genannt werden, die auf Gefährdungen hinweisen bzw. diese begründen. Jedoch muss sich

Es wird versucht, das diagnostische Handeln der Fachkräfte durch die Prozessschritte der Dringlichkeitsentscheidung, Sicherheitseinschätzung, Risikovermeidung, Beeinträchtigung des Kindeswohls, der Stärken/Schwächen-Analyse und der Veränderung einzuordnen, um ein frühzeitiges und nachhaltiges Erkennen von Kindeswohlgefährdung zu ermöglichen (Kindler et al. 2006; Kindler et al 2016; Oelkers 2018, S. 103; Körner 2019, S. 165):

1. *Dringlichkeitsentscheidung:* Die Einschätzung darüber, welche Informationen, z.B. Meldungen, Beobachtungen, Vermutungen, in welcher Weise relevant sind, wie und ob dringend gehandelt werden muss.

2. *Sicherheitseinschätzung:* Es ist von den Fachkräften zu prüfen, ob das Kind in seiner derzeitigen Lebenssituation geschützt ist oder ob ihm physische und/oder psychische Schäden drohen. Um diese Einschätzung vornehmen zu können sind eine Vielzahl von Screeningverfahren entwickelt worden, wie z.B. das Eltern-Belastungs-Screening zur Kindeswohlgefährdung (EBSK). Diese werden angewendet um Inanspruchnahmen, wie etwa Stress, physische und psychische Befindlichkeiten der Erziehungsverantwortlichen oder auch schwierige Erziehungsmethoden herausfiltern und analysieren zu können.

3. *Risikovermeidung*: Familiale Risiko- und Schutzfaktoren werden zusammengetragen und gegeneinander abgewogen. Es wird eine Risikoprognose erstellt (teilweise für den Zeitraum von ein bis zwei Jahren) analog dem Verfahren des California Family Risk Assessment Scale, um Vernachlässigung und Misshandlung möglichst genau bestimmen zu können.

4. *Beeinträchtigung des Kindeswohls*: Informationen zu den bereits bestehenden Beeinträchtigungen des Kindeswohls werden mit Bezug auf die aktuelle kindliche Lebenssituation ausgewertet, und es werden Interventionen eingeleitet, etwa durch die Anwendung des California Family Strength and Need Assessment (Ressourcen und Schwächen-Analyse).

5. *Stärken/Schwächen-Analyse* von familialen Beziehungen und der Erziehungsstile im Hinblick auf den Pflegezustand des Kindes, seine Versorgung (Ernährung, Gesundheit), soziale Beziehungen, die angewandten Regeln und Werte, seine Förderung und Bildung (Bildungsteilhabe, soziale und kulturelle Teilhabe) sowie der innerfamiliale Umgang mit Stresssituationen. Vielfach werden sogenannte „familiale Risikofaktoren" (z.B. psychische Erkrankungen, (chronische) Krankheiten, Sucht, Gewalterfahr-

---

der vermutete Schadeneintritt definieren lassen, um handeln zu können. Familiengerichtliche Entscheidungen finden daher sehr häufig als Grenzziehung zwischen Elternrecht, Kindesrecht und staatlichem Wächteramt statt (Hensen/Schone 2019, S. 19).

ungen, geringes Einkommen, Arbeitslosigkeit, junge Elternschaft, viele Kinder, diskontinuierliche soziale Beziehungen, die Diagnose der „Parentifizierung“) zur Einordnung herangezogen. Jedoch sind die Auswirkungen dieser Zuschreibungen sowie von rigiden und sehr hierarchischen innerfamilialen Geschlechterrollen (Mutter, Vater, Sohn, Tochter), die Rollen und innerfamilialen Positionen von Geschwistern, die Wirkungen generationaler Ordnung, kindliche Handlungs- und Anpassungsstrategien wie auch Mechanismen der Selbstselektion, bisher in nicht ausreichender Weise untersucht.

6. *Veränderungsmöglichkeiten der familialen Zusammenhänge*: Es werden der Veränderungswille und die Veränderungsfähigkeiten der Familien erfasst. Erst dann werden Maßnahmen geplant, eingeleitet, umgesetzt und evaluiert. Analysiert werden die innerfamilialen Zufriedenheitsgrade, das Selbstvertrauen, die Haltung gegenüber Kindeswohlgefährdungen sowie die Inanspruchnahme und Wirkung von Hilfe u. ä.

Diese hier skizzierten standardisierten Beurteilungsverfahren führen jedoch nur in den wenigsten Fällen dazu Entscheidungen ohne „Risiko“ treffen zu können, da das „Zusammenspiel der wirkenden Schutz- und Risikofaktoren für Kindeswohlgefährdung bislang nicht hinreichend geklärt“ ist (Metzner et al. 2019, S. 151; Munro 2019a). Auch stellt sich nach wie vor die Frage, inwiefern die angewandten Screeningverfahren aussagekräftige Ergebnisse zur Verfügung stellen (Roeske 2018, S. 16; Ley 2019, S. 112) und somit eine wirksame Entscheidungsgrundlage sein können.

„Betont werden muss zudem, dass das systematische Hinschauen eine Scheinsicherheit bietet, da mittels Screnningverfahren falsch positive oder falsch negative Fehleinschätzungen zwar reduziert, aber nicht ausgeschlossen werden können (Metzner et al. 2019, S. 149).

Gleichwohl wird von den betroffenen Familien häufig verlangt, auch um „latente Bedrohungen“ für das Kind oder die Kinder abzuwenden, dass sie den Akteur*innen im Kinderschutz das Recht einräumen (etwa dem Jugendamt) ihr Verhalten zu kontrollieren.

„Zentrale Kontrollmodalitäten bestehen z.B. in (unangemeldeten) Hausbesuchen, in der Aufforderung an die Eltern, behandelnde Ärzte (im Kontext einer Drogenbehandlung) oder andere Fachkräfte (Therapeuten) von der Schweigepflicht zu entbinden oder gar darin, regelmäßige Drogenscreenings durch die Fachkräfte selbst zuzulassen“ (Schone 2019, S. 142).

Wie sich an dieser Zusammenschau zeigt, führen die unbestimmten Rechtsbegriffe des Kindeswohls respektive Kindeswohlgefährdung zu vielfältigen Problemen in der Kinderschutzpraxis, wie z.B. stets erforderliche Dokumentation, stichhaltig begründete Beurteilungen und Entscheidungen. Wird in diesem Zusammenhang der Blick auf die Kinder gelenkt, ist festzuhalten, dass diese Verfahren zur Erfassung von Hinweisen für die Einschätzung von Kindeswohlgefährdungen nicht unbedingt den Fokus auf die Kinder selbst richten, sondern vielmehr auf die Erziehenden. Vielfach werden sehr idealisierte und intensivierte Formen von Elternschaft, als stets verantwortungsvoll und engagiert, eingefordert (Rooth et al. 2018, S. 370). So werden beispielsweise auch die Gefährdungsmeldungen von Akteur*innen im Kinderschutz, wie beispielsweise von Schulsozialarbeiter*innen und Schulpsycholog*innen durch den sozio-ökonomischen Status der Familie signifikant beeinflusst (Jud/Gartenhauser 2015).

Und dies obwohl mittlerweile ausreichend empirische Befunde und somit Wissen darüber vorliegt, dass es auch sog. „kindbezogene Risikofaktoren" gibt (Behinderung, (chronische) Erkrankungen, emotionale Schwierigkeiten, Verhaltensauffälligkeiten usw.) sowie umfeldbezogene Risikofaktoren (wenig privilegierte Sozialräume, Wohnbedingungen, Infrastruktur, soziale Isolation) (Metzner et al. 2019, S. 150; Bohler/Franzheld 2015; Morrison et al. 2019, S. 99; Knezevic 2017, S. 471). Die vielfach sehr heterogenen familialen Milieus, die innerfamilialen Stabilitäten und Instabilitäten können eine Vielzahl von kurz- und langfristigen Auswirkungen auf das kindliche Erleben haben, wie bspw. physischer und psychischer Stress, kognitive Fähigkeiten, Neuerungen und/oder Abwendungen, Wohlbefinden, soziökonomische Sicherheit oder Verlust dieser, Reduzierung, Ausweitung oder Intensivierung von Zeit, Ressourcen und Beziehungen (Bernardi/Comolli 2019).Auch stellt sich die Frage, inwiefern familiale Disparitäten hinsichtlich monetärer, moralischer, kognitiver, ästhetisch-praktischer Investitionen in ausreichender Weise berücksichtigt werden können.

Festgehalten werden kann, dass vielfach weitreichende Entscheidungen über Kinder getroffen werden, ohne sie ausreichend zu informieren oder anzuhören und ihr Handeln als elterliche Einflussnehmer oder Komplizen zu berücksichtigen. Kinder als Akteur*innen wahrzunehmen, wie dies seit langem durch die UN-Kinderrechtskonvention gefordert wird, um neue Sichtweisen auf Kinder und Kindheit zu ermöglichen, bedarf nach wie vor eines nachhaltigen Paradigmenwandelns in der Wahrnehmung von Agency. Kinder sollten das Recht haben sich zu äußern und Entscheidungen, die ihre Lebenssituation unmittelbar berühren mitzugestalten. Sie sollten nicht ausschließlich passiv als Opfer oder Objekte von Hilfsmaßnahmen wahrgenommen werden, sondern ihnen sollten die Möglichkeiten einer angemessenen Mitsprache eingeräumt werden, und sie sollten ausdrücklich ermutigt und aufgefordert werden mitzureden.

1.2 Der Kinderwille im Kinderschutz

Welche hohe Bedeutsamkeit eine veränderte Wahrnehmung von Kindern, ihrer Bedürfnisse und Fähigkeiten im Kinderschutz hat, ist bisher nur ansatzweise herausgearbeitet worden (Bühler-Niederberger 2017; Bühler-Niederberger et al. 2014, S. 111). Art. 12, Abs. 1 der UN-Kinderrechtskonvention legt fest, dass Kinder sich in allen sie berührenden Angelegenheiten eine Meinung bilden können und diese angemessen zu berücksichtigen ist.

Obwohl Kinder und somit ihre Fähigkeiten ihren Willen sowie ihre Bedürfnisse autonom zu artikulieren hoch relevant für Entscheidungen im Bereich des Kinderschutzes sind, wird der Wille des Kindes wenig berücksichtigt. Auch die bereits bestehende Vorgabe durch das Kindschaftsreformgesetz von 1998, die besagt, dass Kinder bei allen familiengerichtlichen Verfahren, etwa bei Sorge- und Umgangsstreitigkeiten, verpflichtend zu informieren und anzuhören sind wird nicht kontinuierlich umgesetzt (§ 159 FamFG) (Schwarz 2011; Rosenkötter 2019, S. 35). Dies sind u.a. Fragen nach

- „der elterlichen Sorge,
- des Umgangsrechts und des Rechts auf Auskunft über die persönlichen Verhältnisse des Kindes,
- die Kindesherausgabe,
- die Vormundschaft,
- die Pflegschaft oder die gerichtliche Bestellung eines sonstigen Vertreters für einen Minderjährigen oder für eine Leibesfrucht,
- die Genehmigung der freiheitsentziehenden Unterbringung eines Minderjährigen,
- die Anordnung der freiheitsentziehenden Unterbringung eines Minderjährigen nach den Landesgesetzen über die Unterbringung psychisch Kranker“ (Salgo 2016, S. 192, 193).

Die in diesem Zusammenhang installierte Interessensvertretung für Kinder hat die Aufgabe dafür Sorge zu tragen, dass das Kindeswohl und der Kinderwille berücksichtigt werden und zwar unabhängig von Altersgrenzen, da die Verleihung von Grundrechten nicht an Altersgrenzen gebunden ist, von denen an Kinder in der Lage sein sollen, diesen Anhörungen zu folgen und sie mitzugestalten. Zwar ist die Grundrechtsträgerschaft des Menschen von Geburt an nicht umstritten, jedoch kommt es bei familialen Veränderungen und Problemlagen immer wieder zu möglichen „Rechtsgüterabwägungen“ zwischen den Elternrechten, Kinderrechten und den Eingriffsrechten des Staates (Schwarz

2011, S. 69). Demzufolge sollten Kinder stets alle Möglichkeiten erhalten darauf aufmerksam zu werden, in welcher Art und Weise Entscheidungen ihr Recht auf besonderen Schutz vor Gewalt sowie eine bestmögliche Entwicklung und Entfaltung ihrer Persönlichkeit beeinflussen. Der „Kindeswille" umfasst

> *„vielfältige, teils unvereinbare, unterschiedlich dringliche, veränderliche Präferenzen, die ein Kind in Interaktionssituationen schriftlich, sprachlich oder nonverbal ausdrückt bzw. auszudrücken scheint. Seine Motive und Erwägungen können dem Kind verborgen sein, erst der Zugang zu seiner inneren Welt, Konflikten, Emotionen, Phantasien und Urteilen, ermöglicht ein vertieftes Verständnis. Bei dieser Verständigung geht es für das Kind auch um hochbedeutsame, teils ängstigende, überfordernde oder konfliktreiche Themen, deren direkte Erörterung sich vielleicht sogar verbietet. So setzt die Frage nach dem Kindeswillen eine seinem Entwicklungsstand angemessene und non-suggestive Verständigung mit dem Kind voraus. Ergänzend geht es um den verstehenden Einbezug der Lebenserfahrungen und aktuellen Situation des Kindes, die den Hintergrund seiner Erwartungen und Mitteilungen bilden und Zugang zu seiner Erlebenswelt ermöglichen. Der vom Kind geäußerte Wille wiegt schwer und bedarf der fachlichen Auseinandersetzung, wann immer Eltern, Jugendamt oder ein Gericht die Weichen im persönlichen Schicksal des Kindes stellen. Lässt sich der vom Kind geäußerte Wille aber nicht mit seinen wohlverstandenen Interessen, insbesondere mit seinem Schutz vereinbaren, darf er nicht als Legitimation missbraucht werden, weitreichende Entscheidungen zum Nachteil des betroffenen Kindes zu treffen" (Zitelmann 2020, S. 461; Niemeyer 2015).*

In diesem Zusammenhang ist auch darauf hinzuweisen, dass die vorgeschriebene Information und Anhörung von Kindern nur dann nicht stattfinden dürfen, wenn eine ausreichende Begründung dafür vorliegt. Jedoch klaffen Rechtsanspruch und Rechtswirklichkeit in der tatsächlichen praktischen Ausgestaltung der kindlichen Anhörungs- und Mitbestimmungsrechte auseinander, wie zahlreiche Untersuchungen belegen. Dies ist u.a. darauf zurückzuführen, dass nach wie vor sehr fragwürdige „Ideologien oder empirisch nicht haltbare Theorien" verbreitet werden (Salgo 2016, S. 195), wie z.B.:

- „Das „Parental Alienation Syndrom" (PAS) sei ein überragendes Erklärungs- und Lösungsmodell bei Umgang verweigernden Kindern.
- Das „Cochemer Modell" mache gerichtliche Entscheidungen überflüssig.
- Ein Kind bräuchte immer zwei Eltern.
- Ein gesundes Kind hielte Bindungs- und Beziehungsabbrüche, mehrfache „Verpflanzungen" ohne langfristige Folgen aus.
- Umgang sei immer wichtig.
- Biologische Eltern seien immer die besten.
- Jede Familie sei besser als ein Heim.

- Nicht bei ihren biologischen Eltern aufwachsende Kinder hätten immer „Heimweh“ nach diesen.
- Schläge hätten noch keinem geschadet.
- Das Miterleben von „häuslicher Gewalt“ schade Kindern nicht.
- Ein „Doppelresidenzmodell“ bei getrennt lebenden Eltern sei immer – auch und gerade bei „Hochstrittigkeit“ – die beste Lösung.“ (ebd.).

Dabei wird aus einer protektiven Sichtweise auf eine mögliche Manipulation oder Bedrängnis der Kinder verwiesen, da ihre Stimme durch das Sprachrohr der Erwachsenen verfärbt werden kann (Tisdall 2016; Ross 2013).

Vielfach werden in der familiengerichtlichen Praxis die Informations- und Anhörungsrechte von Kindern missachtet. Und nach wie vor tolerieren Jugendämter und Verfahrensbeistände diese Einschränkungen kindlicher Rechte (Zitelmann 2020, S. 460).

Ebenfalls haben Kinder kein selbständiges Recht Anträge zu stellen und sich rechtliches Gehör zu verschaffen. Dies könnte sich erst durch die seit langem diskutierte, geforderte und jetzt bald umgesetzte Aufnahme von Kinderrechten in das Grundgesetz ändern (Schwarz 2011, S. 69).

2 Kinderschutz als Forschungsgegenstand

Im DFG-Forschungsprojekt sind die unterschiedlichen Ebenen der Positionierungen zu den „Anforderungsprofilen“ im Kinderschutz (gesetzliche Veränderungen, die alltäglichen Praktiken ausgewählter Berufsgruppen) untersucht worden (v. Spiegel 2013, S. 71). Auf der Ebene der alltäglichen Handlungsanforderungen der beteiligten sozial- und kindheitspädagogischen Fachkräfte (Allgemeiner Sozialer Dienst und Kindertagesbetreuung) wurde die implizite und explizite Wissensnutzung (akademisches professionelles Wissen, Erklärungs- und Alltagswissen, Analyse- und Reflexionsperspektiven), die die Wahrnehmung von Kinderinteressen der Akteur*innen im Kinderschutz maßgeblich beeinflusst, erfasst.

Die in die professionellen Wissensbestände eingelagerten relevanten Informations- und Wissenstransfers, wie z.B. die Schwerpunktsetzungen der einzelnen Bundesländer im Kinderschutz, aber auch die professionellen Wahrnehmungen und Deutungen sowie die Gewichtung der verschiedenen Wissensformen wurden herausgearbeitet.

Bei der Auswertung der Daten (Expert*inneninterviews)[15] spielte die Vorannahme, dass kinderschutzzentrierte Praktiken in dem „Beziehungsdreieck“ zwischen professionellen Akteur*innen, den betroffenen Kindern und ihren Eltern (resp. Erziehenden), mit ihrem je eigenen Zugang zum Kind, situiert sind, eine große Rolle. Vor diesem Hintergrund haben die professionell Tätigen im Allgemeinen Sozialen Dienst und in der Kindertagesbetreuung ihr Wissen und ihre Erfahrungen im Kinderschutz aus unterschiedlichen Perspektiven und fachlichen Positionierungen begründet.

Die Auswahl der Interviewpartner*innen aus den Allgemeinen Sozialen Diensten (n=30) und Kindertageseinrichtungen (n=30) orientierte sich weitgehend an dem Verfahren des theoretischen Samplings von Glaser/Strauss

15 Um die Erfahrungen, Wahrnehmungen und Reflexionen der Fachkräfte in den Sozialen Dienst zum Thema Kinderschutz erforschen zu können wurde die Methode des episodischen Interviews (Flick 2011, S. 273) angewendet. Mit leitfadengestützten Interviews wurden Expert*innen in den Sozialen Diensten nach ihren „gemachten Erfahrungen“ und nach ihrem „narrativ-episodischen Wissen“ (ebd., S. 274), gefragt, um daraus „semantisches“ Wissen (Regelmäßigkeit, Regeln) ableiten zu können (ebd., S. 273). Der Interviewleitfaden wurde möglichst nah an erwarteter Alltagskommunikation in den Sozialen Diensten entwickelt, um die durch das Interview entstehende künstliche Situation abzumildern. Die Interviewführenden waren an der Entwicklung des Leitfadens mitbeteiligt und wurden dementsprechend geschult. Das gewählte Transkriptionssystem orientierte sich an den Transkriptionsregeln von Dresing und Pehl (2018, S. 20). Mit dem Analyseverfahren MAXQDA wurde das systematische Zuordnen (hier hierarchisches Code-Subcode-Modell) ermöglicht, so dass thematische Zusammenfassungen erstellt werden konnten (Rädiker/Kuckartz 2019).

(2010), jedoch mit forschungspragmatischen Einschränkungen und Abweichungen, um die Entwicklung von Mustern in den Antworten herausarbeiten zu können.

Die Erhebungen fanden an 22 Standorten in verschiedenen Regionen – sowohl im ländlichen Raum, in Mittel- und Großstädten, als auch in unterschiedlichen Bundesländern – statt, um die unterschiedlichen professionellen Erfahrungen und Positionierungen wie die Organisationsstrukturen der sozialen Dienste in Bezug zu sozialräumlichen Lagen und kommunalen Strukturen berücksichtigen zu können.

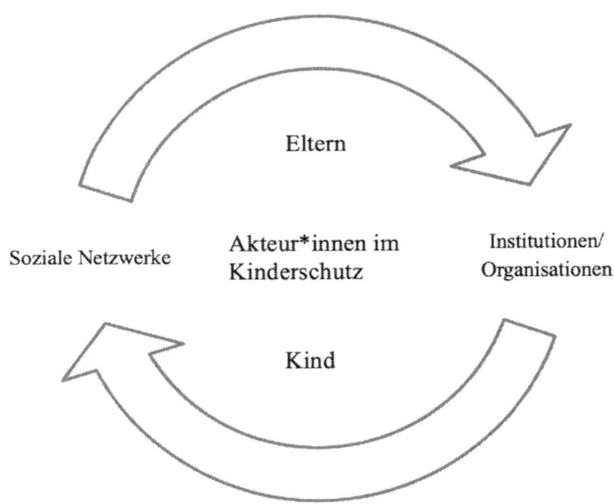

*Abbildung 1: Akteur*innen im Kinderschutz*[16]

Während der Erhebung und diversen Datenanalysen wurde ersichtlich, dass neben den Verantwortlichkeiten der pädagogischen Fachkräfte (Sachbearbeitung, Gruppen- bzw. Teamleitung, Leitung) auch bundesländerspezifische Rahmenbedingungen von Relevanz sind (Budgets, Personalausstattung, Angebote der Träger*innen) (Bodde/Turba 2014; Turba 2018, S. 79).

Organisationskulturelle, sozialräumliche und kommunale Strukturen wurden in der Zusammensetzung des Samples mitbetrachtet, da sich während des Forschungsprozesses zeigte, dass eine Berücksichtigung von länderspezifischen Rahmenbedingungen überaus relevant ist.

[16] Alle Abbildungen und Tabellen sind eigene Darstellungen.

Es wurde davon ausgegangen, dass die strukturellen – je nach Bundesland spezifischen – Rahmungen des Kinderschutzes, wie z.B. auf Seiten der Kindertageseinrichtungen die rechtlichen Grundlagen, die entsprechenden Bildungs- und Erziehungspläne; auf der Seite der Allgemeinen Sozialen Dienste die spezifischen organisationalen Zusammenhänge, Qualitätsentwicklungen und -standards durch die Landesjugendämter, Einfluss auf die Zusammenarbeit der Akteur*innen haben. Daher wurde eine umfassende Literaturanalyse durchgeführt.

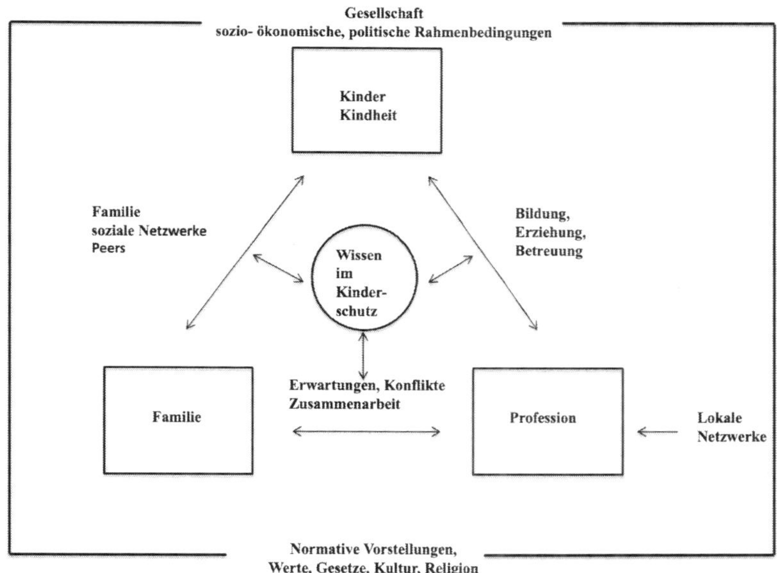

Abbildung 2: Anlage und Methodik der Forschung

Die dadurch sichtbaren grundlegenden Erkenntnisse hinsichtlich der organisationskulturellen, sozialräumlichen und kommunalen Strukturen und der damit einhergehenden Anwendung von Wissen, führten zur Ausgestaltung der Interviewleitfragen[17].

Dabei wurde es als äußerst relevant angesehen die Wahrnehmung der Interessen der Kinder durch die Akteur*innen im Kinderschutz zu analysieren. Ebenso relevant war die professionsorientierte Positionierung der pädagogischen Fachkräfte in der Zusammenarbeit mit den Eltern bzw. Erziehungs-

17 Analog zu den Ausführungen von Flick 2011; 2016.

berechtigten und ihren Kindern. Die Offenlegung der variierenden Wissensbestände und die je unterschiedlichen Potenziale für die Durchlässigkeit bzw. Anschlussfähigkeit von Wissen und Praktiken war zentrales Ziel der Forschung.

Die leitenden Fragen an die Akteur*innen im Kinderschutz konzentrierten sich daher auf vorhandenes Wissen, die Grundstrukturen von handlungsleitendem Wissen in ihren Wirkungen auf die fachlichen Positionierungen der sozial- und kindheitspädagogischen Fachkräfte, die unterschiedlichen professionsorientieren Perspektivierungen im Erwerb von Wissen und dessen Anwendung in der Praxis.

1. Welches Wissen über Kinder resp. Kindheit sowie über die Erziehenden ist für die sozial- und kindheitspädagogischen Fachkräfte in der Zusammenarbeit im Kinderschutz relevant? Inwiefern werden die Kinderinteressen in den Verfahren zum Kinderschutz berücksichtigt?
2. Welche Erfahrungen aus sozialen und/oder problematischen Situationen werden von den sozial- und kindheitspädagogischen Fachkräften retroperspektiv als subjektiv sinnvoll und bedeutend für den Erwerb ihres eigenen Wissens, für die kinderschutzbezogene Zusammenarbeit mit den Eltern sowie mit anderen Akteur*innen des Kinderschutzes betrachtet?
3. Welches Wissen ist für die Akteur*innen im Kinderschutz zentral für die Ausgestaltung einer „guten Kinderschutzpraxis"?

Um die Fragestellung nach einer „guten" Kinderschutzpraxis noch einmal vertiefend bearbeiten zu können wurden sechs Gruppendiskussionen in ausgewählten institutionellen Settings der Netzwerke des Kinderschutzes, wie etwa Familienzentren, durchgeführt. Ziel der Gruppendiskussionen war es Einblicke in die „kollektiven" Erfahrungsräume der Fachkräfte in Netzwerken des Kinderschutzes zu erhalten.

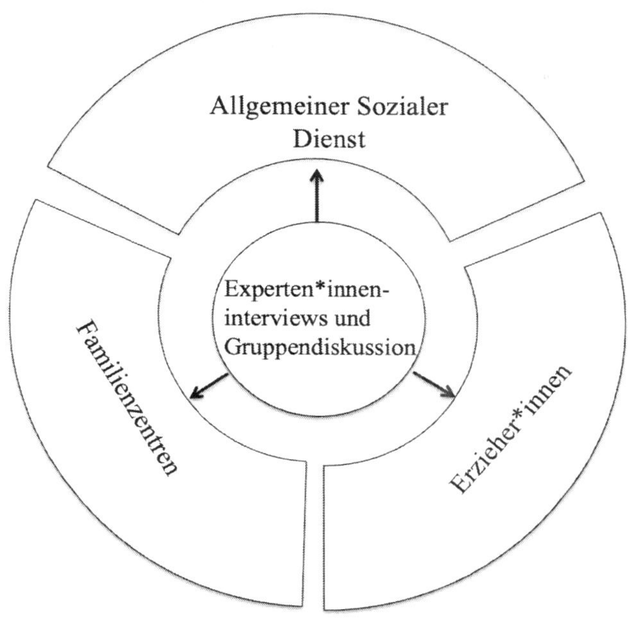

*Abbildung 3: Expert*inneninterviews und Gruppendiskussion*

Es wurde danach gefragt, wie die professionelle Ausgestaltung einer „guten" Kinderschutzpraxis möglich und welches spezifische Wissen über Handlungsanforderungen, Handlungsorientierungen für die Fachkräfte relevant sein könnten. Die gemeinsam wahrgenommenen Herausforderungen, Schwierigkeiten und professionellen Selbstverständnisse wurden ebenfalls als bedeutsam für die Analyse angesehen.

An den Diskussionsrunden nahmen sowohl Erzieher*innen, Kinderpfleger*innen wie auch Sozialarbeiter*innen teil. Die Auswertung des gesamten Datenmaterials erfolgte durch die Methodik der Qualitativen Inhaltsanalyse nach Mayring (2010); die Auswertung sowie Analyse der Daten mit MAXQDA, um eine Klassifikation zentraler Inhalte zu ermöglichen.

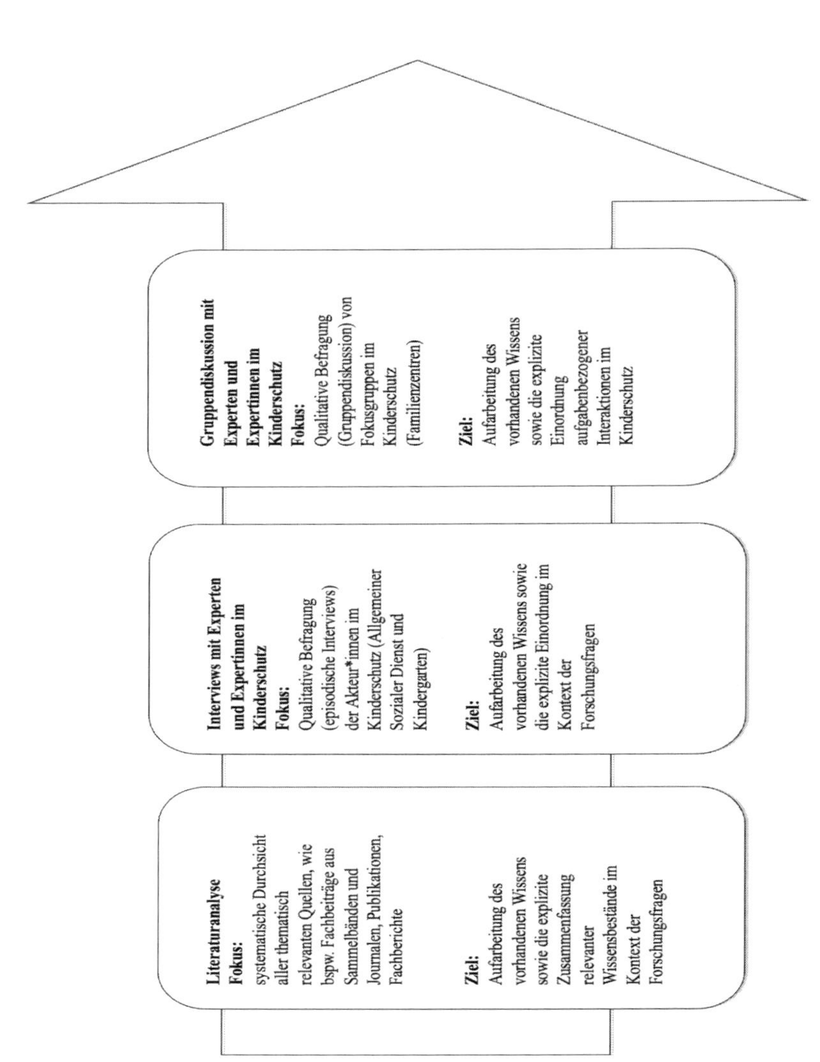

Abbildung 4: Forschungsdesign

3 Rechtliche und strukturelle Orientierungen im Kinderschutz

Die umfassend weiterentwickelten Überlegungen zur Sicherung und Etablierung von Kinderschutz ließen Kinderrechte zu einer machtvollen „Gesamtentwicklungsstrategie“ vieler Nationen werden (BMFSFJ 2019). Mit der ersten Genfer Erklärung der Kinderrechte (1924) und der Allgemeinen Erklärung der UN-Generalversammlung (1948) nach dem zweiten Weltkrieg konnten grundlegende Rechte der Kinder formuliert werden.[18] Jedoch erfolgte die Anerkennung von Kindern als Rechtssubjekte mit eigenen Abwehr-, Schutz- und Anspruchsrechten erst elf Jahre später durch eine Vollversammlung der Vereinten Nationen. Im internationalen Jahr des Kindes (1979) konnte durch das beharrliche Insistieren einer polnischen Regierungsinitiative der Anstoß zur Entwicklung einer völkerrechtlich bindenden Konvention gegeben werden (Braches-Chyrek 2010; 2020, S. 443). Nach unzähligen Beratungen, Abstimmungen und Veränderungen wurde die Konvention der Rechte des Kindes (UN-Kinderrechtskonvention) von der UN-Vollversammlung verabschiedet (1989) (Kerber-Ganse 2009, S. 50; Güthoff/Sünker 2001; Braches-Chyrek 2020, S. 443). Die UN-Kinderrechtskonvention gibt nach wie vor wesentlichen Anstoß dazu, die Verpflichtungen, die sich aus ihrer Ratifizierung (1991) ergeben – nach anfänglichen Vorbehalten[19] – in vielen Feldern der nationalen Rechtsprechung als materiell-rechtliche Gewährleistungen umzusetzen.[20] Vor dem Hintergrund dieser Überlegungen sind umfassende Strategien entwickelt worden, die dazu führen sollen „nationale Aktionspläne“ zum Schutz von Kindern und Jugendlichen umzusetzen. Dies hat bisher zu folgenden entscheidenden Entwicklungen der rechtlichen Vorgaben geführt:

- 01.10.2005: Inkrafttreten des § 8a SGB VIII: Gesetz zur Weiterentwicklung der Kinder- und Jugendhilfe (Kinder- und Jugendhilfeweiterentwicklungsgesetz – KICK). Der Schutzauftrag des Jugendamtes bei Kindeswohlgefährdungen wurde pädagogisch und institutionell ausgebaut.

---

18 Vgl. www.kinderrechtkonvention; Braches-Chyrek 2020, S. 443.

19 Mit dem sog. „Ausländervorbehalt“ schloss die deutsche Bundregierung ausländische Kinder und Jugendliche von den Verpflichtungen der UN-Kinderrechtskonvention aus. Erst im Jahr 2010 wurden die Vorbehalte zurückgezogen. Die UN-Kinderrechtskonvention wurde von den USA bis heute nicht ratifiziert. Sie gilt in über 196 Ländern.

20 Trotz dieser tiefgreifenden politischen und gesellschaftlichen Diskussionen wird immer wieder diskutiert, warum es denn spezifische Kinderrechte geben müsse, welche konkreten Wirkungen die Kinderrechtskonvention im Bereich eines umfassenden Kinderschutzes entfalten kann und wo zukünftige Handlungsbedarfe liegen (Liebel 2010; 2017; Kerber-Ganse 2009, S. 87f.; Moran-Ellis/Sünker 2008, S. 61, Braches-Chyrek 2020, S. 443).

- Installierung des Aktionsprogramms „Frühe Hilfen für Eltern und Kinder und soziale Frühwarnsysteme“ (Bundesministerium für Familie, Senioren, Frauen und Jugend): Entwicklung einschlägiger Modellprojekte, Evaluationsstudien und Errichtung eines Nationalen Zentrums „Frühe Hilfen“, wie bspw. das Programm „Chancen für Kinder psychisch kranker Eltern“ oder die Landesprogramme Familienhebammen.
- Beauftragung des Nationalen Zentrums für Frühe Hilfen (2008) die Weiterentwicklung von Fehlerkulturen im Kinderschutz zu begleiten mit den Zielen, das Lernen aus problematischen Kinderschutzverläufen (Fallanalysen) möglichst zu verhindern, wie bspw. durch die Einführung eines ersten dialogisch-systemischen Fall-Labors.
- 12.07.2008: Reform des § 1666 Bürgerlichen Gesetzbuches: Erleichterung familiengerichtlicher Maßnahmen bei der Gefährdung des Kindeswohl, Konkretisierung der Rollenverteilung zwischen Eltern und Staat.
- 23.04.2010: Erste Sitzung des Runden Tisches „Sexueller Kindesmissbrauch in Abhängigkeits- und Machtverhältnissen“ in privaten und öffentlichen Einrichtungen und im familiären Bereich, Einsetzung einer unabhängigen Beauftragten als Ansprechpartnerin für Betroffene.
- 01.01.2012 Inkrafttreten des Bundeskinderschutzgesetzes BKiSchG.
- 21.12.2015 Gesetz zur Stärkung der Opferrechte im Strafverfahren (3. Opferrechtsreformgesetz, psychosoziale Prozessbegleitung).
- 22.09.2014 Gesamtkonzept gegen sexuelle Gewalt an Kindern und Jugendlichen.
- 27.01.2015 49. Gesetz zur Änderung des Strafgesetzbuches (Umsetzung europäischer Vorgaben).

Mit Bezug auf den Art. 19 der UN-Kinderrechtskonvention (Schutz vor Gewaltanwendung, Misshandlung und Verwahrlosung, Prävention und Bekämpfung von Gewalt gegen Kinder) ist insbesondere auf die Neuerungen durch das Bundeskinderschutzgesetz (BKiSchG) zu verweisen.

Ziel war es, durch diese rechtlichen Rahmungen für mehr Handlungs- und Rechtsicherheit (bspw. bei der Weitergabe von Informationen) sowie der Verbindlichkeit der fachlichen Standards (wie etwa Qualitätssicherung) derjenigen, die zur Wahrnehmung des staatlichen Schutzauftrages verpflichtet sind, zu sorgen.

Das Bundeskinderschutzgesetz (BKiSchG) hat zu umfangreichen Änderungen des achten Buches des Sozialgesetzbuches (SGB VIII) geführt. Insbesondere die Kooperation und strukturelle Zusammenarbeit mit anderen

Institutionen (Familiengericht, Polizei, Frühförderstellen, Kinderambulanzen, Ärzte, Familienhelfer*innen, Familienhebammen) ist äußerst relevant (§ 81 SGB VIII). Im fünften und sechsten Staatenbericht der Bundesrepublik Deutschland zu dem Übereinkommen der Vereinten Nationen über die Rechte des Kindes wird auf die Wirksamkeit von Kooperationskonzepten in den sozialen Diensten immer wieder Bezug genommen.

Durch das Bundeskinderschutzgesetz (BKiSchG) ist ein Gesamtkonzept zum Schutz von Kindern und Jugendlichen entwickelt worden. Es konnte zu einer zentralen Handlungsstrategie ressortübergreifend und zwischen verschiedenen staatlichen Ebenen ausgeweitet werden. Die Strategien der einzelnen Bundesländer im Kinderschutz unterscheiden sich jedoch (BMFSFJ 2019).

Während in Baden-Württemberg bspw. Ratgeber für den „Kinderschutz in der Offenen Kinder- und Jugendarbeit" entwickelt wurden, ist in Bayern ein Bayerisches Gesamtkonzept zum Kinderschutz durch die Einrichtung der Bayerischen Kinderschutzambulanzen installiert worden. Diese beraten Fachkräfte der Jugendämter sowie Ärzt*innen und führen interdisziplinärer Qualifizierungs- und Fortbildungsmaßnahmen durch. An Kliniken sind Kinderschutzgruppen etabliert worden.

In Nordrhein-Westfalen wurden Kinderschutzkompetenzzentren gegründet, um Kinderschutzfachkräfte gem. §8a und 8b SGB VIII sowie zur Kooperation und Information im Kinderschutz (§ 4 KKG) auszubilden. Hier wird zweimal im Jahr eine Konferenz für alle Kinderschutzfachkräfte durchgeführt. Es wurde ein Internetportal eingerichtet und die Kindertageseinrichtungen dazu aufgefordert eine pädagogische Konzeption zu erstellen, um die Rechte und den Schutz der Kinder zu sichern (s. Kinderbildungsgesetz KiBiz, § 13a Abs. 1).

Diese hier nur exemplarisch aufgeführten Schwerpunktsetzungen lassen sich in drei zentrale Bereiche untergliedern.[21]

- *Organisation* des Kinderschutzes: Hier geht es um die Weiterentwicklung der Gesamtkonzeptionen bzw. pädagogischen Konzeptionen der Organisation, z.B. Kindertageseinrichtungen, regionale Kinderschutzambulanzen, um die Regelungen der Verfahren zum Kinderschutz, wie etwa durch die Netzwerkkoordination, Kompetenzzentren, Qualitätsentwicklung, Regelprüfungen, Landessteuerungsgruppen, fachbehördliche Aufsichtsinstrumente.

- *Wissensvermittlung* zum Thema Kinderschutz: Bereitstellung von Informationen, Entwicklung von Leitfäden, Arbeitshilfen, Mustervereinbarungen, Handlungsempfehlungen, Durchführung von Fachtagen,

21 Vgl. zur Übersicht der Maßnahmen www.bmfsf.de und die jeweiligen Internetseiten der Bundesländer zum Thema Kinderschutz.

Fachaustausch, Kinderschutzkonferenzen, Beratungsangebote, Internetwissensplattformen, (interdisziplinäre) Weiter- und Fortbildungs- sowie Qualifizierungsangebote, Landeskinderschutzberichte, Bedarfserhebungen.

- *Ausformungen von Kinderschutzkompetenzen*: Ausbildung zur Kinderschutzfachkraft, Kinderrechte als Lehrinhalte in der Erzieher*innenausbildung sowie der sozialpädagogischen Assistent*innen, Ausbildung von Familienhebammen und Familienpaten und -patinnen.

Die nachfolgende Übersicht zeigt in exemplarischer Weise die unterschiedlichen Schwerpunktsetzungen der einzelnen Bundesländer im Kinderschutz auf:

Baden-Württemberg	Gemeinsames Konzept zur Stärkung des Kinderschutzes (Kommunalverband 2017): Weiterentwicklung der Verfahren zum Kinderschutz durch die Jugendämter mittels der vier Bausteine: Bedarfserhebung, Arbeitshilfen, Qualitätsentwicklung, Fortbildungsangebote für Fachkräfte der Sozialen Dienste. Etablierung von Handlungsleitlinien für die Träger*innen von Kindertageseinrichtungen zur Erstellung von Kinderschutzkonzepten. *Ziele:* Sensibilisierung und Schulung der Akteur*innen im Kinderschutz, Entwicklung eines Ratgebers „Kinderschutz in der offenen Kinder- und Jugendarbeit – Umsetzung des Schutzauftrages bei Kindeswohlgefährdung und Prüfung der persönlichen Eignung von Fachkräften“, arbeitsfeldspezifische Hinweise zu Vereinbarungen, i. S. des Schutzauftrags der Kinder- und Jugendhilfe (§§ 8a Abs. 4, 72a SGB VIII).
Bayern	Bayerisches Gesamtkonzept zum Kinderschutz mit den koordinierenden Kinderschutzstellen: Koki-Netzwerke frühe Kindheit, den Erziehungsberatungsstellen sowie der Kinderschutzambulanz am Institut für Rechtsmedizin der Ludwig-Maximilian-Universität München. *Ziele:* Interdisziplinäre Qualifizierung, Beratung, Sensibilisierung und Stärkung der Zusammenarbeit, Etablierung des Leitfadens „Gewalt gegen Kinder und Jugendliche – Erkennen und Handeln“, Förderung der Zusammenarbeit zwischen Gesundheitswesen, Jugendhilfe und Schule sowie Fortbildungsinitiativen.

Berlin	Konzept für ein Netzwerk Kinderschutz (seit 2007) *Ziele:* enge und frühzeitige Kooperation (fachliche Zusammenarbeit zentraler Akteur*innen im Kinderschutz), pro Bezirk eine Stelle zur Netzwerkkoordination, fünf regionale Kinderschutzambulanzen, Etablierung eines Leitfadens zum Kinderschutz.
Brandenburg	Fachstelle Kinderschutz *Ziele:* umfassende Beratung, bspw. durch die Koordination der Kinderschutzpartner*innen (aus den Bereichen Gesundheit, Justiz, Kinder- und Jugendhilfe, Polizei, Schule, Soziales, Sport), Etablierung eines Newsletters, von Checklisten, Publikationen, einer Kinderschutz Landkarte, Notfall-Nummern und des Kinderschutz-Wiki (Sammlung von Webseiten).
Bremen	Vereinbarung zur Sicherstellung des Schutzauftrages bei Kindeswohlgefährdung (seit 2011) § 81 SGB VIII, 8a SGB VIII, § 5 und § 12 im Bremischen Schulgesetz *Ziele:* Etablierung von verbindlichen Regelungen, Handlungsvorgaben, Fortbildungen, Dokumentation und Datenschutzbestimmungen, zur Kooperation und Evaluation.
Hamburg	Jugendhilfeinspektion (seit 2013) als fachbehördliches Aufsichtsinstrument *Ziele:* Qualität der erzieherischen Hilfen sichern und weiterentwickeln, individuelle Handlungs- und Verfahrenssicherheit der Fachkräfte erhöhen, Einhaltung rechtlicher, fachlicher und dokumentarischer Standards, Faktoren für „gute“ Arbeit etablieren, Durchführung von Regelprüfungen und anlassbezogenen Prüfungen, stetige Orientierung und Weiterentwicklung der Kinderschutzmaßnahmen analog zu internationalen Standards.
Hessen	Frühe Hilfe und Kinderschutz *Ziele:* Etablierung von Broschüren zu den „Frühen Hilfen“, berufsbegleitende Qualifizierung von Familienhebammen, einer Landessteuerungsgruppe, eines Qualitätszirkels und von regelmäßigen Arbeitstagungen.

Mecklenburg-Vorpommern	Landesprogramm zum Kinderschutz (Bundesdrucksache 5/5268 vom 15.3.2016) *Ziele:* Kinderschutz als gesamtgesellschaftliche Verantwortung, kontinuierliche Zusammenarbeit, Stärkung der Kinderrechte, Chancengleichheit und soziale Gerechtigkeit, gelingende Zusammenarbeit zwischen den handelnden Akteur*innen im Kinderschutz (ganzheitlicher Ansatz), Prozessorientierung.
Niedersachsen	Niedersächsische Kinderschutzkonferenz *Ziele:* Informationen und Sensibilisierung wie etwa durch Bespiele guter Praxis und Modellprojekte, Etablierung des Ratgebers Kindesvernachlässigung, des Netzwerks Frühe Hilfen, eines ärztlichen Leitfadens Kinderschutz, des Wissens um Kinderrechte als Ausbildungsinhalt der sozialpädagogischen Assistent*innen, sowie der Erzieher*innenausbildung, der Kenntnisse von rechtlichen Rahmenbedingungen, Entwicklung von Materialien und Vordrucken, insb. für Träger*innen von Kindertageseinrichtungen (§ 47, Satz 1, Nr. 2 SGB VIII) und inhaltlichen Fortbildungen.
Nordrhein-Westfalen	Kinderschutzkompetenzzentrum NRW *Ziele:* Etablierung von Beratungs-, Sensibilisierungs- und Schulungsprogrammen für Fachkräfte (Bildungsakademie (Deutscher Kinderschutzbund Nordrhein-Westfalen)). Ausbildung von 252 Kinderschutzfachkräften (nach §§ 8a, 8b und § $ SGB VIII), Jahreskonferenz der Kinderschutzfachkräfte, Einrichtung und stetige Weiterführung eines Internetportals und von pädagogischen Konzeptionen in den Kindertageseinrichtungen (§ 13a Abs. 1 Kinderbildungsgesetz KiBiz)
Rheinland-Pfalz	Bundesarbeitsgemeinschaft der Landesjugendämter (BAGLJÄ) zum Kinderschutz in Kindertageseinrichtungen (www.bagljae.de/empfehlungen/index.php) *Ziele:* Etablierung von zentralen Beratungsstellen für Kinderschutz, Kinderschutzdienste als niedrigschwellige Anlaufstellen für Mädchen und Jungen.

Schleswig-Holstein	Kinderschutzgesetz Schleswig-Holstein (seit 01.04.2008): *Ziele:* alle fünf Jahre wird ein Bericht über die Situation von Kindern und Jugendlichen erstellt (Landeskinderschutzbericht), Etablierung von Materialien zum Kinderschutz, wie bspw. Mustervereinbarungen nach § 8a und § 72a SGB VIII, regelmäßiger Fachaustausch der Kooperationskreise sowie die Verstetigung von Fortbildungs- und Qualifikationsprogrammen.
Saarland	Landesjugendamt, Jugendämter der Landkreise und Regionalverband *Ziele:* Koordination und Begleitung der Vereinbarungen im Kinderschutz. Berufung einer Kinderschutzkommission (seit 2019) zur Überprüfung des vorhandenen Schutz- und Hilfesystems.
Sachsen	Netzwerke für Kinderschutz und „Frühe Hilfen" in allen sächsischen Landkreisen und kreisfreien Städten nach Art. 1, § 3, Abs. 2 Bundeskinderschutzgesetzes *Ziele:* aufsuchende präventive Arbeit durch Netzwerke.
Sachsen-Anhalt	Zentrum „Frühe Hilfen für Familien" *Ziele:* Unterstützung und Beratung der lokalen Netzwerke des Kinderschutzes, Erarbeitung von Handlungsempfehlungen und Qualifizierungsbedarfen, Kooperationen mit den gesetzlichen Krankenkassen, Auf- und Ausbau einer Internetwissensplattform sowie vorhandener Projekte, wie etwa die Erhöhung der Anzahl von Familienhebammen und Familienpatinnen bzw. Familienpaten, Etablierung eines Leitfadens „Gewalt gegen Kinder und Jugendliche – Früherkennung, Handlungsmöglichkeiten und Kooperation" für Erzieher*innen und Lehrer*innen. Seit 2014 wurde festgelegt, dass in allen Kindertagesstätten eine zertifizierte Kinderschutzfachkraft tätig sein muss.

Thüringen	Fachstelle für Kooperation und Qualitätsentwicklung im medizinischen Kinderschutz (vierjähriges Modellprojekt an einem Klinikum, seit 2018): *Ziele:* Sensibilisierung und Schulung, Etablierung des Fortbildungsprogrammes des Landesjugendamtes und des jährlichen Kinderschutzfachtages, Ausbau des zweijährigen Werkstattprozess zur Umsetzung der Qualitätsentwicklung bei Gefährdungseinschätzungen durch das Jugendministerium, Einführung der Kampagne „Start fürs Leben – Kinderschutz in Thüringen" und des Leitfadens für Ärzt*innen sowie Psychotherapeut*innen „Gewalt gegen Kinder".

Tabelle 1: Schwerpunktsetzungen der Bundesländer im Bereich des Kinderschutzes

Deutlich wird mit dieser Zusammenfassung, dass sich die Arbeitszusammenhänge im Kinderschutz von den sehr komplexen bundesländerspezifischen Strukturvorgaben, den damit verbundenen Möglichkeiten von professionellen Positionierungen, Handlungs- und Interaktionsspielräumen der Akteur*innen – stets zurückgebunden auf die jeweiligen Tätigkeitsfelder – geprägt sind. Die „Tools" der professionell Tätigen in den Sozialen Diensten sind Hausbesuche, Inobhutnahmen, Kriseninterventionen und die Einleitung von Sorgerechtsverfahren. Checklisten sollen der Gefährdungsabfrage dienen, als Sicherheitsstrategie und Kontrollorientierung sowohl für die Fachkräfte als auch die Organisationen im Kinderschutz. Dazu werden Gefährdungsmeldung-Sofort-Dienste, Falleingangsmanagement und Kinderschutzteams bzw. Kinderschutzabteilungen oder Fachgruppen für Kinderschutz gebildet (Böwer/Kotthaus 2018, S. 11).

Hingewiesen sei in diesem Kontext auf die große Bedeutung der „insoweit erfahrenen Fachkraft". Nach § 8b SGB VIII soll eine fachliche Beratung und Begleitung der Akteur*innen im Kinderschutz stattfinden, um den Schutz von Kindern und Jugendlichen nachhaltig zu gewährleisten:

„Personen, die beruflich in Kontakt mit Kindern oder Jugendlichen stehen, haben bei der Einschätzung einer Kindeswohlgefährdung im Einzelfall gegenüber dem örtlichen Träger der Jugendhilfe Anspruch auf Beratung durch eine insoweit erfahrene Fachkraft" (§ 8b, Abs. 1 SGB VIII).

Dabei sind die Qualifikationen der „insoweit erfahrenen Fachkräfte" höchst unterschiedlich. Jedoch sollten Vereinbarungen und Regelungen darüber getroffen werden, wie die Finanzierung sichergestellt wird und welche Berufserfahrungen erforderlich sind. Der gesetzlich festgelegte Begriff der „Erfahrung" deutet darauf hin, dass ein bestimmtes Wissen und spezifische Handlungskompetenzen nachgewiesen werden sollten (Schone/Tenhaken 2012, S. 85). Es wird davon ausgegangen, dass die „insoweit erfahrenen Fachkräfte“ Wissen über

- Kindheitsverläufe, kindbezogene „Risiko- und Schutzfaktoren“ sowie „Gefährdungssituationen“,
- rechtliche Bestimmungen und anwendbare Verfahrensschritte,
- „Risiko- und Schutzfaktoren“ der Eltern bzw. der Erziehungsberechtigten sowie des sozialen Umfeldes,
- Krisen- und Konfliktverläufe sowie Krisen- und Konfliktbearbeitungsmöglichkeiten in Familien,
- Diagnose- und Methodenwissen (z.B. der Umgang und die Verwendung von Screening-Instrumenten, Gesprächsführung, Dokumentation, Evaluation, Risikomanagement),
- Wissen über das fachliche Handeln von Akteur*innen im Kinderschutz sowie in und durch Kinderschutznetzwerke, Erfahrungen in der Zusammenarbeit.

belegen können.[22] Die Einbindung der jeweiligen „insoweit erfahrenen Fachkräfte“ in die Bearbeitung von Gefährdungseinschätzungen erfolgt in den Institutionen der freien Träger, des Jugendamtes oder auch der Kindertagesbetreuung. Jedoch ist sehr unterschiedlich geregelt, ob und in welcher Weise an Beratungen teilgenommen werden kann und soll oder in welcher Hinsicht, die „insoweit erfahrenen Fachkräfte“ bspw. Gespräche mit Kindern und/oder ihren Eltern mitgestalten können.

In diesem Zusammenhang wird auf eine Vielzahl von Verstrickungen in der konkreten Kinderschutzarbeit hingewiesen (Heinitz/Slüter 2018, S. 54), wie bspw. das Austarieren von Nähe und Distanz, der professionelle Umgang mit Emotionen, mögliche Verleugnungen von Gefährdungen und Risikowahrnehmungen, Resignation als Schutz um eigene Überforderungen nicht wahrzunehmen oder um den Umgang mit mangelnder Veränderungsbereitschaft zu erklären, die Aufspaltung von Verantwortlichkeiten und Schuldzuschreibungen.

Ebenfalls wird durch die gesetzlichen Vorgaben nicht bestimmt, welches Wissen „insoweit erfahrenen Fachkräfte“ über Kinder, Kindheit, Kinderinteressen und Kinderrechte nachweisen müssen. Die vielfach als selbst-

22 Vgl. die ausführliche Übersicht der fachlichen Aufgaben, Arbeitsschritten und der notwendigen Kompetenzen der „insoweit erfahrenen Fachkräfte“ von Heinitz/Slüter 2018, S. 47.

verständlich betrachtete Zuschreibung von Bedürfnissen, Interessen, Rechten und Pflichten an Kinder und Erwachsene, im Rahmen generationaler Arrangements zeigen sich in der Zuschreibung eines bestimmten Wissens und der spezifischen Handlungskompetenzen der „insoweit erfahrenen Fachkräfte" sehr deutlich (Bühler-Niederberger/Türkyilmaz 2017, S. 75).

Wird davon ausgegangen, dass Kinderschutz nur sinnvoll i.S. von prozessorientierten Verfahren und Vorgehensweisen sein kann, dann müssen neben den generationalen Zuschreibungen auch hilfreiche Prozesse der Unterstützung (Ackermann/Robin 2018, S. 189) zwischen allen Beteiligten im sozialen Nahraum der Kinder angeregt werden.

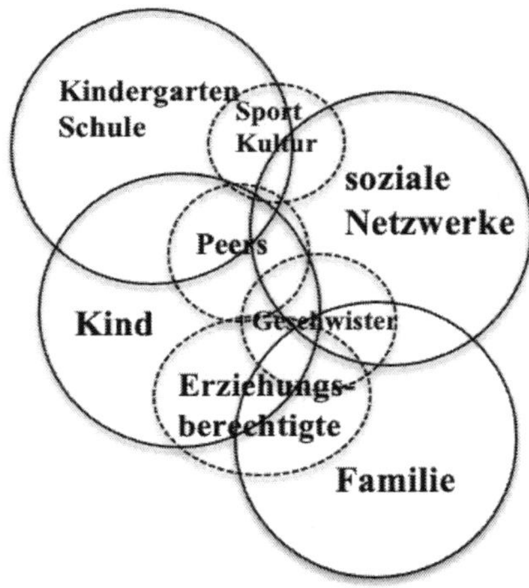

Abbildung 5: Sozialer Nahraum von Kindern

Aufgabe der „insoweit erfahrenen Fachkräfte" ist es diese hier aufgezeigten Dilemmata wahrzunehmen und zu reflektieren als auch gemeinsam mit den Akteur*innen im Kinderschutz Verfahren zu entwickeln, die es möglich machen, die Zusammenarbeit zwischen Kindern, Eltern und den sozial- und kindheitspädagogischen Fachkräften möglichst unabhängig von organisationalen Vorgaben zu gestalten. Gleichfalls ermöglichen die „insoweit erfahrenen Fachkräfte" durch ihre fachliche Beratung eine punktuelle „Absicherung" der Entscheidungen durch die Vermeidung von fachlichen Fehlentscheidungen sowie in diesem Kontext auch eine Weiterqualifizierung der Akteur*innen im Kinderschutz.

4 Strukturierungen des Wissens über Kinderschutz: Forschungsbefunde

Die Forschungslandschaft zu Themenbereichen, die den Kinderschutz betreffen, hat sich in den letzten Jahren stark ausgeformt. Neben Schwerpunktheften in Fachzeitschriften (z.B. Sozial Extra, Kinderschutz aktuell, Theorie und Praxis der Sozialpädagogik, Unsere Jugend, Pflegezeitschriften usw.) sind auch Handbücher (DJI 2006) und eine Vielzahl von Lehrbüchern (Biesel/Urban-Stahl 2018; Oppermann et al. 2018) sowie Praxisbüchern (Böwer/Kotthaus 2018; Urban-Stahl/Biesel 2018; Urban-Stahl et al. 2018; Bathke et al. 2019) herausgegeben worden.

Aber auch die Datenreporte und Beiträge zur Qualitätsentwicklung im Kinderschutz (Wolff et al. 2014; Kindler et al. 2006; Kindler et al. 2016; Wolff et al. 2018), die Kinder- und Jugendhilfereporte (DJI), Monitoring-Berichte und Lokalstudien konnten dazu beitragen, dass ein reger Fachdiskurs entstanden ist (wie etwa durch das Stadtjugendamt Erlangen et al. 2018, Biesel/Schrapper 2018, Biesel/Messmer 2018, den Deutschen Kindeschutzbund Landesverband NRW 2018, den Deutschen Kinderschutzbund Niedersachsen 2011).

Gleichfalls werden „Grundfragen staatlichen Handelns", „Probleme und Innovationen" (Körner/Hörmann 2019) sowie der professionelle Umgang von Fachkräften „mit Fehlern" (Biesel et al. 2020, S. 409) in vielfältiger Weise diskutiert.

4.1 Themen der internationalen Forschungen

Schon eine Vielzahl von historischen Arbeiten über Kinder befassten sich mit dem Thema Kinderschutz, und dies nicht nur in westlichen Gesellschaften. Seit dem Beginn der Kinderschutzbewegungen haben weltweit Wissenschaftler*innen herausarbeiten können, dass mangelnder Kinderschutz Auslöser und Ursache für diverse gesellschaftliche Problemlagen ist (Cunningham 2005, S. 33; Richmond 1930; Braches-Chyrek 2013).

Die aktuellen internationalen Diskurse zum Thema Kinderschutz spiegeln sich in den Veröffentlichungen etlicher Journale wider (z.B. Journal of public Child welfare, Vulnerable children & youth studies, The future of children, Child abuse & neglect, Child abuse review usw.) sowie in (inter-)nationalen Berichten (bspw. Kanada, Australien, Neuseeland, England und USA). Neben grundlegenden Übersichten werden auch Einordnungen der bisherigen

Wissensbestände im Kinderschutz im Hinblick auf die Komplexität von Einflussfaktoren und möglichen sozialpolitischen Strategien vorgenommen (Featherstone et al. 2016; Featherstone et al. 2018; Munro 2019b).

Durch international vergleichende Studien (Beier 2020), wie etwa zur Kooperation im Kinderschutz (Hetherington/Baistow 2001), zu Fragen der Qualitätsentwicklung (Albright et al. 2019; Niemelä et al. 2019), der Information und Anhörung von Kindern (Heimer et al. 2018; Bolin 2016; Bruce 2014) oder Fragen der kindlichen Mitbestimmung (Dixon et al. 2019; Woodman et al. 2018; Thomas 2020) und Handlungsfähigkeit (agency) (Morrison et al. 2019, S. 98) konnten eigenständige Forschungsschwerpunkte etabliert werden.

Jedoch variieren die forschungsmethodologischen Designs. Es wurden Interviews mit Sozialarbeiter*innen, biografische Interviews mit Kindern oder Fallvignetten zur Datengewinnung herangezogen.

Diese unterschiedlichen methodischen Vorgehensweisen spiegeln sich in den diversen Modifikationen und Varianten der Forschungsergebnisse wider. Zwar wird häufig betont, wie wichtig es sei Kinder einzubeziehen sowie Möglichkeiten zu schaffen, dass Kinder sich frei äußern können und dabei ernst genommen werden, so dass Kinder die Relevanz ihrer Meinung erfahren können (Dixon et al. 2019; Woodman et al. 2018). Andererseits wird auf die Kosten- und Ressourcenintensität der Mitbestimmungsverfahren hingewiesen. Und es wird diskutiert, ob und inwiefern Kinder in Mitbestimmungsprozessen nicht doch bedrängt und manipuliert werden könnten (Tisdall 2016; Martin et al. 2018, S. 458). Lundy (2007) argumentiert in diesem Zusammenhang, dass die Umstände und Notwendigkeiten der Partizipation von Kindern mit Nebenfolgen und Folgefragen verbunden sind.

Die Fachkräfte in den Sozialen Diensten stoßen oftmals auf Schwierigkeiten, besonders wenn

> *„the rhetoric needs to be put into practice, especially when the effect of this is to challenge the dominant thinking, generate controversy or cost money" (ebd, S. 931).*

Vielfach wurde die Wirksamkeit von diagnostischen Verfahren und Risikoinventaren untersucht, wie etwa durch den Parental Stress Index (PSI) oder den Child Abuse Potenzial (CAP) Inventory. Auch in den internationalen Debatten um Kinderschutz wird die Wirksamkeit von standardisierten Verfahren, verallgemeinerbaren Vorstellungen von Kindern und Kindheit als „normal" durchaus sehr kritisch diskutiert, und auf die Zumutungen und Zuweisungen von innerfamilialen Aufgaben und Rollen durch das generationale „Ordnungsdispositiv" im Kontext sozialstaatlicher Diskurse und Vorgaben hingewiesen (Moran-Ellis/Sünker 2020).

> *„Das normative Muster der ‚guten' Mutter, das seit dem ausgehenden 18. Jahrhundert mit wachsendem rhetorischem und fürsorglichem Aufwand postuliert wurde, ist gleichzeitig Generationenentwurf, Geschlechtsentwurf, Familienentwurf, und es ist fundamental auf eine*

soziale Ordnung bezogen, die immer stärker auf Selbstzwang, auf Sozialisation statt auf Fremdzwang setzte und in der es Positionen nicht zuletzt durch eine ‚gute Kinderstube' zu legitimeren galt. Die letztere meint nicht nur ein erzieherisches Verhältnis, sondern ganz konkret auch die Verortung und Überwachung der Kinder in der Familie" (Bühler-Niederberger/Sünker 2006, S. 42).

Die durch den internationalen Austausch angestoßenen kritischen Auseinandersetzungen mit den Leitbildern von einer „guten" Familie, kompetenter und intensiver Mutterschaft, verantwortungsvoller und engagierter Elternschaft (bmbfsj.de) sowie „unschuldiger" Kindheit stehen konträr zu den Studien, die davon ausgehen, dass es bestätigte Risikofaktoren gibt, die eine Kindeswohlgefährdung bedingen (Closs et al. 2018; Rooth et al. 2018, S. 369; Garlen 2019, S. 55). Dies hat zur Folge, dass mittlerweile Risikocluster entstanden sind, die im Kontext präventiver Maßnahmen verwendet werden[23].

4.2 Wissensordnungen im Kinderschutz

Kinder werden nach wie vor – trotz aller Bemühungen – nicht als eigenständige Rechtssubjekte wahrgenommen, sondern als Objekte von Schutzrechten. Insbesondere die Diskurse um den Begriff, die Bedeutung und die Möglichkeiten der „Gewährleistung" von Kinderschutz, die in diesem Zusammenhang geführt werden, zeigen, dass die Bewahrung von Kindern vor Risiken, wie z.B. vor gesundheitlichen Schäden oder Unglücksfällen, schwierig und problematisch ist.

Diese sich hier offenbarenden normativen Begrenzungen im Verständnis von Kinderschutz sind u.a. darauf zurückzuführen, dass sich die kinderrechtlichen Überlegungen weitgehend an einem westlich-modernen, eher eurozentristischen Kindheitsbild orientieren, welches von einer besonderen und generellen „Schutzbedürftigkeit" bzw. „Verletzlichkeit" (Vulnerabilität) und „mangelnden Reife" von Kindern ausgeht (Liebel 2020; Garlen 2018, S. 55).

---

23 Es sind wohl mittlerweile 50 Risikofaktoren ermittelt worden, zu denen neben Armut und niedrigem Bildungsstand auch junge Mutterschaft, wenig Abstand zwischen den Geburten, Frühgeburten, Mehrlingsgeburten, chronischen Erkrankungen und Behinderungen von Eltern wie auch Kindern gezählt werden, nur um einige Beispiele zu nennen (Thurn 2017, S. 44; vgl. zur kritischen Einschätzung Schone 2019, S. 144).

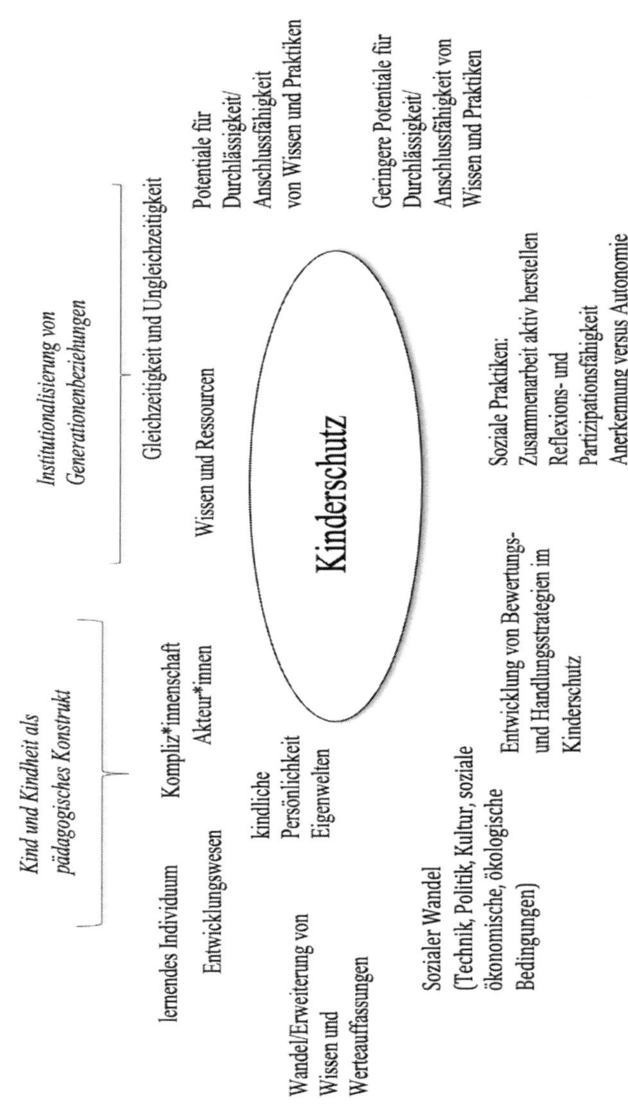

Abbildung 6: Wissen im Kinderschutz

Kinder werden eher als Opfer von Gewalt („the child at risk“) oder als Objekte mit Bedürfnissen („the child of needs“) und weniger als eigenständige Akteur*innen in Hilfeprozessen des Kinderschutzes wahrgenommen (Wolff et al. 2014, S. 22).

„The child should be seen as the service user and the child image should be less focused on protection, and more on that of a child as a knowledgeable social actor“ (van Bijleveld et al. 2015, S. 137).

„Andere“ Kindheiten, „die nicht dem Strukturmuster „moderner“ Kindheit entsprechen“ und „über die uns bekannten Gesellschaften und Kulturen hinausweisen“ und „möglicherweise durch Kinder selbst mit hervorgebracht werden“ (ebd.; Liebel 2010, S. 50), stehen häufig in nicht ausreichender Weise im Fokus der Auseinandersetzungen. Folgende Grafik zeigt die Zusammenhänge auf.

Werden diese Aspekte berücksichtigt, stellt sich die Frage, was unter „guter“ Kindheit zu verstehen ist (Betz/Bischoff 2018). Wenn also die Strukturmuster „moderner“ Kindheit hinterfragt werden, müssen auch gesellschaftliche und familiale „Selbstverständlichkeiten“, kulturelle Bedingungen (unterschiedliche Gemeinschaftsformen, innerfamiliale Verteilung von Verantwortung usw.), gesellschaftliche Zusammenhänge bzw. politische und rechtliche Rahmungen, überdacht werden (Liebel 2020; Dethloff 2016, S. 178). Um die Sichtweisen, das Wissen, die Erfahrungen der sozialpädagogischen Fachkräfte auf die Wahrnehmung und die Einbeziehung der Interessen der Kinder in die Hilfeprozesse im Kinderschutz in den Blick nehmen zu können, sind neben gesellschaftlichen Rahmenbedingungen auch die normativen Vorstellungen, Werte und Strategien des professionellen Handelns relevant.

Im Kontext dieser Vorannahmen werden die Rahmenbedingungen der Gesamtkonstruktionen von Wissen im Kinderschutz im Hinblick auf die Wahrnehmung von Kindern als Akteur*innen bzw. als zu schützende Abhängige in ihrer Differenziertheit aufgeschlüsselt. Um der üblichen Verwendung von Wissen als Komplex- und/oder Containerbegriffe entgegenzutreten, sind folgende Unterscheidungen relevant:

Die unterschiedlichen wissenstheoretischen Positionen, welche versuchen den Wissensbegriff einzuordnen (etwa als subjektives bzw. objektives Wissen) weisen darauf hin, dass Wissen ein diskursiv hoch komplexer Begriff ist, der vielfach als Containerbegriff verwendet wird (Foucault 1974, Reckwitz 2017). Wissen kann als Können oder als Kennen aufgefasst werden. Weiterhin wird unterschieden zwischen intuitivem, theoretischem und praktischem Wissen. Wissen wird als statisch oder veränderlich aufgefasst.

Und es werden verschiedene Stufen des Wissens (z.B. Wahrnehmung, Erinnerung, Erfahrung, Kunst oder Weisheit) definiert. Diese sollen in ihrer Wertigkeit unterschieden werden und methodisch nicht aufeinander reduzierbar sein (Berger/Luckmann 2013; Mannheim 1964). Für nachfolgende Einordnungen des Wissens von Akteur*innen im Kinderschutz sollen daher folgende drei Differenzierungen vorgenommen werden:

- Intuitiv-subjektives Wissen (unbewusstes Wissen, Wissen aus Vorannahmen),
- Diskursiv-intersubjektives Wissen (wie etwa theoretisches Wissen, Reflexionswissen),
- Praktisches Wissen (Wissen aus Erfahrungen, wie Urteilskraft, Können, arbeitsfeldspezifisches Wissen).

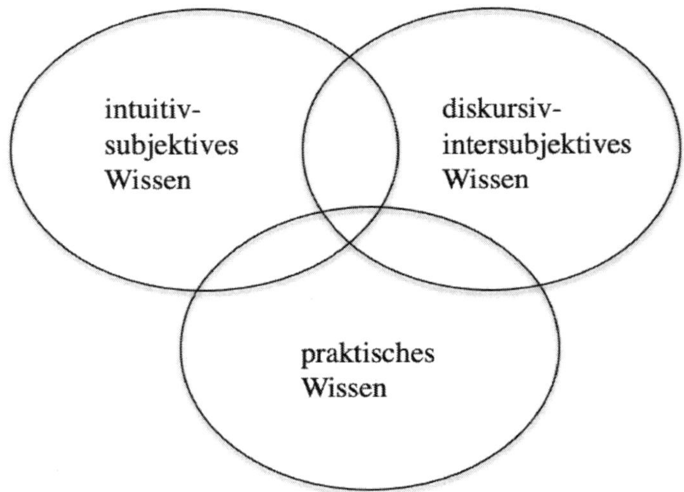

Abbildung 7: Wissensformen im Kinderschutz

4.2.1 Kinder und Kindheit

Die Verpflichtung der Staaten, den Schutz von Kindern durch veränderte Gesetze in gesellschaftliche Strukturen umzusetzen, hat zwar dazu geführt, dass sich der öffentliche und wissenschaftliche Blick verstärkt auf faktische Kinderwelten und ihren Alltag richtet (vgl. die Kinder-Survery-Forschung World Vision 2007; 2010; Alt/Lange 2009; BMFSJ 1998-2018; 2019). Aber erst die Diskurse um die Strukturierung des Wissens über Kindheit, wie z.B. durch die Entwicklung der childhood studies (Qvortrup et al. 1994; James et al. 1998;

1997; Alanen 2005, Spyrou 2018, S. 419) und die in diesem Kontext geführten Auseinandersetzungen mit gesellschaftlichen Kindheitsbildern und -vorstellungen machten es möglich, die konkrete Ausgestaltung von Kinderleben und Kinderalltag auf den unterschiedlichen individuellen, institutionellen und gesellschaftlichen Ebenen in den Blick zu nehmen. Deutlich werden diese Entwicklungen an den Veränderungen staatlicher Rahmenbedingungen und Gesetzen.

Kinder werden zunehmend als Subjekte mit eigenen Handlungs- und Entscheidungsspielräumen und mit unterschiedlichen Bedürfnissen, die jedoch nach Alter, Klasse, Geschlecht und Kultur differieren, wahrgenommen[24]. Ein zentrales und bedeutsames Ergebnis dieser Forschungsentwicklung ist die Wahrnehmung und Anerkennung von Kindern als eigenständige Träger*innen spezifischer Rechte. Dabei soll die Anerkennung von Kindern als Akteur*innen nicht dazu führen, dass Kinder die zentralen Informationspartner*innen im Kinderschutz sind, sondern es geht darum, die Erwachsenenzentriertheit des Wissens über Kinder und Kindheit in Frage zu stellen. Um die Stimmen der Kinder besser zu hören soll die Berücksichtigung der

„[...]dichotomy between adults as competent beings and children as incompetent ‚becomings', so that we construct children as beings, as well as ‚becomings', and we construct adults as ‚becomings' as well as ‚beings'"(Mason 2008, S. 367)"

wesentlich sein, um

- Kinder als „Personen aus eigenem Recht", als „Subjekte in Entwicklung" zu verstehen (Honig 1999, S. 81).

Gleichzeitig ist Kindheit ein Moratorium,

- ein zeitliches und räumliches Element gesellschaftlicher und historischer Dispositive, eingebunden in rechtliche Regelungen und institutionelle Rahmungen (Bühler-Niederberger 2020, S. 9).

Die kritischen Auseinandersetzungen mit den hier nur kurz skizzierten theoretischen und alltagsweltlichen Kindheitsvorstellungen führten schrittweise zu Reformen im Verhältnis von Kindern und Erwachsenen.

24 Vgl. für die Debatten um wissens- wie wissenschaftssoziologische Differenzen von Kindheits- und Kinderforschung: Braches-Chryek et al. 2020; Bühler-Niederberger 2020.

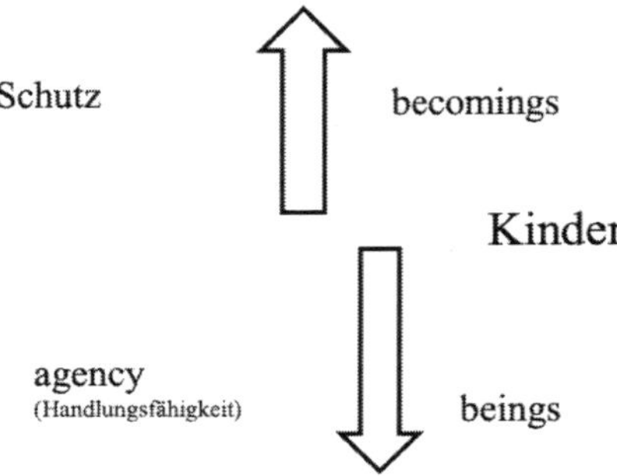

Abbildung 8: Kinder im Kinderschutz: Grundlegendes Spannungsverhältnis

Das lange Zeit durch Erwachsene ausgeübte „Recht am Kind“ bzw. „an seinem Kind“ (Schwarz 2011, S. 94) wurde zunehmend in Frage gestellt. Die konkrete und nachhaltige Verbesserung der kindlichen Lebenssituationen in den von der UN-Kinderrechtkonvention geforderten Kernbereichen von Schutz, Versorgung und Beteiligung soll umgesetzt werden (Braches-Chyrek 2020). Somit konnte die konkrete Stärkung der Rechte und Interessen von Kindern durch die Einführung von Kindergrundrechten in das Grundgesetz zu einer zentralen Forderung werden (ebd.).

Und obwohl diese Aspekte schon seit mehr als drei Jahrzehnten thematisiert werden, wird nach wie vor darüber diskutiert, ob das Kindeswohl „angemessen“, „wesentlich“ oder „vorrangig“ zu berücksichtigen sei. Dies zeigt, dass eine systematische Einbeziehung der politischen, sozial- und gesellschaftswissenschaftlichen Diskurse über Kinderrechte, Kinderschutz und Kindeswohl, signifikant ist, um zu konkretisieren, inwiefern und welches Wissen über Kinder und Kindheit befördert wird.

Trotz der erhöhten Forschungsaktivitäten zu Fragen des Kinderschutzes besteht nach wie vor Klärungsbedarf, in welcher Art und Weise Kinder und ihre Interessen von den sozialpädagogischen Fachkräften wahrgenommen und eingeordnet werden (Alberth 2018a; 2018b; Alberth/Bühler-Niederberger 2017; Alberth et al. 2014, S. 26; Morrison et al. 2019, S. 99).

Zentral sind daher Auseinandersetzungen darüber, in welcher Weise Kinder nach wie vor „unsichtbar“ im Kinderschutz sind, sie als minderjährige Akteur*innen quasi verborgen und invisibilisiert sind, durch die vorrangige Betrachtung der Familie und der dort vorherrschenden Konflikte sowie Problemlagen.

4.2.2 Kinder in Familien

Kinder(er)leben findet weitgehend in familial geprägten Settings statt (Klein 2018). Familie wird zunehmend als familiäre Lebensgemeinschaft oder auch als sozial-familiäre Beziehung beschrieben, die dem Schutz des Staates Art. 6 GG unterliegt (bmbfsfj.de). Die Anforderungen, die an die Qualität der innerfamilialen Beziehungen zu stellen sind, werden wie folgt festgelegt:

> *„Eine verantwortungsvoll gelebte und dem Schutzzweck des Art. 6 GG entsprechende Eltern-Kind-Gemeinschaft lässt sich nicht nur quantitativ etwa nach Datum und Uhrzeit des persönlichen Kontaktes oder genauem Inhalt der einzelnen Betreuungshandlungen bestimmen. [...] Hinzu kommt, dass die Entwicklung eines Kindes nicht nur durch quantifizierbare Betreuungsbeiträge der Eltern, sondern auch durch die geistige und emotionale Auseinandersetzung geprägt wird" (BVerfG 30.01.2002, Rn. 29).*

Dabei ist das soziale und formal sehr wirksame Leitbild der gemeinsamen elterlichen Sorge und die Norm der Herstellung eines Einvernehmens bei Konflikten zwischen den Eltern bzw. Erziehungsberechtigten immer noch äußerst relevant.

Der Ehe und Familie werden zentrale gesellschaftliche Ordnungsfunktionen zugeschrieben, die vielfach mit traditionellen Vorstellungen und der scheinbaren Unauflösbarkeit familialer Sorgebeziehungen präsentiert und kodifiziert werden:

- Die Familie wird als *kleinste Einheit des Staates* angesehen. Dadurch werden die tatsächlichen Lebenszusammenhänge des Aufwachsens von Kindern vielfach nur sekundär wahrgenommen. Deutlich wird dies an den Anhörungs- und Artikulationsmöglichkeiten der Kinder im Konfliktfeld der elterlichen Umgangsbefugnisse (Salgo 2016, S. 196). Vielfach herrscht noch die Annahme vor, dass Kinder außerhalb der Ehe und Familie weder Schutz noch eine Interessensvertretung erfahren.

- Die Familie ist ein Instrument gesellschaftlicher *Machtverteilung*. Durch die Familie wird Eigentum und die Erbfolge legitimiert und somit die gesellschaftliche Machtverteilung begründet und garantiert. Es wird davon ausgegangen, dass Familien von einer inneren Autonomie geprägt sind, die die Sorge, Erziehung und Bildung der Kinder garantiert, rechtlich gerahmt durch positive Erziehungsziele, wie z.B. Sicherstellung von Bildung, der Erziehung zur Selbständigkeit § 1626 Abs. 2 BGB oder dem Recht auf gewaltfreie Erziehung §1631 Abs. 2 BGB.

- Die familiären Lebensgemeinschaften sind vielfältig.[25] Kinder leben in Haushalten mit Alleinerziehenden, nichtehelichen Lebensgemeinschaften, mit getrennt lebenden Paaren, mit Eltern in Fernbeziehungen (Commuter-Ehe), in Wohngemeinschaften, in gleichgeschlechtlichen Lebenspartnerschaften, in gleichgeschlechtlichen Ehen, in Regenbogenfamilien mit mehreren biologischen und sozialen Müttern und Vätern (wie etwa in Adoptiv- oder Stieffamilien (binukleare Familien), in polyamoren Familien, in Pflegefamilien, mit ihren Großeltern, in Mehrgenerationenhaushalten (Dethloff 2016, S. 179; Wonneberger et al. 2018).

Die rechtlichen und sozialrechtlichen Hilfen, wie etwa durch Prävention, und Intervention, auch teilweise in Form von Eingriffen (z.B. die Inobhutnahme) oder als Beratungs-, Mediations- und Therapieangeboten folgen vorgegebenen pädagogischen Leitbildern. Somit soll sichergestellt werden, dass die Idealformen gemeinsamer elterlicher Sorge-, Erziehungs-, Bildungs- und Verantwortungsgemeinschaften umgesetzt werden und erhalten bleiben. Gleichzeitig wird davon ausgegangen, dass durch ideale Konfliktlösungsformen Weichen für das Verhalten in zukünftigen Konfliktlagen gestellt werden könne.

Familiale Krisensituationen sollen durch Austausch und Anpassung an gesellschaftliche Normen und Werte bearbeitet werden. Der Allgemeine Soziale Dienst tritt als intervenierende Instanz auf. Er hat durch die materiell- und verfahrensrechtlichen Rahmungen der Organisation von Familie die Aufgabe das Leitbild „Kinderschutz“ pädagogisch zu legitimieren und staatlich abgesichert zu befördern sowie durchzusetzen. Kinderschutz als eine spezifische Form der personenbezogenen sozialen Dienstleistungen hat die Aufgabe auf Familien und ihre Sozialbeziehungen einzuwirken sowie Veränderungen u.a. zum Zweck von „Normalisierung“ anzuregen.

Da nach wie vor ein enger Zusammenhang von finanziellen Risikolagen in Familien und dem besonderen Bedarf an Hilfeleistungen besteht (als das sind Erziehungsberatung, Elternkurse, Familienfreizeiten, Frühförderung, Frühe Hilfen), stellt sich die Frage, in welcher Weise diese präventiven Angebote das Konstrukt einer „idealen“ Elternschaft analog der gesellschaftlichen Diskurse um Elternverantwortung- und -engagement nachhaltig legitimieren.

„Kurz, die Familie in ihrer legitimen Definition ist ein Privileg, das zur allgemeinen Norm erhoben wurde. Ein faktisches Privileg, das ein symbolisches Privileg impliziert: das Privileg zu sein, wie es sich gehört, der Norm zu entsprechen, also den symbolischen Profit aus der Normalität zu ziehen. Wer das Privileg hat eine der Norm entsprechende Familie zu

25 Seit 1959 gilt die Ehe als „engste menschliche Lebensgemeinschaft“. Jedoch ist der „grundrechtliche Schutz der Ehe gegenüber dem grundrechtlichen Schutz der Familie zurückgetreten“, d. h., dass vielfach ein Familienbild bestätigt wird, das lediglich an das Zusammenleben mit Kindern anknüpft (Schwarz 2011).

haben, ist in der Lage, dies auch von allen anderen zu verlangen, ohne die Frage nach den Voraussetzungen (zum Beispiel ein gewisses Einkommen, eine Wohnung usw.) der Verallgemeinerung des Zugangs zu dem stellen zu müssen, was er als ein Universelles verlangt" (Bourdieu 1998, S. 131f.).

Daraus ergibt sich eine – in der Ausgestaltung – durchaus schwierige und ambivalente Aufmerksamkeit für die Anregung, Förderung und Unterstützung von kindlichen Bildungsprozessen, da von den Praktiken der Hilfegewährung überwiegend die Gruppe der weniger privilegierten Kinder betroffen sind (Braches-Chyrek/Sünker 2020, S. 55).

Gleichzeitig ist aber auch zu berücksichtigen, dass das familiale Miteinander oder auch das familiale Nicht-Miteinander die Handlungsfähigkeit (Agency) von Kindern entscheidend beeinflusst. Daher stellt sich ganz zentral die Frage danach, welche funktionalen und strukturellen wie auch interaktiven Bedingungsfaktoren „gute" soziale Lebensbedingungen und Lebensmöglichkeiten für Kinder ermöglichen können.

Weiterhin ist danach zu fragen, in welcher Weise Kinder als Handelnde, als Konsumenten, als elterliche Einflussnehmer oder Komplizen Praktiken entwickeln, um soziale Spannungen und Differenzen, Risiken, Distanzen und Asymmetrien überwinden zu können und Veränderung im Hinblick auf familiales Wohlergehen und Sicherheit zu ermöglichen (Bühler-Niederberger 2020, S. 16). Die Mitgestaltung des innerfamilialen Alltags und der notwendigen Beziehungen (z.B. Übernahme von (Geschlechter-)Rollen, Haushaltsaufgaben, emotionale Nähe, Zeitverwendung, Berücksichtigung und Artikulation von Ängsten, Wünschen und Bedürfnissen) sowie das „Austarieren" von räumlichen und gesundheitlichen Bedarfen durch Kinder als „doing family" sind höchst unterschiedlich (Jurcyk et al. 2014; Wonneberger et al. 2018). Denn

„nicht zuletzt beeinflussen auch Dispositionen der Kinder wie deren Gesundheit, Temperament und Problemverhalten das Erziehungs- und Fürsorgeverhalten der Eltern" (bmbfsfj, 2021, S. 84).

Eingelassen in das grundlegende Spannungsverhältnis zwischen den Dimensionen von Schutz und Partizipation, basierend auf den Konzepten der kindlichen Verletzlichkeit und der Handlungsfähigkeit, sind die durch Kinder mitverursachten innerfamilialen Stabilitäten und Instabilitäten nicht immer leicht zu lokalisieren.

Die vielfach sehr heterogenen familialen Milieus, die innerfamilialen Disparitäten können eine Vielzahl von kurz- und langfristigen Auswirkungen auf das kindliche Erleben haben, wie bspw. physischer und psychischer Stress, kognitive Fähigkeiten, Neuerungen und/oder Abwendungen, Wohlbefinden, soziökonomische Sicherheit oder Verlust dieser, Reduzierung, Ausweitung oder Intensivierung von Zeit, Ressourcen (bspw. Wohnraum, Infrastruktur) und Beziehungen (Bernardi/Comolli 2019).Dementsprechend sollen auch die Konsequenzen der Veränderungen in den familialen Erfahrungsräumen für Kinder, als „Betroffene“ und als „Handelnde“ zugleich, analysiert werden. Zu bedenken ist, dass die relevanten „arenas of action“ der Kinder durch die miteinander verflochtenen Lebensbereiche von Familie und Institutionen (Arbeit, formale, non-formale und informelle Bildungs- und Gesundheitsstrukturen), soziale und digitale Netzwerke wie auch der sozial(-ökologischen) Infrastruktur gerahmt werden. Vor dem Hintergrund dieser Perspektiven wird davon ausgegangen, dass nur durch die Anerkennung der verschiedenen Sichten auf familiale Dynamiken es möglich sein wird Barrieren in der Wahrnehmung und Deutung abzubauen wie auch reduzierte Vorselektionen von Problemlagen zu verhindern.

4.2.3 Professionelles Handeln im Kinderschutz

Die professionellen Handlungskompetenzen der Akteur*innen im Kinderschutz werden dahingehend beurteilt, ob eine Konkretisierung der fachlichen Aufgaben, Handlungsorientierungen und möglichen Entwicklungslinien von Problemeinschätzungen sowie formalen Entscheidungen nachvollziehbar sind (Thole et al. 2016; Schone 2018, S. 32; Münder 2017; Urban-Stahl et al. 2018; Stadtjugendamt Erlangen et al. 2018; Biesel/Messmer 2018).

Kinderschutz als kodifiziertes Leitbild wird verbunden mit dem gesetzlich legitimierten Anspruch der Zusammenarbeit und Vernetzung aller relevanten Akteur*innen (§ 8a SGB VIII). Dies sind die Fachkräfte im Allgemeinen Sozialen Dienst, der Kindertagesbetreuung, der Schule, den Familiengerichten, der Polizei, den Frühförderstellen, den Familienhebammen, Familienbegleitungen usw.

Weit weniger beachtet und untersucht wird die konkrete Zusammenarbeit der Akteur*innen im Kinderschutz mit den familialen Lebensgemeinschaften (Eltern, Erziehungsberechtigten, Kindern und sozialen Netzwerken, wie etwa Großeltern).

Bisher gibt es nur wenige empirische Studien zur Zusammenarbeit zwischen Kindertageseinrichtungen und Jugendämtern (van Santen/Seckinger 2015; 2018; Graßhoff 2018, S. 131). Dem Anspruch der gemeinsamen Arbeit am „Gegenstand“ Kinderschutz liegt die Vorstellung zugrunde, dass Rahmenbedingungen und (Diagnose-)Instrumente geschaffen werden könnten, die zu einem positiven Kindeswohlstandard führen.

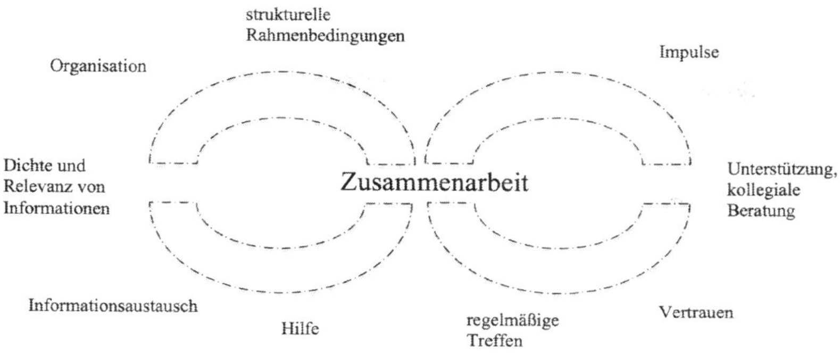

Abbildung 9: Grundlagen der Zusammenarbeit im Kinderschutz

Dabei dient das Leitbild Kinderschutz als Legitimation, um einerseits Einzelregelungen, wie etwa gerichtliche Einzelfallentscheidungen zu rechtfertigen und um andererseits gemeinsame Regelvorstellungen zu entwickeln, mit denen Standards für professionelles Handeln geschaffen werden können. Neben der Planung und Schaffung von tragfähigen Konzepten werden daher die Akteur*innen im Kinderschutz dazu aufgefordert die fachlichen Standards weiterzuentwickeln, also Ideen zu sammeln, einen Vertrauensaufbau in die Fähigkeiten der Akteur*innen wie auch in die Organisationen zu befördern sowie konstruktive Diskussions-, Kommunikations- und Unterstützungszusammenhänge zu gestalten.

Diese Regelvorstellungen, wie sie im Kontext der Messung von Qualität und Leistungserbringung (effektiv, passgenau und bedarfsgerecht) der Akteur*innen im Kinderschutz, wie z.B. dem Jugendamt oder freien Trägern, diskutiert werden, blenden die Interessen der Kinder und ihrer Eltern bzw. Erziehungsberechtigten weitgehend aus (Schwarz 2011, S. 93).

Kinder werden vorrangig als unschuldig, verletzlich, schutzbedürftig und Opfer ihrer sozialen und kulturellen Verhältnisse angesehen. In der Zusammenarbeit mit den Eltern und/oder Erziehungsberechtigten wird davon ausgegangen, dass dies „freiwillig" und dass ein „Einvernehmen" zum Wohl des Kindes herzustellen sei.

Diese wenig diskutierten Vorstellungen, dass familiale „Fehlleistungen" korrigiert werden, dass jedes Kind so gefördert werden kann, dass der „Bildungs- bzw. Erziehungs-Output" steigt, also die Lernbereitschaft und Leistungsfähigkeit, ist hochgradig ideologisch. Alle Zumutungen und Erwartungen an die Kinder, die Familien und die Akteur*innen im Kinderschutz, die mit der

Umsetzung der Leitvorstellung „Kinderschutz“ verbunden sind, werden so vollkommen unterschätzt und die Ursachen für Kindeswohlgefährdungen wie auch der möglichen Perspektiven verzerrt wahrgenommen.

„Dass sich Eltern nicht nur trotz, sondern auch gerade wegen ihrer Elternschaft zerstreiten können, weil der Partner oder die Partnerin sich ihrer Ansicht nach dem Kind gegenüber ungünstig verhält, unzuverlässig oder ungeduldig ist, weil man sich von ihm oder ihr mit der Elternschaft sitzen gelassen fühlt, weil man ihn oder sie den Kindern nicht zumuten möchte, weil ein bestimmtes Kind und ein bestimmter Elternteil einfach nicht miteinander zu Rande kommen und das zu beständigem Streit in der Familie führt, weil die Eltern fundamental anderer Ansicht darüber sind, worauf die Kinder denn durch Erziehung in welcher Weise vorzubereiten seien – all solche Streitursachen werden damit negiert resp. als die Ausnahmefälle zugelassen, in denen auch einmal in Sachen Sorgerecht begründet anders entschieden werden könnte. Letztlich werden auch damit die Kinder passiv entworfen, sie kommen nicht in Betracht als möglicherweise Beteiligte und Partei im ganzen Geschehen. Sie werden als die stets unvorbereiteten und ahnungslosen Opfer gesehen. In wie vielen Fällen es sich tatsächlich so verhält, das hat bisher keine Forschung geprüft“ (Bühler-Niederberger 2011, S. 7f.).

Um einen gelingenden Kinderschutz sicherzustellen, wurden nicht nur Programme, Konzepte und rechtliche Rahmungen verändert, sondern auch festgelegt, dass Erwachsene stellvertretend über die Belange von Kindern entscheiden können.

„Die Paradoxie einer advokatorischen Wahrung von Kinderrechten macht sich darin bemerkbar, dass sich das Wohl des Kindes von den Ansprüchen auf Kinder nicht kategorial unterschieden lässt, weil die Protagonisten des Kampfes ums Kind ihre Interessensstandpunkte mit den wohlverstandenen Interessen der Kinder begründen“ (Honig 1999, S. 202).

Daher stellt sich für den Kinderschutz als eine gesamtgesellschaftliche Aufgabe die Frage, inwiefern die Interessen der Kinder, Kinderrechte, das Recht der Kinder auf Information, Beteiligung und Mitbestimmung berücksichtigt werden. Die somit benannten Spannungsfelder entscheiden über die Zusammenarbeit der Akteur*innen im Kinderschutz (Groß et al. 2017). Die sozialen Bedingungen und Bedingtheiten, wie auch die lokalen Netzwerke, werden als wichtige strukturelle Rahmenbedingungen für einen funktionierenden Kinderschutz ausgewiesen (§8a SGBVIII) (van Santen/Seckinger 2018, S. 312).

Die Zusammenarbeit von Akteur*innen im Allgemeinen Sozialen Dienst und in der Kindertagesbetreuung ist jedoch geprägt von der oftmals sehr unterschiedlichen professionellen Ausgestaltung der Handlungsanordnungen wie auch der differenten fachlichen Orientierungen im Hinblick auf Kinderinteressen und Kinderrechten im Kinderschutz. Zusammenarbeit im Kinderschutz bedarf auf struktureller Ebene gemeinsamer Orte, gemeinsamer Ziele, möglicher Gelegenheiten und Verständigungen (Müller 2013, S. 252), also der Inter-aktionen zwischen den Akteur*innen im Kontext von Organisationen (Grasshoff 2018, S. 136).

In den bisher vorliegenden Studien werden Kooperation und Zusammenarbeit i.d.R. nicht klar getrennt, und somit ist noch nicht genau erforscht, welches Wissen die Akteur*innen im Kinderschutz zur Wahrnehmung von Kinderinteressen berücksichtigen. Wird Zusammenarbeit als eine mehr oder weniger strukturierte gemeinsame Arbeit am gleichen Inhalt mit einem gemeinsamen Ziel verstanden[26], dann muss davon ausgegangen werden, dass die Gestaltung der Zusammenarbeit im Kinderschutz von unterschiedlichen Wahrnehmungen und Deutungen in der Priorisierung von Aufgaben und Funktionen geprägt wird (Wolff et al. 2013a; Böwer 2012; Pluto et al. 2012; Heinitz/Slüter 2018, S. 49; van Santen/Seckinger 2018, S. 300). Dadurch ergeben sich in den unterschiedlichen professionsrelevanten Praxisfeldern im Kinderschutz nicht unerhebliche Spezifika und Interessensinkongruenzen, die wie folgt zusammengefasst werden können.

- Die strukturellen Rahmenbedingungen und Vorgaben der jeweiligen Institutionen sind wesentlich für die Gestaltung der Zusammenarbeit von Akteur*innen im Kinderschutz.
- Die Organisation der Zusammenarbeit kann die Intensität und den Erfolg beeinflussen (Regelmäßigkeit der Treffen, Häufigkeit und Struktur des Austausches hinsichtlich der Dichte und Relevanz von Informationen).
- Die jeweiligen Akteur*innen beeinflussen die Zusammenarbeit (Autonomiebestrebungen, Interaktionserfahrungen, erfahrene Impulse, Unterstützung, Hilfsangebote, Vertrauen, Positionierungen usw.)[27].

Gleichfalls ist zu berücksichtigen, dass neben der hohen Komplexität bei Bearbeitung von Kinderschutzfällen auch differierende Verantwortlichkeiten die professionellen Handlungslogiken beeinflussen (ebd.; Heinitz/Slüter 2018, S. 50). Aber auch die Zusammenarbeit mit unterschiedlichen Berufsgruppen (das sind u.a. Fachkräfte und Akteur*innen in Familiengerichten,

26 Kooperation ist das zweckgerichtete Zusammenwirken zweier oder mehrerer Akteur*innen mit einem gemeinsamen Ziel. Unterschieden wird zwischen synergetischer Kooperation (Konzepte, Prozesse oder Strukturen ergänzen sich gegenseitig) und additiver Kooperation (Prozesse oder Abläufe werden zusammengefasst). Durch spieltheoretische Ansätze wurde darauf hingewiesen, dass Kooperationen auch als Systembildung stattfinden können, ohne Absprache oder Zwänge. In der Institutionenökonomie spielen Kooperationsstrategien ebenfalls eine wichtige Rolle als Zusammenspiel zwischen Macht und Hierarchie, Planbarkeit, Flexibilität, strategische Allianzen.

27 In den Diskursen um Kinderschutz und den jeweiligen Handlungsfeldern sind unterschiedliche Positionierungen von professionellen Akteur*innen erkennbar, wie bspw. in der Sozialen Arbeit, Sonderpädagogik, Pädiatrie, Gynäkologie, den Gesundheitsämtern, ärztlichen Verbänden, Hebammen, Frühförderung, Schwangerschaftsberatung und teilweise sogar im Bereich der Drogenberatung, Arbeitsvermittlung, Justizsozialarbeit usw.

Kinderschutzambulanzen, Frühförderstellen, der Polizei, Familienhebammen, Ärzt*innen) stellt oftmals eine besondere Herausforderung dar. Zusammenarbeit, i.S. der Herbeiführung und Herstellung von Einvernehmen und Vermittlung zwischen den Handlungsanforderungen der Akteur*innen im Kinderschutz, bietet für die Fachkräfte vielfältige Möglichkeiten des Austausches von professionellem Wissen.

Die geforderten leitmotivischen Vorgaben, dass Handeln nur nach Vorgaben und regelgeleitet stattfinden sollte, bedarf demnach immer wieder neuer Aushandlungsprozesse (Bode/Turba 2014; Gerber/Alt 2013; Böwer 2012; Peucker et al. 2017; Thurn 2017).

5 Kinder im Kinderschutz

Bislang liegen noch sehr wenige Untersuchungen vor, in denen die Situationen von Kindern im Kinderschutz betrachtet werden (Wolff et al. 2014; Ackermann/Robin 2014). Kinder sind vielmehr Gegenstand der Auseinandersetzungen im Kinderschutz, werden zum „Grenzobjekt" der Akteur*innen, als da sind die Eltern oder auch die Sozial- und Kindheitspädagogischen Fachkräfte (ebd.). Ebenso ist bei den kindzentrierten Programmen der Frühen Hilfen[28], welche getragen werden von Angeboten der Prävention, zu klären, warum in der Praxis normative Problemdefinitionen[29] und Risikoorientierungen vorherrschen, die „insbesondere arme und benachteiligte kleine Kinder" in den Fokus der vorbeugenden und vorsorgenden Maßnahmen des Kinderschutzes stellen (Moran-Ellis 2013, S. 305).

Die statistischen Befunde zu den Inobhutnahmen zeigen, dass zuvörderst „benachteiligte" Kinder „als Projekte" angesehen werden, „die vor schlechter Elternschaft und niedrigen gesellschaftlichen Erwartungen zu retten sind" (ebd.; Bauer et al. 2015; Chassé 2020).[30] Mit dieser Entwicklung sind spezifische Wahrnehmungen und Deutungen von Familien und ihren Kindern verbunden, denen eine „lange Tradition des organisierten Interesses für das Kind" zu Grunde liegt (Bühler-Niederberger 2020, S. 9). Es konnten sich Vorstellungen einer idealen Kindheit im umfassenden Sinne durchsetzen, die mit den Lesarten von Kindheit als Schutz-, Schon- und Lernraum wirkmächtige Leitbilder für strukturelle Begrenzungen kindlicher Lebensbedingungen und -lagen eingeleitet haben, wie z.B. eine umfassende Scholarisierung, Pädagogisierung, Familialisierung und Zeit der Unwissenheit (ebd. 2011; Garlen 2019, S. 55).

---

28 Im Kontext der Debatten um Frühe Hilfen werden drei Interventionsstrategien unterschieden, wie etwa die Frühförderung, das Frühwarnsystem sowie Maßnahmen zur Verhinderung von Vernachlässigung und Gewalt (Patschke 2016, S. 16).

29 In den pädagogischen und gesundheitsorientierten Wissenschaftsfeldern haben Debatten über Normalität und Abweichung eine lange Tradition. Es geht um die Frage, welche Verhaltens- und Handlungsformen gewünscht, gefordert und aufrechterhalten werden sollen im Kontext entsprechender (vorrangig mittelschichtsgeprägter) Habitusformationen und mit Hilfe gesellschaftlich institutionalisierter sozialer Disziplinierungs- und Kontrollformen (Bourdieu 1998).

30 Andrea Christidis (2019) führt in diesem Zusammenhang in kritischer Weise aus, dass sich in Kindschaftsakten i.d.R. keine Gefährdungseinschätzungen und keine Risikoabwägungen durch das Jugendamt befinden: „Dennoch nehmen Jugendamtsmitarbeiter immer häufiger auf Verdacht Kinder in Obhut und kreieren nachträglich Alibis für die zweifelhaften Inobhutnahmen. Dabei verwischt die Demarkationslinie zwischen Amtskompetenz und Fachkompetenz" (ebd. S. 220; Franzheld 2017a; 2017b).

Deutlich werden diese apodiktischen Zuschreibungen in den Programmatiken, Programmen und Gesetzen zum Kinderschutz. Diese sind eng verwoben mit dem Leitbild einer generellen Prävention, um Kinder vor mangelnder Förderung, Bildung, Betreuung, Erziehung, d.h. vor Vernachlässigung in allen Lebensbereichen zu schützen. Die Angebote und Maßnahmen, die im Kontext der Kinderschutzprogramme entstanden sind, sollen dazu beitragen mögliche Risiken des Aufwachsens rechtzeitig zu erkennen, um die „Behandlung" von frühen Symptomen der Benachteiligung ermöglichen zu können.

Gebündelt in Praktiken primärer, sekundärer und tertiärer Prävention[31] wird das Ziel der bestmöglichen Betreuung, Entwicklung und Bildung von Kindern verfolgt. Neue und Erfolg versprechende Wege professionellen Handelns werden diskutiert sowie Kooperations- und Netzwerkmodelle in allen Bereichen des Kinderschutzes (Gesundheits- und Bildungswesen, Kinder- und Jugendhilfe) etabliert. Ziel dieser Programme ist es Kindeswohlgefährdungen vorzubeugen, frühe Förderung und Bildung, soziale Fürsorge und Gesundheit zu gewährleisten.

Rund um die Schlüsselbegriffe Gefährdungs- und Risikoeinschätzung, Risikoscreening oder Rest-Risiko, Frühwarnsysteme und Fehler-Kultur wird über Wahrscheinlichkeiten von Gefährdungen, Bedarfe präventiver Angebote und Möglichkeiten einer „sicheren" fachlichen Gesamtbewertung der kindlichen Lebenssituationen diskutiert (Biesel/Wolff 2014; Schrödter et al. 2018, S. 255; Biesel et al 2020, S. 409). Allgemeingültige Standards, Diagnoseinstrumente und genaue Fallstrukturierungen sollen dazu beitragen den absehbaren oder den immer wieder neu entstehenden Risiken für Kinder zu begegnen. Es wird davon ausgegangen, dass ein „verbessertes Instrumentarium" die „Einschätzung des kindlichen Gefährdungsrisikos" ermöglicht und einen umfassenden Kinderschutz garantieren kann.

Im Kontext dieser begrifflichen „Grundraster" und Konzepte zum Schutz von Kindern zeigt sich, dass Kinderschutz – i. S. einer „sicherheitsideologischen Interventionsrolle" – vorrangig darauf ausgerichtet ist familiale „Normalzustände" zu bewahren und notfalls herzustellen (Kunstreich 2019, S. 42; Richter 2017, S. 89; Rooth et al. 2018, S. 370). Vielfach greifen Maßnahmen des Kinderschutzes korrektiv und teilweise auch äußerst kontrollierend in das Familienleben ein. Auch als Strategien der Sozialinvestition bezeichnet, unterliegen die Programme und Konzepte gleichwohl dem Dilemma einer „paradoxen Zuvorkommenheit" (Lindner 2016, S. 127), denen es nicht gelingt,

31 Primäre Prävention soll von Geburt an wirken, indem ggf. Familienhebammen eingesetzt werden, um Familien zu unterstützen. Sekundäre Präventionsmaßnahmen werden in der frühen Kindheit (0-3 Jahre) eingeleitet, bspw. Frühen Hilfen oder Frühförderung. Durch tertiäre Prävention soll es ermöglicht werden bei „erheblichen" Bedarfen in den kindlichen Lebenslagen und -situationen Veränderungen herbeizuführen.

Ursache-Wirkung-Verknüpfungen[32] zu vermeiden (ebd.). Die hier genannten Maßnahmen zielen in erster Linie darauf ab die Lebensperspektiven weniger privilegierter Kinder zu verändern. Kindheit ist durch diesen Bezugsrahmen zu einer hochgradig normierten Lebensphase geworden und die ihr zugrunde liegenden Anordnungsbeziehungen – das Verhältnis von Kindern, ihren Familien und der Gesellschaft – werden weitgehend ausgeblendet. Erst mit der Kontextualisierung von Kindern als Teil von Familien, als kompetente Akteur*innen und als Gesellschaftsmitglieder kann eine neue Lesart entstehen, die es möglich macht die institutionellen Dynamiken und Ursachenbedingungen von Kinderschutz in den Blick zu nehmen (Braches-Chyrek 2018).

Fachliches Handeln fokussiert sich im Kinderschutz perspektivisch auf die Einleitung und Begleitung von familialen resp. elterlichen Verhaltensveränderungen, um eine verbesserte Eltern-Kind-Interaktion herzustellen, die dazu beiträgt, dass Kinder „gut" aufwachsen. Prekäre kulturelle Orientierungen sollen nicht durch die Eltern an die Kinder weitergegeben werden; die „Lebensmuster kleiner Leute und vor allem ihre Muster privaten Lebens" werden abgelehnt (Bühler-Niederberger 2020, S. 91); aber es wird nicht der Blick darauf gerichtet, welche eigentlichen Ursachen zu angespannten Familiensituationen führen und die damit verbundenen geringen Handlungsoptionen und -spielräume bedingen (Bauer/Wiezorek 2016; 2017; Bühler-Niederberger/Türkyilmaz 2014, S. 339; 2017, S. 75).

Eine grundlegende Änderung der gesellschaftlichen Rahmungen kindlichen Lebens – also eine Verhältnisprävention – die eine Minimierung von Verteilungsungerechtigkeiten vorsieht, wird zwar thematisiert, jedoch gibt es bis heute weder wirksame Instrumente noch Politiken, die die objektiv schlechten und ungleichen Verhältnisse und Bedingungen vieler Menschen veränderten (Braches-Chyrek/Sünker 2017a; 2017b). Ausgangs- und Mittelpunkt einer kritischen Betrachtung der Kindzentriertheit von Programmen und Programmatiken des Kinderschutzes muss also die Frage nach dem Zusammenhang der zunehmenden Verfestigung der ungleichen sozialen und gesellschaftlichen Ordnung mit den professionellen Praktiken sein.

32 Es wird davon ausgegangen, dass Kinder, die frühe Benachteiligungen erleben und materiellen, kulturellen und sozialen Ungleichheiten ausgesetzt sind, wie bspw. durch Armut, Krankheit, Arbeitslosigkeit der Eltern, Behinderung oder Migration, zwangsläufig verminderte Teilhabechancen haben und aufgrund deutlich schlechterer Möglichkeiten eine geplante, zukunftsorientierte Lebensführung nur schwer realisieren können (Deutscher Paritätischer Wohlfahrtsverband 2016; Braches-Chyrek/Lenz 2011; Nachtwey 2016, S. 149; Bildungsbericht 2020).

6 Kinderschutz in der Praxis

Die Wahrnehmung von Kinderinteressen der unterschiedlichen Akteur*innen im Kinderschutz, wie etwa von Familiengerichten, dem Jugendamt, Kindertageseinrichtungen, Kinderschutzambulanzen, Beratungsstellen usw., wird durch das berufliche Selbstverständnis der Fachkräfte beeinflusst, welches wiederum durch eine jeweils spezifische professionelle Positionierung zu Eltern und Kindern gekennzeichnet ist. Auf der Ebene der alltäglichen Praktiken der beteiligten sozialpädagogischen Fachkräfte (Allgemeiner Sozialer Dienst und Kindergarten) wurde die Nutzung von Wissen (die Rolle von Wissen, wie etwa berufsspezifisches Wissen, Erklärungs- und Alltagswissen, Analyse- und Reflexionsperspektiven im Kinderschutz) erfasst.

Die in die professionellen Wissensbestände eingelagerten relevanten Informations- und Wissenstransfers, aber auch die professionellen Wahrnehmungen und Deutungen von Gefährdungssituationen sowie die Gewichtung der verschiedenen Wissensformen werden nachfolgend herausgearbeitet.

Die Auswertung der Daten (Interviews und Gruppendiskussionen) zeigt, dass die kinderschutzzentrierten Praktiken in dem „Beziehungsdreieck“ von professionellen Akteur*innen, betroffenen Kindern und ihren Eltern (resp. Erziehenden), mit ihrem je eigenen Zugang zum Kind, situiert sind.

Vor diesem Hintergrund haben die professionell Tätigen im Allgemeinen Sozialen Dienst und im Kindergarten die Wissensnutzung und Wissensverwendung im Kinderschutz aus unterschiedlichen Perspektiven begründet, welche zugleich Potenziale für die Wahrung von Kinderinteressen sichtbar werden lassen.

Hinsichtlich der Verwendung und Nutzung von Wissensbeständen in der Praxis des Kinderschutzes hat sich als ein zentrales Ergebnis abgezeichnet, dass generell Parallelen zwischen den professionell Tätigen im Kinderschutz bestehen. Die Fachkräfte greifen in ihrer praktischen Tätigkeit auf Wissensbestände zurück, die aus einem Konglomerat von wissenschaftlichen, aber vor allem lebensweltlichen, organisationskulturellen und (berufs-)biografischen Aspekten wie auch persönlichen Erfahrungen bestehen.

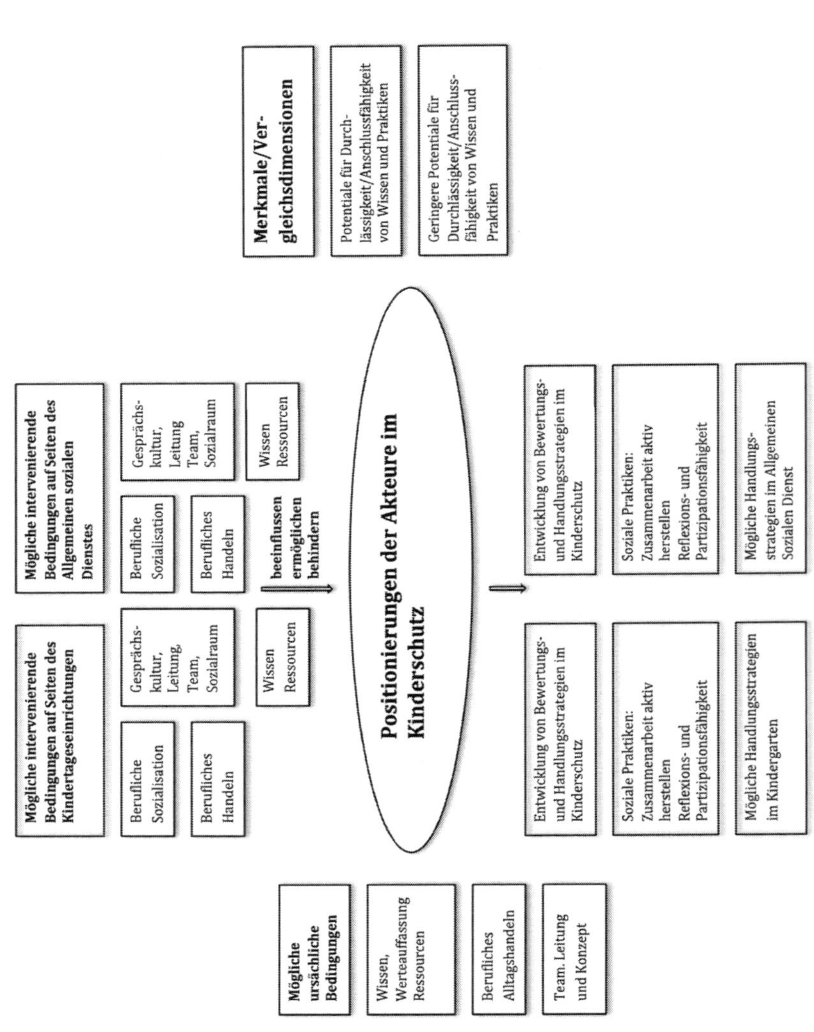

*Abbildung 10: Positionierungen der Akteur*innen im Kinderschutz*

Die Rekonstruktion des beruflichen Selbstverständnisses und der relevanten Wissensbestände (aufgeschlüsselt nach Struktur, Bedeutung und Herkunft des Wissens), die für die Umsetzung der Aufgaben im Kinderschutz und der Bewältigung des beruflichen Alltags relevant sind, ist nicht immer möglich. Daher kann eher von „Thematisierungsweisen pädagogischer Praxis“ (Sehmer et al. 2016) gesprochen werden. Infolgedessen wurde versucht Potenziale für eine „gute Kinderschutzpraxis“ zu generieren.

Gleichfalls wurden teils widersprüchliche professionelle Wahrnehmungen und Wissensbestände zur Gestaltung der Zusammenarbeit mit Kindern, Eltern und anderen Akteur*innen im Kinderschutz sichtbar. Insbesondere die Beteiligungsmöglichkeiten von Kindern in den Verfahren zum Kinderschutz wurden analysiert. Es wurde auf der Ebene der alltäglichen Praktiken der Fachkräfte der Frage nachgegangen, inwiefern es möglich ist Kinder und ihre Familien als „gleichberechtigte“ Partner*innen in „gemeinsamer Verantwortung“ in die Kinderschutzarbeit einzubinden. In der Analyse des Datenmaterials werden sehr unterschiedliche Anforderungsprofile (v. Spiegel 2013, S. 71) der Akteur*innen im Kinderschutz sichtbar.

Das praktische Alltagshandeln der Akteur*innen lässt im Kinderschutz, je nach individuellen und strukturellen Bedingungen, mehr oder weniger große Potenziale für die Durchlässigkeit bzw. Anschlussfähigkeit von Wissen und Praktiken in der Zusammenarbeit zu.

Die von den Fachkräften artikulierten berufsgruppenbezogenen resp. organisationalen Unterschiede zwischen den Akteur*innen (Allgemeiner Sozialer Dienst/Kindertageseinrichtungen), ihren Erwartungen und normativen Vorstellungen (bspw. von „gutem“ Kinderschutz, „guter“ Kindheit, „guten“ Eltern/Familien, einer „guten Förderung“ hinsichtlich der Bereiche Bildung, Erziehung und Betreuung) sollten in den Blick genommen werden (Braches-Chyrek 2011).

Es wurde davon ausgegangen, dass die konkrete Wissensverwendung der Akteur*innen aus der Kinderschutzpraxis erst im Vergleich mit den unterschiedlichen Bedingungen für eine „gute“ Kinderschutzarbeit sichtbar wird (van Santen 2006, S. 111f.; van Santen/Seckinger 2018, S. 308; Seckinger et al. 2018, S. 116).

Für die strukturelle und inhaltliche Ausgestaltung der professionellen Arbeit ist daher das Vorhandensein von Wissen über die jeweils anderen Akteur*innen (Kinder, Eltern, Netzwerke im Kinderschutz usw.), deren Funktionen und Aufgaben von essentieller Bedeutung, da sich in diesen Dimensionen die Motivationen, Ziele, Handlungslogiken, das Verständnis von Zusammenarbeit, Möglichkeiten der Ressourcennutzung und -ausweitung, Reflexions- und Rückkopplungsprozesse der Problemkonstruktionen und fachlichen Einschätzungen widerspiegeln. Daher wurden die professionellen Wahrnehmungen und Deutungen, die Gewichtung der verschiedenen Wissensformen, und inwiefern diese die alltäglichen Arbeitszusammenhänge beeinflussen, untersucht.

6.1 Positionierungen der Fachkräfte des Allgemeinen Sozialen Dienstes im Kinderschutz

In der medialen Darstellung und den politischen Auseinandersetzungen wird der Komplexität des Kinder- und Jugendhilfesystems nur wenig Rechnung getragen. Jugendämter stehen vielfach im Zentrum der Kritik, wenn es darum geht Verantwortliche für unzulängliche Verfahrensweisen im Kinderschutz zu identifizieren.[33]

Ein Blick auf die strukturellen Rahmenbedingungen der Kinder- und Jugendhilfe zeigt, dass die Organisationen nicht nur äußerst vielschichtig sind, sondern auch, dass nicht von „dem Jugendamt" gesprochen werden kann. Die mehr als 500 Jugendämter in Deutschland haben nicht nur unterschiedliche Konzepte und Programme zum Kinderschutz, sie divergieren auch hinsichtlich der finanziellen, personellen und organisatorischen Ausstattung.

ASDREC030: „Auch aufgrund der personellen Ausstattung denke ich im medizinischen Bereich, die ist ja desolat. ... Auch in vielen Jugendämtern ist es so. Und dann hat man schlicht nicht die Zeit, sondern man sitzt am Tisch und dann muss es eine Lösung geben. ... Und irgendwie muss man dieses Kind dann schützen .... Vor sich, vor den Eltern und zwar jetzt und zwar sofort. Ja, und dann gibt es einfach, ja, so ein paar Paradigmen, die dann auf dem Tisch legen, oder Überzeugungen, die man auf den Tisch legt. Und es bleibt wenig Zeit gemeinsam zu erfragen, ist es das wirklich? ... Wofür wir mehr Zeit bräuchten und mehr Ressourcen und mehr Geld ....“

Wenn dann noch zur Kenntnis genommen wird, dass zwei Organisationseinheiten in jeder Stadt und Kommune die Kinder- und Jugendhilfe steuern, nämlich der Jugendhilfeausschuss (ehrenamtliche Interessensvertretung der Kinder- und Jugendlichen, die je nach Stadt- bzw. Kommunalparlament sowie den kommunalen Schwerpunkten ebenfalls sehr unterschiedlich zusammengesetzt sein können) und die Verwaltung des Jugendamtes, werden diese vielschichtigen Rahmenbedingungen, die beruflichen Realitäten und strukturellen Zwänge sehr deutlich.

33 Die bisher vorliegenden Ergebnisse über fehlerhafte Entscheidungen im Kinderschutz – oft i. S. von „Data, not scandal [...] drive changes", zeigen, dass vielfach durch Unsicherheitssituationen und/oder unvollständige, mangelnde und inkorrekte Informationen Fehler entstehen (s. Albright et al. 2019, S. 5, Munro 2019a; Biesel et al. 2020, S. 409).

In Kinderschutzfällen soll das Jugendamt die maßgeblich zuständige Instanz sein. Neuere Untersuchungen zeigen, dass die zunehmende Beanspruchung von Hilfeleistungen, wie z.B. Hilfen zur Erziehung, Erziehungsberatung, Gefährdungseinschätzungen, Inobhutnahmen usw. zu einem kontinuierlichen Anstieg der Fallzahlbelastungen der Mitarbeiter*innen im Jugendamt geführt haben (Petry 2013; Gissel-Palkovich 2015; Ackermann 2017; Beckmann 2019, S. 102 f.).

Die mit dieser Entwicklung gleichfalls einhergehende Erhöhung der sowie schon umfangreichen und intensiven Dokumentationen hat dazu geführt, dass der Kontakt der Jugendamtsmitarbeiter*innen zu den Adressat*innen durchschnittlich bei einem Drittel der Arbeitszeit (37%) und die Zeit für Dokumentationen bei 63% liegt.

Weiterhin ist festzuhalten, dass die Ausstattung der Jugendämter unmittelbar mit den kommunalen Haushaltslagen zusammenhängt. Also, ob und in welcher Weise ausreichend Personal eingestellt wird, Fort- und Weitbildungsangebote ermöglicht werden, ausreichend Büros mit guter Ausstattung, etwa PCs, prozessorientierte Software, Dienstmobiltelefone usw. zur Verfügung stehen.

Dabei sind deutliche regionale Unterschiede in der strukturellen Rahmung von Jugendämtern festzustellen. Insbesondere in größeren Städten konnten eigene Abteilungen mit dem Schwerpunkt Kinderschutz geschaffen werden, es wurden weitreichende Einarbeitungsprogramme installiert sowie regelmäßige Fort- und Weiterbildungsangebote aufgebaut.

ASDREC022: „... Also ich glaube das absolut Ideale wäre ein ausgereiftes Einarbeitungskonzept mit ganz klaren Rastern. Das funktioniert natürlich nur, wenn man auch gut besetzt ist. Und wenn man so ein Konzept hat und man ist aber zu wenig personell bestückt, dann kann man das auch schon wieder vergessen. Also das würde ich mir wünschen, dass man personell eigentlich immer gut bestückt ist und im Rahmen der Stadtverwaltung die Neubesetzungen nicht so unfassbar lange dauern. Ja und dass im Endeffekt ein größerer, eine größere Fortbildungsmöglichkeit gegeben wird. Also jetzt haben mittlerweile die jungen Kollegen den Kurs ‚Neu im ASD', und das ist super. Ich habe das leider nicht bekommen, weil ich nur eine Schwangerschaftsvertretung damals war und als mein Vertrag verlängert wurde, war ich zwei Jahre hier, und dann habe ich gesagt: Jetzt bin ich nicht mehr neu; zwei Jahre am ASD sind schon viel. Tatsächlich."

Sind die kommunalen Haushaltslagen nicht ausreichend, wird auch dem Kinderschutz wenig Priorität eingeräumt, oder steigen die Fallzahlen rapide an, können problematische Einarbeitungssituationen für Berufseinsteiger*innen, häufige Zuständigkeitswechsel und krankheitsbedingte Ausfälle die Folge sein.

Diese hier nur kurz angedeuteten komplexen Rahmenbedingungen sind eine Erklärung für die oftmals sehr unterschiedlichen Gefährdungseinschätzungen. Neuere Untersuchungen zeigen auf, dass die Situationen vor Ort über die Anzahl der Gefährdungseinschätzungen entscheiden (Bisel et al 2020, S. 409f.). Die Positionierungen der professionell Tätigen im Allgemeinen Sozialen Dienst im Hinblick auf die praktische Ausgestaltung ihres beruflichen Alltags im Kinderschutz, der Anwendung von wirksamen Konzepten und Instrumenten wie auch die damit einhergehenden möglichen Spannungsfelder, werden nachfolgend vorgestellt.

Es wurden mit 30 sozialpädagogischen Fachkräften Interviews geführt. Zentral für die Gestaltung der Fragestellungen war die Annahme, dass die kinderschutzzentrierten Praktiken in dem „Beziehungsdreieck" von professionellen Akteur*innen, den betroffenen Kindern und ihren Eltern (resp. Erziehenden) mit ihrem je eigenen professionellen Zugang zum Kind situiert sind.

Daher orientierten sich die Fragen zu den Differenzen des generationalen Dispositivs von Kindsein und Erwachsenensein, an den Arrangements von Sozialisation in Familien, den pädagogischen Ansprüchen an die Eltern und den professionellen Handlungsmerkmalen. Wesentliche sozialdemografische Daten der Befragten sind nachfolgend aufgeführt.

Anzahl der Interview-partner*innen	Alter im Durchschnitt	Geschlecht	Funktion in der Organisation	Berufliche Qualifikation
30	40-50 Jahre	80% weiblich	überwiegend Sachbearbeitung/wenige Leitungspositionen	Hochschulabschluss Studium (FH)

*Tabelle 2: Interviewpartner*innen – sozialpädagogische Fachkräfte im Allgemeinen Sozialen Dienst*

Wie diese Übersicht zeigt, entsprach die Auswahl der Interviewpartner*innen weitgehend der allgemeinen Verteilung der Mitarbeiter*innen im Allgemeinen Sozialen Dienst. Dies sind überwiegend Akademiker*innen, zu einem sehr großen Anteil weibliche Beschäftigte, und das Durchschnittsalter liegt bei 40 Jahren und älter.[34]

34 Zur kritischen Diskussion der Steuerung des Kinderschutzes durch die Personalauswahl im Allgemeinen Sozialen Dienst sei folgendes Zitat angeführt: *„Der hohe Akademisierungsgrad beim ASD [Allgemeiner Soziale Dienst R. B.-C.] führt dazu, dass Verwaltungsakte wie Gefährdungseinschätzungen und Inobhutnahmen mit mehr Selbstbewusstsein und Fachwissen durchgesetzt werden. Die These der Frauenseilschaften, die Berufswiedereinsteigerinnen bevorzugen, die eine ähnliche Einstellung haben, möglichst viele Gefährdungseinschätzungen und Inobhutnahmen durchzuführen, wird durch die extremen regionalen Unterschiede untermauert (...). Frauen, die schnell Kinder wegnehmen, stellen Frauen ein, die schnell Kinder wegnehmen. Fünf Jahre später stellen diese Frauen wiederum Frauen ein, die schnell Kinder wegnehmen"* (Antholz 2019, S. 246).

Die von den sozialpädagogischen Fachkräften im Allgemeinen Sozialen Dienst vorgenommenen Positionierungen im Kinderschutz lassen sich in fünf Themenfelder aufgliedern.

1. Durch die zweigeteilte Aufgabenstellung des Allgemeinen Sozialen Dienstes als soziale Dienstleistung und als Eingriffsbehörde kann das *Spannungsverhältnis* von Hilfe und Kontrolle nicht aufgelöst werden. Die Förder- und Wächteraufgaben werden von den sozialpädagogischen Fachkräften im Allgemeinen Sozialen Dienst in diskursiven Prozessen sozial und kulturell ausgestaltet.
2. In den Kernbereichen des Kinderschutzes sind die sozialrechtlich gesetzten *Beratungs-, Vermittlungs- und Hilfeansätze* überaus bedeutsam. Sie sind leitmotivisch für das professionelle Handeln im Kinderschutz.
3. Die sozialpädagogischen Fachkräfte im Allgemeinen Sozialen Dienst sehen unterschiedliche *Potenziale* für die Zusammenarbeit mit Akteur*innen im Kinderschutz.
4. Professionelles Handeln richtet sich auf die Bearbeitung von familialen Konflikten, deren Ursachen und Dynamiken von den sozialpädagogischen Fachkräften im Allgemeinen Sozialen Dienst sehr unterschiedlich wahrgenommen werden und deren Verläufe nicht vorhersehbar sind. Zielsetzung in der Arbeit mit den Eltern ist es, ein *Einvernehmen* herzustellen.
5. Die *Interessen der Kinder* stehen nicht primär im Mittelpunkt der sozialpädagogischen Arbeit im Allgemeinen Sozialen Dienst.

Nachfolgend werden die spezifischen Positionierungen der sozialpädagogischen Fachkräfte im Allgemeinen Sozialen Dienst im Hinblick auf die Verwendung von selbstreflexivem Wissen (Dewe/Otto 2012, S. 197; Heiner 2010; Thole et al. 2016, S. 1), der ständigen Neuorganisation von Wissen und der Aussagen zur stellvertretenden Deutung der Interessen von Kindern und Eltern im Kontext ausgewählter Interviewausschnitte diskutiert.

Verwiesen sei in diesem Zusammenhang darauf, dass der gesellschaftliche Problembereich Kinderschutz nach wie vor nicht klar abzugrenzen sowie eindeutig zu definieren ist und daher häufig widersprüchliche Praxiszusammenhänge dokumentiert werden können.

6.1.1 Zum Spannungsverhältnis der Förder- und Wächteraufgaben im Allgemeinen Sozialen Dienst

Die Wahrnehmung des *Schutzauftrages* – festgelegt durch die gesetzlichen Bestimmungen des § 8a SGB VIII – wurde von den sozialpädagogischen Fachkräften im Allgemeinen Sozialen Dienst als wichtigste Aufgabe im Kinderschutz beschrieben.

Die zentrale Funktion des Jugendamts, zum einen Dienstleistungen, wie etwa Beratung anzubieten oder Hilfen zu gewähren, zum anderen, je nach familialer Situation, den Schutz des Kindes zu gewährleisten, auch konträr zu den Interessen von Kindern und/oder ihren Eltern, wird als ein „Austarieren" des strukturellen Spannungsverhältnisses von Hilfe und Kontrolle im Kinderschutz sehr deutlich wahrgenommen.

ASDREC030: „Na, ich habe das Wächteramt. Wir haben einen gesetzlichen Auftrag umzusetzen und der sagt mir ja ganz klar, ich bin ein Stück weit für das Wohlergehen des Kindes verantwortlich und wenn ich in eine Familie gehe, wo es vielleicht schon eine Meldung gibt, dann habe ich im Grunde die **volle** *Verantwortung übertragen gekriegt. ... Und wie gesagt und meine Aufgabe muss es sein, selber erst mal für mich, mich dahin abzusichern, dass mir niemand was kann, dass es dem Kind gut geht oder zu gucken, dass es dem Kind gut geht. Aber gleichzeitig auch ein Stück weit, die Aufgaben des Kinderschutzes den Eltern nochmal vor Augen zu führen, beziehungsweise die Eltern ein Stück weit zu befähigen, um wirklich das Sorgerecht auch so auszuführen, wie es verlangt wird eben vom Gesetzgeber."*

Deutlich zeigt sich hier, dass von den sozialpädagogischen Fachkräften die „Ziele, Grundlagen und Strukturen des Sozialen" stetig „neu verhandelt, erfunden und ausgestaltet werden" müssen (Beck/Beck-Gernsheim 1994, S. 30). Das Spannungsfeld der sozialen Verhältnisse wird im Kontext subjektiver fachlicher Einschätzungen neuen Bestimmungen unterworfen.

ASDREC026: „Ich habe gerade das Spannungsfeld zwischen Beratung und Wächteramt benannt und der hat noch einen dritten Punkt, da sind immer in so in drei Punkte zu berücksichtigen: den Auftrag ‚Kindeswohl', ‚Wächteramt' und ‚Prüfen'. Auf der anderen Seite Beratungsebene, wo wir einfach beraten, und der dritte Punkt, und der geht aber aufgrund von Strukturen unter, der Aufsuchende eigentlich. In die Familien zu gehen und die Familien zu befähigen Hilfe anzunehmen, was eigentlich der schöne Part der Arbeit sein müsste. Genau die Eltern motivieren die Hilfe anzunehmen, um die Kinder auch zu fördern. Und der ist so, der geht unter, weil einfach da einfach keine Zeit für da ist. Ich kann nicht in meinem Bezirk rumlaufen und zu den Familien gehen und die. Geht einfach nicht! Oder wenn das gehen würde, dann müsste ich irgendwelche anderen Sachen runterschrauben und Acht-A können wir nicht runterschrauben und Beratung können wir auch nicht runterschrauben! Und dann ist das ein Teil, der untergeht. Wenn man das dann so gespiegelt bekommt, in so einem Seminar, auch wenn das sehr theoretisch ist. Ich weiß nicht, wie viele ASD's das gewährleisten können."

Die sozialpädagogischen Fachkräfte betonen aber auch, dass es keine allgemeingültigen Vorgehensweisen für das professionelle Handeln im Allgemeinen Sozialen Dienst gibt, trotz des vielfach artikulierten Wissens über standardisierte Verfahren.

ASDREC008: „Es ist schon so, dass es gibt ja, ich habe irgendwo mal eine Empfehlung da konnte man das so abhaken, aber es ist immer sehr schwierig, wir haben was wir haben ist, wenn die Meldung aufgenommen ist und bewertet ist, dann läuft das schon unter Kinderschutzfall und wenn wir dann, oder unter Kindeswohlgefährdung, wenn wir dann mit den Eltern anfangen zu arbeiten im Sinne von: Wir machen mal einen Hausbesuch und gucken mal, überprüfen die Meldung, dann haben wir schon so diesen Abhakeffekt im Sinne von: Haben die Eltern psychische Erkrankungen? Gibt es chronische Erkrankungen? Gibt es ein Bettchen, oder so? Also, oder noch nicht mal so konkret. Sind die häuslichen Umgebungen in Ordnung? So, wenn ja, oder wenn nein, dann: Was ist denn falsch? Oder gibt es außerordentliche Belastungen in den Familien, im Sinne von ......, ..., und so weiter."

Dabei orientieren sich die sozialpädagogischen Fachkräfte an den in der Organisation getroffenen Leitvorstellungen, mit denen die Abläufe bzw. Vorgehensweisen bei einer Kinderschutzmeldung beschrieben werden. Es wird darauf hingewiesen, dass Kinderschutz eine zentrale und gesetzlich gerahmte Aufgabe des Allgemeinen Sozialen Dienstes ist und die fachliche Einschätzung von Kindeswohlgefährdungen zur Ausübung des staatlichen „Wächteramtes" verpflichtet. Die sozialpädagogischen Fachkräfte begründen ihr Handeln stets durch den Verweis auf die relevanten gesetzlichen Grundlagen (§8a SGB VIII).

ASDREC008: „Ich überlege gerade. Ja, also grundsätzlich ist die Vorgehensweise ja so: Wenn wir eine Kinderschutzmeldung bekommen in irgendeiner Art und Weise, sei es durch eine Polizeimeldung, oder irgendwas ist das bei uns ja automatisch, dass wir die Kinderschutzmeldung aufnehmen, bewerten, mit der Sachgebietsleitung und so weiter. Und dann ist es je nach Fall. Also ich bin gerade am überlegen, ob ich einen konkreten Fall habe. ... Die ist, man könnte den Jetzigen nehmen. Da geht es um häusliche Gewalt durch den Vater an der Mutter. Und da war es so, als wir die erste Meldung bekommen haben, war das Erste natürlich, dass wir in den Haushalt gefahren sind, wo das Kind und die Mutter lebten und der Vater damals auch noch. Und da ist es oft so, dass wir diese Besuche, die dann aus einer Kinderschutzmeldung herauskommen, grundsätzlich sowieso Kinderschutzmeldungen zu zweit bearbeiten. Und dann ist es oft so, dass man dann sagt: Okay, man teilt sich auf. Die eine Hälfte spricht, die eine Hälfte Fachkraft quasi spricht mit den Eltern, und die andere Hälfte wendet sich den Kindern zu, oder dem Kind. Je nachdem. In dem Fall waren es dann 4 und 12 Jahre alte, dann hat man natürlich eher mit der 12-jährigen gesprochen und mal gefragt: Okay, wie ist es denn dann? Und unsere Erfahrung ist schon, dass man dann, wenn man im Haushalt ist und nebenan sitzt, dass dann die Kinder schon was erzählen, aber auch sehr vorsichtig sind, gerade wenn dann, also wir kommen ja dann in eine Situation rein, wo wir niemanden kennen und die Kinder uns auch nicht, dementsprechend sind die nicht so offen, sage ich jetzt mal. Aber andererseits, wenn wir jetzt sagen: Okay, es ist jetzt keine häusliche Gewalt und keine akute Gefährdung, sondern eher dass man sagt, da müsste man mal eine ambulante Hilfe hinschicken, oder es wäre jetzt ein ambulanter Fall, dass man dann sagt, man holt sie hier hin, und da ist es auch so, dass man ganz oft, man geht gemeinsam hier in das Büro, das Gespräch beginnt, schickt dann aber die Eltern raus. Also als Zeichen für das Kind zu sagen: Okay, du weißt jetzt was hier los ist, du weißt, wie es hier aussieht, aber das Kind wird immer für uns ..., also ich als Fallführung befrage das Kind meistens als Erstes, wenn ich die Chance habe dazu. Und wenn ich die Wahl habe und in einem Hausbesuch bin und mein Kollege sagt: Willst du die Eltern oder die Kinder? Bin ich meistens bei den Kindern. .. Weil die in den Situationen meistens, ja, unbedarfter antworten. Genau.“

Wenn eine Kindeswohlgefährdung als noch nicht schwerwiegend genug eingeschätzt wird, um eine Inobhutnahme, also einen Eingriff ins Elternrecht, zu begründen, wird dies ausführlich dargelegt.

ASDREC030: „Okay. ... Wir kriegen zum Beispiel einen ....Also das Ganze beginnt mit einem Anruf. Uns ruft eine Lehrerin an ... und beschreibt ein Kind mit Striemen am Hals oder mit so einem Abdruck von einer Hand. Und wir schreiben uns dann .... Wir besprechen erstmal, wie es aussieht, ob es schon in der Vergangenheit irgendwelche Auffälligkeiten gab. Und dann nehmen wir eben die Daten auf, wenn das Kind eben dem Lehrer vielleicht sich offenbart hat, der Papa hat es mit der Hand geschlagen. Dann wird das erstmal bei uns aufgenommen von dem jeweiligen, der zuständig ist. Es gibt noch einen (unv.) falls derjenige, der zuständig wäre, irgendwo im Außendienst ist. Also, es ist immer jemand erreichbar in den Geschäftszeiten. Und dann wird mitdokumentiert mit den ganzen Daten, und letztlich versucht man dann die zuständige Fachkraft zu erwischen. Man recherchiert erstmal, gibt es von dem Jugendlichen, von dem Kind, von den Eltern Daten bei uns? Entweder im System, wir arbeiten mit ...., dem Programm, da kann man gut nachsehen und in unseren Handakten. Und wenn es .... Ja, man macht einfach so eine Informationssammlung. Man schaut. Man bleibt ruhig. Und letztlich gibt es dann bei uns eine 8a-Besprechung, wo man mit der Fachdienstleitung besprechen muss, also jede Meldung wird mit der Fachdienstleitung besprochen, oder mit der stellvertretenden Fachdienstleitung, und dann wird einfach aussondiert, was wird jetzt als nächster Schritt getan. Also gibt es ein Gespräch mit dem Kind oder einen angemeldeten Hausbesuch bei den Eltern, Gespräch in der Schule. Und dokumentiert das dann halt nach dem ... ProgrammXY. Ich denke, das ist ein guter Leitfaden, wo man sowieso schon relativ die Reihenfolge gut abgebildet hat. Und dann finden halt die Gespräche statt, wie man sich es ausgesucht hat. Also wahrscheinlich ein Gespräch in der Schule mit dem Kind. ... Wenn das Kind uns den Auftrag erteilt, wir sollen auch tätig werden, je nachdem, je nach Lage, wird man auch dann natürlich mit den Eltern sprechen und versuchen da entweder mit einem Schutzkonzept oder mit Hilfen zu arbeiten oder hinzuwirken auf Hilfen. Ja, und das dokumentieren. Wirklich auch im Team immer wieder vielleicht Rücksprache halten. Ist es der richtige Weg? Also ich denke, das macht jeder so ein bisschen individuell, aber ich denke, das ist so die Vorgehensweise, wo wir versuchen ... Wir halten uns da so unsere Form. Also, was ich super finde, ist tatsächlich, so das Programm XY gibt uns da so ein Richtwert, schon so einen vorgegeben Plan, wo man eigentlich sich ganz gut dranhangeln kann.“

Die sozialpädagogischen Fachkräfte im Allgemeinen Sozialen Dienst sehen es vorrangig als ihre Aufgabe an, den Schutz der Kinder zu gewährleisten, also Gefahren vom Kind abzuwenden und das „Bestmögliche“ für die Kinder zu erreichen.[35]

35 Vgl. die Überlegungen von Choate/Engstrom (2014), welche die Debatte des „good enough parenting“ bzw. minimal „parenting competence“ auf den Kinderschutz übertragen und feststellen, dass die Varianz des „good enough parenting“ stark zwischen den Kinderschutzmitarbeiter*innen variiert (ebd.: 368).

ASDREC030: „... Ja gut, wir haben einerseits mal den ganz klaren Auftrag, dass wir Meldungen nachzugehen haben, Risikofaktoren einschätzen müssen, eine klare Bewertung treffen müssen: Habe ich eine Kindeswohlgefährdung, die abgestellt werden muss oder die man noch tolerieren kann, also die quasi noch im Elternrecht liegt und in der individuellen Art, wie man erzieht oder wo ein Kind einfach nur, sage ich einmal, nicht die optimale Förderung bekommt? Weil Kinderschutz bedeutet nicht, dass das Kind mit Zwang das Optimum bekommt, sondern dass eher ein Minimum an Schutz und Sicherheit da ist. Dass sichergestellt ist, dass dieses Kind ein Dach über dem Kopf hat, dass es was genug zu essen hat, dass eine medizinische Versorgung gewährleistet ist, wenn es das braucht, dass es die Bildungsinstitutionen letztendlich besucht. Ja, dass man das Lebensumfeld eben ein Stück weit so versucht zu gestalten, dass das Kind sich darin entwickeln kann ....“

Dazu bedarf es neben der konkreten und gründlichen Überprüfung von „Meldungen“, der Einordnung der Informationen „in das große Ganze“ eines jeden Falls, auch der vorläufigen Einschätzung von Kindeswohlgefährdungen sowie der Festlegung von stufenweisen gestalteten Interventionen. Diese sind abhängig von der fachlichen Einschätzung der Gefährdungssituationen für das Kind oder die Kinder. Die Einleitung von entsprechenden Hilfemaßnahmen können in einem ersten Schritt als ein freiwillig anzunehmendes Angebot an die Erziehungsberechtigten gestaltet werden.

ASDREC022: „Also, im 8a-Fall sieht der Kontakt so aus, dass erst mal die ... Also wenn wir diesen Kinderschutzbogen von der Kita erhalten, dann findet erst mal ein Gespräch ohne uns statt, damit die Eltern die Situation erklären können. Und wenn sie nicht kooperieren, dann kommen wir ins Spiel. Und dann fahren wir entweder zum Ort des Geschehens, dort wo die Meldung getätigt wurde, oder in ganz brenzligen Situationen fahren wir zu zweit direkt in den Haushalt der Familie, um auch Fluchtmöglichkeiten aus dem Weg zu räumen oder die Eltern auch in der Situation direkt zu erleben, wenn wir eine Meldung haben, dass die Wohnung verwahrlost sein soll. Dann bringt es nichts, wenn wir die einladen. Es kann aber auch sein, dass wir die Eltern anrufen und sofort hierhin einladen, wenn es um Aggressivität geht. Dann ist es ganz oft angenehmer das Hausrecht zu haben und hier ganz offiziell das Gespräch zu führen. Und genau, dann wird mit den Eltern über die Thematik gesprochen, ob sie sich vorstellen können, warum jemand eine Meldung getätigt hat, wie sie mitgehen können. Und in manchen Fällen kooperieren die Eltern und geben zu, dass da an der Meldung etwas dran ist und möchten auch die Hilfe, unterschreiben uns einen Antrag, dass das Kind untergebracht werden kann oder eine ambulante Maßnahme installiert wird. Wenn die Eltern nicht kooperieren, wir aber ganz klar eine Gefährdung sehen, dann nehmen wir die Kinder in Obhut, und dann haben die Eltern erstmal gar kein Mitsprachrecht“.

Wird eine akute Gefährdung des Kindes oder der Kinder festgestellt, ordnen die sozialpädagogischen Fachkräfte des Allgemeinen Sozialen Dienstes eine Inobhutnahme an, also die Herausnahme des Kindes aus der Familie mit der anschließenden Unterbringung in einer Pflegefamilie oder der stationären Kinder- und Jugendhilfe.

ASD028: „Wenn wir die Meldung bekommen, je nach Schwere der Meldung, was vermutet wird, und ob die Eltern hier schon angebunden sind und wie das Verhältnis zu den Eltern ist, haben wir unterschiedliche Vorgehensweisen. Also entweder machen wir einen unangekündigten Hausbesuch bei einer schwerwiegenden Gefährdungsmeldung, wenn es häusliche Gewalt oder Missbrauch oder ähnliches gibt. Dann sind wir tatsächlich auch unangekündigt da. Und das machen wir auch teilweise bei Familien, die wir nicht kennen. Kennen wir die Familien besser, dann setzen wir uns vorher telefonisch mit denen in Verbindung und sagen: Wir haben hier eine Meldung und würden uns gerne unterhalten. Dass man einfach eine vertrauensvollere Ebene hat, als wenn man unangekündigt vor der Tür steht. Bei manchen Eltern ist es notwendig, weil die sonst die Türen nicht öffnen würden, aber da gibt/das ist auch ganz individuell, was für eine Meldung geht hier ein, und wie gut ist die Bindung, die wir da zu den Eltern haben.“

Diese hier benannte Ermöglichung und Beförderung einer sozial verantwortlichen Beziehungsgestaltung in Familien zeigt, dass sich professionelles Handeln leitmotivisch an einem „beziehungsbasierten Kinderschutzmodel“ orientiert. Viele Kinderschutzfälle sind einzuordnen als *„not an emergency room visit"*, sondern eher als *„part of a long term chronic pattern of family dysfunction that needs long term attention […]“* (Albright et al. 2019, S. 5). Familien werden aufgefordert Regeln, Anforderungen und fehlende Passungen an gesellschaftliche Normen und Werte auszutarieren. Erst wenn diese Formen der Interventionen in nicht ausreichender Weise umgesetzt werden (können), werden Kinder in Obhut genommen. Für die sozialpädagogischen Fachkräfte des Allgemeinen Sozialen Dienstes ist diese Form der Intervention, die Inobhutnahme des Kindes oder der Kinder, „die letzte Möglichkeit“, das Wohl des Kindes sicherzustellen.

ASDREC022: „Und wir haben aber auch die Handlungsmacht, und das macht mich aber auch oft ohnmächtig, weil es einfach eine immense Verantwortung ist, die wir haben für diese kleinen ‚Erdenbürger‘, und das ist zum Teil auch sehr anstrengend. Also, weil die Entscheidungen, die wir treffen, die sind so tiefgreifend und das ist, das ist schon der Wahnsinn. Und wenn man hier relativ jung anfängt, ohne große Berufserfahrung, dann wird man hier in so ein Haifischbecken geschmissen und trifft plötzlich Entscheidungen für Familien und Kinder, die unfassbar weitreichend sind.“

Trotz der Wahrnehmung der sozialpädagogischen Fachkräfte des Allgemeinen Sozialen Dienstes, dass seit der Einführung des § 8a SGB VIII die „laufenden Fälle“ zugenommen haben (Beckmann 2019, S. 106)[36], werden diese Entwicklungen jedoch nicht nur negativ bewertet. Oftmals werden die „Meldungen“ auch als Impulse für Veränderungen in der familialen Beziehungsarbeit verstanden.

ASDREC022: „Da tue ich mich ganz schwer mit. Also wir haben hier gerade in unserem Team, wir bedienen hier unterschiedliche Bezirke, und wir haben so die ganz klassische Bezirkssozialarbeit, wo wir Meldungen bekommen, wo überforderte alleinerziehende Mütter mit vielen Kindern, ja einfach in einer viel zu beengten Wohnung leben, und dann kommen die Meldungen von den Nachbarn. So, das ist so der Klassiker eher in Armutsfamilien. Wir

36 Vgl. zur kritischen Auseinandersetzung mit der Definition, was als Fall oder als ein laufender Fall eingeordnet wird (Beckmann 2019, S. 106).

haben aber auch hier in Erhebungsstadt doch sehr gut situierte Familien, die dann über irgendwelche kuriosen Umwege bei uns landen. Und dann ist das schon mal der Chefarzt von irgendwo oder der Rechtsanwalt, und da gibt es ganz andere Problemlagen. Und da spielt viel Geld eine Rolle, und da drehen die Kinder ganz oft so ein bisschen ab, machen ihr eigenes Ding und lassen sich ab einem bestimmten Alter kaum noch was sagen. Und das sind ganz andere Problemlagen, ist im Endeffekt aber fürs Kind gesehen dieselbe Acht-A-Meldung. Das ist auch eine Art von Vernachlässigung, die wir hier auch spüren, und das sind dann viele Jugendliche, die dann wirklich auf Trebe sind und aber auch die finanziellen Möglichkeiten haben mal abzuhauen, wiederzukommen. So, also das ist schon, das hat eine ganz andere Qualität von Meldung, ist aber sehr tiefsitzend und schwieriger zu kommunizieren, weil viele Menschen, die doch auch gut situiert sind, wollen überhaupt nicht mit uns zu tun haben, weil das schädigt den Ruf. Und dann sind Familien in Armutslagen oftmals auch zum Teil dankbar, wenn es dann doch zu einer Hilfe kommt, weil sie sagen: Ich habe mich überhaupt nicht getraut zu fragen und jetzt, jetzt fällt so ein Stein – gut, dass es die Meldung gab, denn jetzt kann mir ja geholfen werden.".

Diese hier dokumentierten divergierenden Handlungsanforderungen an die sozialpädagogischen Fachkräfte im Allgemeinen Sozialen Dienst weisen auf unterschiedliche Wahrnehmungen des Spannungsverhältnisses von Hilfe und Kontrolle des professionellen Handelns im Kinderschutz hin. Während zum einen der Schutzauftrag in den Handlungsanordnungen der Fachkräfte im Allgemeinen Sozialen Dienst sehr deutlich dokumentiert und auch zurückgebunden wird an die Möglichkeiten einer professionellen Falldiagnostik, werden zum anderen sehr eindeutig Handlungsabläufe beschrieben, die eher „praktisch" orientiert sind (Matzner 2018).

Der Prozess der Gefährdungseinschätzung im Kinderschutz wird vielfach als stetiger Umgang mit Ungewissheiten geschildert. Der Rückgriff auf bewährte Handlungsabläufe kann sicherlich dazu beitragen Handlungssicherheit zu ermöglichen. Der permanente Handlungsdruck im Kinderschutz stellt jedoch eine andauernde Herausforderung dar. Und ob mit der vielfach geforderten Bereitstellung von angemessenen Rahmenbedingungen, wie ausreichende Zeit, personelle und sachgerechte Ressourcen, weitere Ausdifferenzierungen der Handlungsabläufe, auch eine Verbesserung der Handlungsrationalitäten im Kinderschutz ermöglicht, begründet und umsetzbar sind, bleibt abzuwarten.

ASDREC26: „Wenn man so zu den...., wenn man sagt so, man ist unterbesetzt, ich glaube das ist auch so die Einschätzung, die von oben kommt, das... Aber irgendwie ist da, ich glaube, da ist sogar tatsächlich, wenn ich unten bin, was dran. Ich glaube, wenn man jetzt hier noch fünf Leute mehr einsetzen würde, hätte man auch mal wieder, man hätte ja auch mehr Zeit zum Prüfen. Man hätte ja auch vielleicht die Zeit in die Bezirke zu gehen."

Die hier exemplarisch angeführten Positionierungen der Fachkräfte zeigen, dass die strukturellen Vorgaben der Organisationen und Einrichtungen ganz zentral die konkrete Ausgestaltung der sozialpädagogischen Arbeit im Kinderschutz bestimmen. Zwar wird das professionelle Handeln durch Vorgaben, Regeln und „Technologien", wie die Anwendung von Diagnose- oder Screening-instrumenten, angeleitet, jedoch werden diese Richtlinien und Verfügungen häufig als nicht ausreichend für die Begründung von professionellem Handeln im Kinderschutz wahrgenommen.

Um den Umgang mit Belastungs-, Ungewissheits- sowie Gefahrenmomenten vorzubeugen wird leitmotivisch auf die für die Einrichtung festgelegten Handlungsabläufe – zumeist geregelt durch Kinderschutzkonzepte – zurückgegriffen. Gleichfalls wird das professionelle Handeln, je nach Einzelfall, durch die in der Praxis realisierbaren Handlungsweisen bzw. -spielräume, begründet.

Deutlich wird, dass Erfahrungswissen in der je durch die Fachkraft unterschiedlich vorgenommenen Ausgestaltung für die professionelle Bewältigung des beruflichen Alltages im Kinderschutz wesentlich ist. Trotz relativ klarer organisationaler Vorgaben und der damit verbundenen Annahme, dass sich professionelles Handeln im Kinderschutz an den Strukturlogiken der Organisationen bzw. Einrichtungen orientiert, kann im Kontext der Forschungsergebnisse festgehalten werden, dass empirisch nachweisbare Ablaufprozesse nicht kontinuierlich deutlich werden (Matzner 2018; Klatetzki 2020, S. 101). Ebenso ist die Regulation des Spannungsfeldes von Hilfe und Kontrolle in den Handlungsanforderungen an die sozialpädagogischen Fachkräfte im Allgemeinen Sozialen Dienst stets vorhanden und stellt ein nicht unwesentliches Belastungs- und Konfliktpotenzial für die Akteur*innen im Kinderschutz dar.

6.1.2 Beratung, Vermittlung und Hilfe als Leitmotive für professionelles Handeln im Kinderschutz

Kernaufgabe des professionellen Handelns im Kinderschutz im Allgemeinen Sozialen Dienst ist die Beratung, also die vermittelnde Einwirkung auf die Eltern wie die Ermöglichung sozialrechtlich gerahmter Hilfeansätze. Diese leitmotivischen Voraussetzungen für professionelle Soziale Arbeit im Kinderschutz bedingen aber auch, dass die Grenzen eines möglichen professionellen Handelns akzeptiert werden müssen, wenn zum Beispiel Meldungen „zu spät“ erfolgen, oder aufgrund von gesetzlichen Bestimmungen „Eingriffe“ nicht legitimiert werden können, weil etwa die familiengerichtliche Entscheidung für den Verbleib des Kindes oder der Kinder in der Familie plädiert.

Auch ist es für die sozialpädagogischen Fachkräfte des Allgemeinen Sozialen Dienstes oftmals schwierig Kindeswohlgefährdungen, die unter den „Radar“ des § 1666 BGB fallen, zu akzeptieren, wie bspw. religiös begründete Sozialisations- und Erziehungsbedingungen, materielle Probleme oder eben auch neue Formen von Familien (Dethloff 2016, S. 179). Trotz der Feststellung, dass Kinder sich in diesen Familienkonstellationen eben nicht optimal entwickeln können oder bestmöglich gefördert werden, müssen die sozialpädagogischen Fachkräfte immer wieder Möglichkeiten der Perspektivübernahme herstellen.

ASDREC026: „Das macht es tatsächlich, finde ich auch, zum Teil schwer, weil ich auf der einen Seite die rechtlichen Grundlagen habe und ganz klar sagen muss ‚Ich bin das Jugendamt', und das ist auch der schlechte Ruf, den das Jugendamt hat. Und ich muss da auch mal vielleicht mal nachhaken und ich muss auch unangenehme Fragen stellen, um Transparenz irgendwie zu erlangen und komme auch zu unangekündigten Hausbesuchen, wenn ich eine Meldung erhalte. Und bin dann aber auf der anderen Seite, komme ich zu einer Meldung, überprüfe eine Kindeswohlgefährdung, sehe nur einen Bedarf und also einen pädagogischen Bedarf und sehe keinen Auftrag irgendwie in die Richtung Kinderschutz und biete da auf der anderen Seite Jugendhilfe an. Wenn ich mich in die Situation der Menschen versetze und denke: So der kommt zu mir und zieht sein Rechtsamt durch und prüft und guckt, ob die Steckdosen abgesichert sind und erwischt mich irgendwie so in einer ganz extremen Situation. Und auf der anderen Seite lädt er dann zur Sprechstunde ein und sitzt dann hier im Rahmen der Beratung und erklärt, was es für Möglichkeiten im Rahmen der Jugendhilfe gibt, um Unterstützung zu leisten im freiwilligen Kontext. Finde ich das ein ganz, das merkt man, dass es schwierig ist. Wenn man dann Fälle hat, wo man vom § 8a KJHG in den HZE (Hilfen zur Erziehung) geht, sind das die Fälle und da eine vertrauensvolle Basis aufzubauen und ist schon/. Deswegen gibt es in genügend Städten § 8a KJHG Dienste ..."

Die geforderte, rechtlich bindende Verantwortungsübernahme durch das staatliche Wächteramt bei der Feststellung, dass eine Kindeswohlgefährdung vorliegt, wird faktisch auf das Jugendamt übertragen.

Jedoch werden die teilweise räumlich und zeitlich getrennten Kausalitätsketten (schädigender Vorgang, Schädigung und Folgen) im Kinderschutz, und eventuell auftretende Rückkoppelungseffekte in die Familien, wenig diskutiert.

ASDREC26: „Am Anfang fühle ich mich sehr schnell verantwortlich, habe gedacht ich muss irgendwie da unbedingt in irgendeiner Form Hilfe leisten. Aber es kommt so, ich bin jetzt zwei Jahre da, ist es jetzt nicht extrem viel Erfahrung, aber jetzt schon mit der Zeit bin ich da auch ein bisschen entspannter. Wenn keine akute Kindeswohlgefährdung vorliegt und, dann die Eltern haben das Sorgerecht für die Kinder und wenn die nichts von mir hören wollen und sagen: ‚ ... A., wir haben Schwierigkeiten' Oder ‚Wir haben auch keine Schwierigkeiten, wir möchten aber keine Hilfe!', dann ist das so. Da kann ich da gut mit leben."

Deutlich zeigt sich in dieser Aussage, wie schwierig es sein kann, den Umgang und die Zusammenarbeit mit den Familien zu gestalten, die jegliche Beratungs- und Hilfsangebote ablehnen, bzw. verweigern (Marks/Sehmer 2017). Das sozialpädagogische Handeln orientiert sich an den gesetzlichen Grundlagen des BGB (§ 1666) und des SGB VIII (§ 42). Durch die gesetzlich festgelegte Elternorientierung bzw. Familienorientierung des sozialpädagogischen Handelns im Kinderschutz werden Gefährdungsbereiche generiert.

ASDREC030: „Also, dass man das natürlich nicht so nimmt, wie eine Meldung, die neu ist, und man die Familie nicht kennt. Weil ich einfach weiß, ich kann an der Grundsituation nichts ändern, und das nützt mir jetzt auch nichts. Also mir nützt mein ganzes Helfersystem nichts, wenn der Adressat es nicht nimmt. Und in der Regel reicht es ja nicht, weil, wenn ich keine Compliance herkriege, dann müsste ich ja, um zu schützen, sagen, ich nehme es aus dem System raus. Und zu Recht hängt dieses Level extrem hoch. Aber so müssen Kinder halt auch oft in Situationen aushalten, die auch schwierig sind. Oft auch nochmal unter der Drohung, wenn du da nicht parierst, kommst du ins Heim. Das ist halt auch oft nicht zu vermeiden. Oder Kindern das natürlich auch nochmal hingedrückt wird, ne, und die dann noch mehr im Dilemma stehen. Aber ich denke, das ist ein Dilemma, das wir auch in dem Job aushalten müssen. Dass wir auch manchmal Situationen, in dem wir unseren gesetzlichen Auftrag erfüllen, eskalieren. Und Druck reinbringen, ohne wirklich Hilfe reinbringen zu können, weil das Elternsystem einfach nicht mitmacht. Oder weil man unterschiedlicher Meinung ist."

Gleichzeitig wird von den sozialpädagogischen Fachkräften im Allgemeinen Sozialen Dienst auch betont, dass die Verantwortungsübernahme nur dann erfolgen kann, wenn das damit verbundene professionelle Handeln durchdacht, wissenschaftsbasiert und nachprüfbar ist – auch um Fehlinterpretationen vorzubeugen. Für den Arbeitsbereich „Kinderschutz" in den sozialen Diensten bedeutet dies, dass das Ausmaß und die Anwendung von sozialstaatlichen Interventionen nur unter Berücksichtigung der konkreten Lebenszusammenhänge durchgeführt werden kann.

ASDREC005: „Also, wenn man das standardisiert, aber der Bereich, dieser subjektiven Wahrnehmung, oder auch zum Beispiel Einbezug von Fallverlauf, das ist halt so nicht möglich, wenn man einfach nur etwas ankreuzt. Wenn man aber weiß: Ich kenne die Familie seit acht Jahren, ich habe/ist jetzt schon die fünfte Gefährdungsmeldung, und da gibt es einfach viel Fallkenntnis auch. Dann ist es ja unsere Aufgabe, mit Fachwissen, aber auch mit gesundem Menschenverstand und auch mit einem gewissen Bauchgefühl hinterher zu einer Einschätzung zu kommen. Und da reicht es halt nicht, einfach nur eine Tabelle auszuführen/auszufüllen. Dann steht da hinterher: Zwei. Und wir denken aber: Na, bei eins, oder eher drei. Also das ist einfach wichtig, dass man da als Sozialarbeiter, insofern erfahrene Fachkraft, zu einer eigenen Einschätzung kommt. Und wir machen es ja auch nie alleine. Das finde ich halt auch so wichtig."

Kontinuität als Kernaspekt von professionellem Handeln meint im Kinderschutz – nach Auffassung der Fachkräfte im Allgemeinen Sozialen Dienst – das „Dranbleiben" an der Familie, also der Familie mit Beratungs-, Vermittlungs- und Hilfsangeboten beistehen, und dies auch über einen längeren Zeitraum und ggf. gegen den Willen der Familie, die sich eventuell der Fachkraft zu entziehen versucht.

ASDREC003: „Klar, also ich bin da ... ich muss ...ich bin hier natürlich für ... ich übe hier das Wächteramt aus. Das ist/es geht ums Kind. Auch wenn Eltern das oft so hinbekommen und versuchen zu drehen, dass es mehr um sie geht, oder um andere Dinge. Haustiere, weiß ich nicht was. Das heißt, fokussiert bleiben auf das Kind. Das ist eine wichtige Sache, die dabei bleibt. Denn das können Eltern, die meisten Eltern sehr gut. Davon ablenken und dass Kinder eigentlich wieder aus dem Fokus geraten. Das ist so meine erste Aufgabe. Das Kind bleibt im Fokus. Und niemand anders. Denn ich bin nicht für Eltern verantwortlich, für die auch, aber erst im zweiten Bereich."

Eine andere Fachkraft lenkt noch einmal den Blick auf die hilfreichen Möglichkeiten der Zusammenarbeit im Kinderschutz.

ASDREC035: „Und dann eben noch mit möglichen Stellen, wie Krankenhaus, Schule oder Kindergarten. Einfach diese Rückmeldung, wie entwickelt sich das Kind jetzt weiter, weil ein Kinderschutzfall kann ja über Wochen, über Monate noch weiterlaufen. Der ist ja nicht einfach abgehakt, nur weil das Kind aus dem Haushalt der Eltern raus ist, sondern es zieht ja dann oft einfach noch so einen Rattenschwanz, weil ganz viele Auffälligkeiten dann nach und nach noch in Erscheinung treten. Und die dann letztendlich mit Fachkräften ... soweit in den Griff zu kriegen, dass das Kind, ... ja, eine gedeihliche Entwicklung genießen kann. ... Das dauert einfach, und da ist einfach dieser stetige Austausch notwendig."

Betont wird sehr häufig von den sozialpädagogischen Fachkräften des Allgemeinen Sozialen Dienstes, dass Kinderschutzarbeit i.d.R. Beratung und Vermittlung ist, i. S. klassischer Einzelfallhilfe. Es werden immer wieder die Möglichkeiten von Beratungsangeboten thematisiert, jeweils orientiert an einzelnen Familien, am einzelnen Kind, an deren Lebensumständen und -situationen sowie den jeweils individuellen Belastungen und Herausforderungen.

ASDREMREC26: „Ich glaube in .....? Ich kann mir vorstellen, dass da, es macht nicht immer Sinn. Es gibt auch, glaube ich, Fälle, wo man wo es ganz gut ist, dass man auch Zuhause in dieser Krise war, um ein Gefühl für die Familie zu bekommen und nicht auf Aktenlage dann irgendwie einschätzt. Das ist dann so die andere Seite, weil man erlebt ja auch 8a KJHG, wo die Kindeseltern einem das Gefühl vermitteln, dass sie froh sind, dass jemand da ist, um sie zu entlasten in irgendeiner Form. Ich glaube, darüber kann man auch mal einen anderen Zugang bekommen. Aber diese Spannweite ..., und dann noch auch die Eltern motivieren möglicherweise ... zu beantragen, um dann, um das zu ermöglichen, dass irgendwie Hilfe geleistet wird. Das ist ja noch so der dritte Punkt, wenn man dann ..., dann stolpert man natürlich irgendwie wieder."

Trotz der Fokussierung der sozialpädagogischen Arbeit im Allgemeinen Sozialen Dienst auf institutionalisierte Interaktionen, wie z.B. Teambesprechung über die Akten- und Fallführung oder auch die angeleitete Gesprächsführung mit den Erziehungsberechtigten, wird von den sozialpädagogischen Fachkräften darauf hingewiesen, dass sich je nach Kind und Familie, professionelles Handeln als sehr herausfordernd und belastend gestalten kann. Individuelle Einordnungen und Beurteilungen der Situationen und notwendigen Vorgehensweisen sind zwar notwendig, jedoch sollten diese stets transparent und überprüfbar ausgestaltet werden (Bastian 2014; Bastian/Schrödter 2015).

ASDREC030: „Jetzt bezogen auf einen Fall natürlich, dass der Schutzraum gewährt wird oder die Abklärung läuft: soll es ein Schutzraum sein, oder gibt es eine Beratung mit Eltern, besteht die Aussicht, mit denen ein Schutzkonzept zu besprechen. Kann das Kind bleiben, aber mit welchen Schutzmaßnahmen zu Hause? Oder gibt es wirklich die Trennung von beiden, einfach damit mal eine Auszeit entsteht? Alle kommen wieder runter, und dann kann gucken, okay, was sind die nächsten Schritte. Aber es kommt auch vor, dass wir in der Klärung, Kinder mal gesichert irgendwo, wir machen hier Besprechung und dann kommt man überein, okay, ... man kann den Schutz auch zu Hause sicherstellen. Also, das muss man immer im Einzelfall angucken. ... Und da braucht es wirklich auch eine gewisse Erfahrung, um diese Komplexität abzuschätzen und auch die richtige Maßnahme, weil es nützt ja nichts, wenn wir hocheskalativ arbeiten würden. Sondern da muss man gucken, okay, was ist wirklich notwendig, was ist aber auch das niedrigste der einzusetzenden Mittel. Das ist sicher eine Herausforderung für Menschen, die das nicht gewöhnt sind."

Daher erweist sich eine ausschließliche Orientierung an Modellfällen als nicht zielführend für die Kinderschutzarbeit. Modellfälle dienen zwar häufig als Beispiele für eine gute Praxis *(good praxis)*, sollen aber nicht dazu verleiten, eigenständige Einschätzungen den vorliegenden Informationen vorzuziehen. Wissensrückfluss, die Reflexion von Wissen wie auch das Aushandeln von Handlungszielen, werden daher als Schlüsselkomponenten für Handeln in den Hilfeprozessen des Kinderschutzes erachtet.

Zentrale Aufgabe professionellen Handelns ist es, das dokumentierte Wissen zu hinterfragen bzw. zu reflektieren. Somit prägt professionelles Handeln im Kinderschutz ein ständiges Aushandeln von erfahrungsvermitteltem Wissen, persönlichkeitsspezifischen Haltungen und Einstellungen wie auch der vorliegenden Fakten, Theorien, organisationalen Regeln bzw. Vorgaben.

*6.1.3 Zusammenarbeit mit Akteur*innen im Kinderschutz*

Wie die Zusammenarbeit der oftmals sehr unterschiedlichen Akteur*innen im Kinderschutz konkret ausgestaltet werden kann, wird viel diskutiert (van Santen/Seckinger 2015; 2017; 2018; Albrecht et al. 2016a; 2016b; Bauer 2014; Sehmer et al. 2017). Dabei sind die strukturellen Bedingungen für die Zusammenarbeit höchst unterschiedlich und werden durch gesetzliche (§8a SGB VIII) wie auch organisationale Modalitäten, Systeme, Handlungskonzepte und Verfahren nachhaltig gerahmt.

ASDREC018: „Oh sehr gut. Ich habe eine sehr gute Kooperation mit der Kita und mit den Kitas aus meinem Bezirk, in dem ich zuständig bin. Also wir telefonieren mit Sicherheit einmal, zweimal die Woche miteinander. Da lege ich auch großen Wert drauf. Auch mit den Schulen. Dass die mich kennen und dass die keine Scheu davor haben zu melden. Und da mal anzurufen. Das machen die auch in der Regel. Und ich kann mich wirklich darauf verlassen. Wenn ich von einer Familie nichts gehört habe, dass dann tatsächlich in den Kitas oder Schulen nichts ist. Weil ich weiß, die hätten sich sonst mal gemeldet."

Nicht unterschätzt werden sollte die jeweils individuelle Positionierung der sozialpädagogischen Fachkräfte im Allgemeinen Sozialen Dienst in der konkreten Ausgestaltung der Zusammenarbeit.

Neben den gesetzlichen intendierten Vorgaben müssen überschneidende Zielsetzungen von Seiten der Organisationen und die ebenfalls sehr unterschiedliche Beteiligung der Akteur*innen aufgrund individueller Handlungskompetenzen, Problemlösungskompetenzen, Erfahrungen und der Möglichkeit Wissen zu verwenden, um Zusammenarbeit zu gestalten, austariert werden (Heiner 2010; Groß et al. 2017).

ASDREC028: „Ja, also in der Regel kriegen wir hier die Anrufe, dann werden wir, verweisen wir nochmal an die Fachberatung direkt, dann geht das meistens nochmal zurück, und die werden dort tätig. Ganz oft erledigt sich das dann auch, dass man andere Möglichkeiten und andere Wege findet. Was ja auch für die Arbeit spricht, der Berater. Ansonsten geht es wieder an uns zurück. Wir setzen uns hier zusammen oder telefonisch, je nach Schwere der Meldung auch. Und entweder besprechen wir es nochmal vorab, oder wir gehen direkt raus. Beziehen natürlich dann die Kita auch weiterhin ein, auch im weiteren Hilfeverlauf und der Überprüfung, dass man da dauerhaft im Kontakt bleibt und da diese Kommunikation nicht abbrechen lässt, weil die Eltern doch auch in der Kita schon mal andere Dinge widerspiegeln als bei uns. Und auch andersherum. So dass es sehr sinnvoll ist, dass wir da in Kontakt bleiben. Das funktioniert auch gut. Also, wenn tatsächlich Meldung gemacht wird, sind wir im guten Kontakt, im guten Austausch und auch oftmals in großen Runden, was uns natürlich hier bei den Räumlichkeiten schon mal vor Schwierigkeiten stellt."

Die Bewertung der sozialpädagogischen Fachkräfte im Allgemeinen Sozialen Dienst hinsichtlich der Nützlichkeit und des „Ringens" um gemeinsames Handeln wird in den Positionierungen deutlich.

ASDREC028: „Ich würde sagen, das funktioniert sehr gut. Der Austausch ist sehr gut. Wir haben hier die Ladenlokale in den einzelnen Stadtteilen, wo auch die frühen Hilfen mit dabei sind. Da ist eine gute Kommunikation. Jetzt bin ich gerade auch hier in XX im Sozialraum mit drin bei diesen Treffen auch, sodass ich für mich persönlich sagen würde, die Netzwerkarbeit funktioniert sehr gut. Ich kann jetzt nicht für die anderen Kollegen beurteilen, die jetzt nicht mit dabei sind, aber ich denke, wir haben da einen guten Austausch. Auch im Team wird immer wieder davon berichtet, sodass ich jetzt einfach mal sagen würde es läuft gut. Es kann natürlich immer besser sein, aber das, was wir haben, ist schon eine gute Sache, und gute Kollegen auch vor Ort."

Es wird von den sozialpädagogischen Fachkräften des Allgemeinen Sozialen Dienstes betont, wie wichtig die Zusammenarbeit und der Austausch mit anderen Akteur*innen im Kinderschutz ist. Eher weniger werden Fragen nach Mindestanforderungen oder die Realitätstauglichkeit der Zusammenarbeit gestellt.

ASDREC008: „Also, wenn eine Meldung reinkommt, also die überprüfen, die Zusammenarbeit mit Eltern, wie den Fachkräften, Austausch, natürlich auch behördenübergreifend, Polizei, Krankenhäuser, und so weiter und so fort. Ja, wenn die Meldung überprüft ist, abschließen im Sinne von entweder: es ist gut ausgegangen oder hat sich erledigt, wie bei dem Nachbarschaftsstreit, oder natürlich stationäre, ambulante Hilfen anbieten. Ja. Und die Arbeit fängt ja erst an, wenn wir stationär untergebracht haben. Dann sind sie natürlich aus der Kindeswohlgefährdung akut raus, Kind ist geschützt. Super. Aber ... es ist ja nicht das Ziel das Kind weg von den Eltern zu schaffen, sondern dann, wie in dem Fall heute, und dann geht die Arbeit mit den Eltern erst mal los. Also auch erst mal eine Arbeitsbasis schaffen. Mal zu gucken, worum geht es denn hier. Und den Eltern auch klar machen: Wir wollen nicht dauerhaft, dass ihre Kinder woanders leben, sondern die sollen zu ihnen. Also es ist dann schon auch viel Beziehungsarbeit."

Die sozialpädagogischen Fachkräfte im Allgemeinen Sozialen Dienst gehen davon aus, dass alle Akteur*innen im Kinderschutz – egal zu welchen Berufsgruppen sie gehören – Zusammenarbeit befürworten, sie fähig und auch willig sind sich an dieser Zusammenarbeit zu beteiligen.

ASDREC26: „Da geht viel unter, muss ich ehrlich sagen. Also ich glaube, da gibt es ganz viel, was wir als neue Kollegen auch gar nicht alles wissen. Eigentlich erst, wenn man da einen Bezug zu hat kriegt man mit, was es so gibt. Für uns ist eigentlich ganz oft die Kooperation, die wir mit der Kinderschutzambulanz haben hier in 8a KJHG-Fällen, ganz wichtig, weil die machen eine super Arbeit da. Am Klinikname-Klinikum sitzen, die und mit denen haben wir ja Kooperationsverträge und im Rahmen von 8a KJHG und Kinderschutz sind die ein Instrument für uns vor Gericht auch. Um eine Transparenz reinzubekommen, was überhaupt dran ist. Wenn es jetzt nicht das blaue Auge ist, so ungefähr, und selbst wenn es das blaue Auge ist, sind die für uns dann eigentlich erster Ansprechpartner in dem Kontext. Ja, und die erfahrenen Fachkräfte, haben wir eine Liste, da sind halt Namen, die man so kennt. Aber ich weiß nicht, auf welcher Ebene da auch kommuniziert wird. Also bei mir nicht."

Mit der Einführung der „insoweit erfahrenen Fachkräfte", die vielfach die Fallführung übernehmen und deren Einschätzung im Fall einer Inobhutnahme verlangt wird, wurde es teilweise ermöglicht, die Verantwortung für „gelingenden" Kinderschutz nicht mehr nur allein bei den Fachkräften des Allgemeinen Sozialen Dienstes anzusiedeln. Nachfolgendes Beispiel zeigt deutlich, wie relevant diese weiteren Schritte von Professionalisierung im Kinderschutz sind.

ASDREC005: „Also, klar, Ich bewerte die natürlich als sehr wichtig. Ich finde das (...) Ich weiß nicht, ob man generell erst mal noch was zu den Strukturen sagen müsste. Dazu, wie das hier in ... läuft, wie die insofern erfahrenen Fachkräfte tätig sind und eingesetzt werden, weil klar, wir als ASD sind natürlich ständig mit Gefährdungsbewertungen beschäftigt und rücken aus und machen und tun, aber die Institutionen und alle Menschen, die hier mit Kindern zu tun haben oder im Entfernten auch nur mit Kindern zu tun haben, können ja die insofern erfahrenen Fachkräfte der freien Träger nutzen und sich dort beraten lassen und zu einer gemeinsamen Gefährdungseinschätzung kommen. Das wird weniger genutzt, als ich gedacht habe. Tatsächlich. Also ich habe mit einem viel höheren Aufkommen eigentlich gerechnet. Aber die Träger haben mir jetzt neulich noch eine Rückmeldung gegeben, dass es so viel gar nicht ist. Und insofern glaube ich, dass das nicht daran liegt, dass keiner das will, sondern dass es einfach auch noch bekannter gemacht (...)."

Deutlich wird hier, dass trotz möglicher Verantwortungs- und Kompetenzaufteilungen die sozialpädagogischen Fachkräfte des Allgemeinen Sozialen Dienstes sich die Frage nach den unbeabsichtigten Folgen ihres Handelns stellen.

ASDREC024: „Ich versuche, wenn es tatsächlich ein Kinderschutzfall ist und ich da ernsthafte Zweifel habe, dass das Wohlergehen des Kindes sichergestellt ist, versuche ich erstmal die umliegenden Institutionen, wie auch Kinderärzte und Ähnliches, mit einzubeziehen. Gegebenenfalls die Beratungsstellen, wenn mir die Schweigepflichtsentbindungen vorliegen. Ansonsten, ist es tatsächlich eine akute Gefährdung, ist das in dem Fall ja auch nicht notwendig. Also erstmal auch das nähere Umfeld da mit einbeziehen, ob diese eine Wahr-

nehmung auch die richtige ist, oder ob es vielleicht auch andere gibt. Das ist der erste Schritt. Dann Kontakt zu den Eltern aufnehmen, da vorsichtig erst mal nachfragen, bevor ich die Meldung auf den Tisch haue ..., die ja durchaus sehr erschreckend teilweise sein kann für die Eltern und Kinder. Ja, und dann auch in Kontakt mit den Kindern zu kommen. Also tatsächlich bei jeder Meldung schauen wir uns die Kinder an und versuchen mit den Kindern bestmöglich zu sprechen. Da Kommunikation in irgendeiner Form ja gestalten zu können."

Obwohl für die konkrete Ausgestaltung der Netzwerke im Kinderschutz Konzeptionen entwickelt werden sollten, ist die Zusammenarbeit der Akteur*innen im Kinderschutz von individuellen Kompetenzen sowie den persönlichen Erfahrungen in der Problembearbeitung und -lösung abhängig. Neben der Festlegung von Rahmenbedingungen, wie Formen und zeitliche Abläufe der Netzwerktreffen, Regeln, Handlungsabläufe, Zielvorgaben oder -vereinbarungen fällt in den Beschreibungen der sozialpädagogischen Fachkräfte auf, dass individuelle Haltungen und Wissen über die Handlungsweisen bzw. Handlungsspielräume anderer Berufsgruppen, das professionelle Handeln anleiten.

ASDREC005: „Also die Familienhilfezentren sind, wie der ASD (Allgemeiner Sozialer Dienst) und wie die Jugendförderung, bei uns Bestandteile der Netzwerke, die dann in den Stadtteilen auch. Es gibt dann sogenannte regelmäßige Treffen dieser drei Bereiche, Institutionen, die dann einfach dann sich über Entwicklungen in Stand halten, austauschen, überlegen, was brauchen wir so an Unterstützungsmaßnahmen oder neuen Angeboten. Das ist die eine Ebene, und gleichzeitig wird über die, werden auch die Stadtteil-Konferenzen, und in denen sitzen dann in der Regel die, oder die Quartierskonferenzen, je nachdem wie runter das geht. Da sitzen dann auch die in diesem Sozialraum sich befindlichen Schulen, Kitas, Angebote, Jugendförderung so, manchmal auch die Polizei, die da vor Ort ihre Wache hat oder, die sind ein bisschen unterschiedlich zusammengesetzt, Schulsozialarbeiter sind zum Teil drinnen, OGS (Offene Ganztagsschule), die gibt es dann nochmal auf der Stadtteilebene, und die finden dann auch so in der Regel mindestens quartalsmäßig statt. Und haben natürlich auch den Vorteil, dass man sich gegenseitig im Austausch ist und kennenlernt, und dann klappt auch meistens die Zusammenarbeit im Einzelfall besser."

Innerhalb der Städte/Landkreise besteht in der Regel eine gute Vernetzung, die mit dem Begriff „Verantwortungsgemeinschaft" beschrieben wird. Zusammenarbeit in einer „Verantwortungsgemeinschaft" beinhaltet, dass unter und innerhalb der verschiedenen Institutionen, die mit Kinderschutzfällen in Berührung kommen, gut kooperiert wird. So werden z.B. Informationen schnell und unkompliziert weitergegeben. Außerdem werden Fälle nicht einfach an bestimmte Institutionen oder Organisationen ausgelagert, sondern die Einrichtungen arbeiten als ein System zusammen, sind sich ihrer Verantwortung bewusst und nehmen diese wahr. Allerdings mangelt es teilweise an bundesweiten Vernetzungsstellen und Kooperationsvereinbarungen.

ASDREC030: „Also, dieses Kooperieren mit Ämtern, wir hatten im Kinderschutz ein ganz ... Das ist auch noch so ein Präzedenzfall. Wir hatten eine Familie mit schwerster Verwahrlosung, die sind einfach in ein anderes Bundesland gezogen. Weg vom Schirm. Und dadurch, dass wir nicht über Bundesebene hinaus auch mit dem ASD (Allgemeiner Sozialer Dienst) kooperieren, oder überhaupt Stadtteil, oder schon allein Stadt Land, 50 Kilometer außerhalb, ja, anderer Stadtkreise, andere ASD-Mitarbeiter. Und da es kein allgemeines System gibt, ... gehen die einfach unter."

Es kann festgehalten werden, dass auch wechselnde Beziehungsverhältnisse, professionelle Haltungen und Wissen über die Arbeitsweisen der jeweils anderen Berufsgruppen relevant für die Ausgestaltung von Zusammenarbeit in den Netzwerken des Kindesschutzes sind.

*KTREC028: „Und die (Richter*innen) wissen auch häufig nicht, was für Kompetenzen, Möglichkeiten und Grenzen das Jugendamt hat."*

Das Zusammenwirken der professionellen Akteure bzw. Akteurinnen im Kinderschutz wird vordergründig immer als ein am Dialog orientierter Austausch beschrieben. Jedoch haben die Netzwerke im Kinderschutz auch die Funktion soziale Regulationen und eine kollegiale Kontrolle der Handlungsvollzüge der jeweils anderen Berufsgruppen zu ermöglichen.

6.1.4 Zur Herstellung von „Einvernehmen" in der Zusammenarbeit mit den Eltern bzw. Erziehungsberechtigten

Ein weiterer zentraler Aspekt des professionellen Handelns im Allgemeinen Sozialen Dienst ist die Zusammenarbeit mit Eltern bzw. Erziehungsberechtigten. Die erforderlichen Handlungskompetenzen werden in vielfältiger Form genannt und mit den Begriffen „begleiten", „unterstützen", „beraten", „befähigen", „aufklären" und „informieren" beschrieben. Häufig geht es dabei zuerst um eine Begleitung, Beratung und Unterstützung von Familien.

Ziel dieser Interventionen ist es die Eltern so weit zu befähigen, dass sie in der Lage sind verlässliche Beziehungen in den jeweiligen familialen Zusammenhängen aufrecht zu erhalten oder zu gestalten. Diese hier beschriebenen Interventionen können nur dann stattfinden, wenn weitgehend ausgeschlossen werden kann, dass reale Gefährdungen für die Kinder vorliegen. Wichtig ist es den sozialpädagogischen Fachkräften im Allgemeinen Sozialen Dienst, dass die Eltern von sich aus bereit sind, also freiwillig, i.S. einer *„Compliance"*, zusammen zu arbeiten. Es werden Unterstützungsmaßnahmen mit den Eltern abgesprochen, um mit der größtmöglichen Zustimmung der Eltern gemeinsam an den familialen Problemen und Konflikten arbeiten zu können.

ASDREC003: „Also, wenn ganz normal eine Meldung eingeht hier, muss ja nichts Hochdramatisches sein, aber soweit, dass wir sagen ‚Wir fahren raus'. In der Regel ein angemeldeter Hausbesuch. Wir können auch unangemeldete Hausbesuche machen, aber gut. Ein angemeldeter Hausbesuch. Dann versuche ich natürlich immer vorher die Telefonnummer rauszubekommen, damit ich die Eltern anrufen kann. Und ich kündige mich an und sage, ich komme mit einer Kollegin, und dann sind die erstmal sehr erstaunt. Aber die meisten Eltern verstehen relativ zügig, wenn ich sage: Wir haben den/ich habe den Schutzauftrag. Ich muss mich bei Ihnen überzeugen, und wir wollen dann mal gucken, was wir gemeinsam machen können. Das ist die erste ... das ist der erste Schritt. Oft auch der schwierigste Schritt. Weil die natürlich ganz große Angst haben. Aber in der Regel kündigen wir uns vorher an, mit einem Telefonat, dass sie eine Stimme hören und hören, dass da ein Mensch ist und nicht nur einfach ein Brief kommt. Und wenn man dann ins Gespräch geht, dann wird das offen thematisiert. Die wollen natürlich immer wissen, wer einen gemeldet hat. In der Regel dürfen wir das ja nicht sagen, es sei denn, es war Kindergarten, die Schule, oder sonst was. Dann haben die denen aber auch schon gesagt: Wir melden sie übrigens. Dann klappt das ganz gut. Wenn man unvoreingenommen erst mal dahin geht und ganz klar sagt: Also ich bin hier in meiner Funktion, und ich gucke mir das an, und dann besprechen wir das. Und dann ganz häufig ist es so, dass Eltern ganz erleichtert sind. Dass sie im ersten Moment sich sehr ärgern, und im nächsten Moment sagen: Na ja, gut, dass jemand hingeguckt hat."

Dabei dient das Elterngespräch als Möglichkeit, um sehr niederschwellig mit den Erziehungsberechtigten Belastungen, Stresssituationen sowie andere Schwierigkeiten oder Problemstellungen zu thematisieren.

ASDREC016: „Ja, Beratung. Wir arbeiten schon. Was ich schon dazu sagen kann. Sehr ähm ... Wir gehen auf die Eltern sehr ein. Sehr empathisch. Selbst in Kriseninterventíon. Also, da versuchen wir schon die Eltern erst mal, dass wir in ein Gespräch reinkommen und gemeinsam überlegen, wie es weitergehen kann. Beraterisch auch in anderen, wenn es nicht um Krise geht. Wenn Eltern zu uns kommen und Unterstützung haben möchten. Dass wir die auch beraten. Wir ...., andere Formen sind auch. Wir gehen auch irgendwo hin. Wenn die Eltern jetzt sagen ... Ich hatte jetzt vor kurzem einen Anruf von einer Mutter und die sagt ‚Aoah Gott.' Nä?! Das XX ruft an und sagt: ‚Das Jugendamt soll eingeschaltet werden. Können Sie mal?' Weil, wir auch vorher schon gut in Kontakt standen und andere Sachen. ‚Können Sie mal dazu kommen?' Und dann komme ich einfach mit dazu. Weil diesen Kontakt will ich mir auch bewahren bei meinen Klienten. Denn wenn die schon auf mich selbst zukommen, dann ist das schon super. Aber es hat schon sehr viel mit Beratung zu tun".

Deutlich wird mit diesen Positionierungen, dass die sich Handlungsanforderungen vielfach, in einem ersten Schritt, an möglichst dialogisch gestalteten Beratungssettings orientieren.

ASDREC021: „Also, es steht und fällt mit dem Erstkontakt, mit der Bedarfsklärung. Also, man versucht wirklich die Eltern von Anfang an in die Hilfen mit zu integrieren. Die sind ja auch unsere Informationsgeber, die uns sagen, um was es geht. Und ich denke, wenn man da schon am Anfang eine gute Basis schafft und mit denen auch offen spricht und sagt, wie das alles läuft, kann das auch eine gute Arbeit werden. Also, ich denke, dass ist jetzt einfach so ein Beispiel, wo es halt oft sehr gut funktioniert, wo Eltern zu uns kommen, sie möchten Hilfe. Man klärt sie wirklich über alles auf. Und wenn die Hilfe eingesetzt ist, ist mir eigentlich jetzt ziemlich bewusst geworden, das Wichtigste ist Transparenz. Also wirklich sich Zeit zu nehmen. Ich denke, das ist einfach Beziehungsarbeit, das ist auch mit den Eltern in dem Fall extrem wichtig."

Erst wenn die sozialpädagogischen Fachkräfte zu der Einschätzung kommen, dass eine Thematisierung der Schwierigkeiten, Konflikte oder Problemlagen möglich ist, wird mit den Eltern oder Erziehungsberechtigten über die Beobachtungen oder Meldungen gesprochen, um anschließend die verschiedenen Unterstützungsangebote besprechen zu können.

ASDREC003: „Ich würde es eher ... Ich würde das auf jeden Fall eher so sehen als Zusammenarbeit, und es ist immer wichtig, finde ich, dass man die Eltern erst mal wahrnimmt und auch wertschätzt in dem, was sie tun. Das macht es .. das erleichtert es einem, wenn man nicht hingeht und sagt: Das hast du alles schlecht gemacht. Weil, das stimmt ja auch nicht. In den meisten Fällen ist das ja nicht so. Wenn es so wäre, dann arbeiten wir ja nicht mehr mit den Eltern, denn dann rufen wir das Gericht an und sagen: Das war's. Und in allen anderen Fällen geht es ja darum, die ... das ist ja auch unser Auftrag. Eltern und ... also Familien zusammenzuhalten und zusammenzubringen und nicht zu trennen. Und dann geht es schon ... wir bemühen uns um ein gutes, vertrauensvolles Verhältnis, was allerdings immer so ein bisschen schwierig ist, weil wir auf der anderen Seite hier ja auch so den Kinderschutzauftrag wahren müssen, und ich kann sehr freundlich sein und bin auch meistens sehr freundlich, aber Eltern ist eigentlich auch immer bewusst, dass das nur eine Seite der Medaille ist, weil, wenn es mir dann .... wenn ich dann etwas sehe, dass ich dann auch handeln muss. Das wissen die Eltern. Das mache ich auch immer offen. Und dann klappt das, in den meisten Fällen, ganz gut und die kommen trotzdem, wenn sie das Gefühl haben hier ist was nicht ... was eigentlich die Frau vom Jugendamt besser nicht wissen sollte. Oder wo es mir lieber wäre. Aber dann sagen die das trotzdem“

In der Auswertung der Interviewergebnisse fiel auf, dass die sozialpädagogischen Fachkräfte im Allgemeinen Sozialen Dienst die möglichen und angebotenen Interventionsleistungen nach den Problem- und Konfliktlagen der Familien ausrichten. Vielfach werden Sichtweisen geäußert, die offenbaren, dass es das vorrangige Ziel der Kinderschutzarbeit ist Einvernehmen mit den Eltern herzustellen, da dieses den Interessen der Kinder entsprechen würde. Wird von den in die Kinderschutznetzwerke eingebundenen Fachkräften nicht rechtzeitig reagiert, dann kann die Herstellung von Einvernehmen mit den Eltern bzw. eine Vermittlung von Hilfen, nicht mehr gelingen.

ASDREC008: „Einen Blick auf die Kinder zu haben. Also es gibt ja ... Die Kinder flutschen ja durch, durch das System. Gerade am Anfang. Also da sehe ich auch vor allen Dingen Kinderärzte und so weiter in der Verpflichtung. Gerade, wenn die bei den Untersuchungen feststellen, da ist irgendetwas schief, das muss irgendwie das müssen wir klären, dass die uns informieren oder sich Rat holen. Es gibt jetzt diese Kinderschutzhotline seit dem 01. Juli, dass sie sich da informieren und zu sagen: Das und das ist mir aufgefallen. Und Ähnliches erwarte ich von den Kindergärten. Die einerseits uns Bescheid sagen, aber auch uns Bescheid sagen, wenn es noch nicht zu spät ist. Also, was mich immer ärgert ist, wenn die Fachkraft anruft und sagt: Hier kam das Kind jetzt schon zum 5. Mal mit den gleichen Klamotten an, und das ist so verwahrlost und das hat immer blaue Flecken und das ist jetzt schon 8. Mal aufgefallen. Dann sind wir die Feuerwehr und müssen sagen: Okay, dann müssen wir das Kind herausnehmen, wenn die Voraussetzungen dafür gegeben sind. Schön ist es eigentlich, uns immer schon vorher im Boot zu haben, zu sagen: Das Kind ist auffällig, und dafür haben wir ja auch die ‚Insoweit erfahrenen Fachkräfte‘, letztendlich auch gerade in den Schulen. Wenn das Kind schon in den Brunnen gefallen ist, sage ich jetzt mal, dann haben wir natürlich auch einen schlechten Stand. Dann sind wir die Bösen vom Jugendamt. Genau.“

In der Arbeit des Allgemeinen Sozialen Dienstes werden die Grenzen von freiwilliger notwendig eingeforderter Zusammenarbeit äußerst ambivalent definiert. Sie sind eng an mehr oder weniger vertrauensvoll gestaltete Beziehungsarbeit gekoppelt, die wiederrum mit den bisherigen Erfahrungshorizonten der Zusammenarbeit von Eltern und Einrichtungen abgeglichen werden. Die Inobhutnahme von Kindern erfolgt jedoch meistens erst, wenn die Fachkräfte zu der Einschätzung kommen, dass Eltern nicht bereit sind mitzuwirken oder nachhaltige Veränderungsprozesse eingeleitet werden müssen.

ASDREC042: „Aber so lange man noch in diesem Freiwilligkeitsbereich ist, sagen wir immer, sobald halt keine Gefährdung vorhanden ist, sondern nur dieser Hilfebedarf, sind wir einfach im freiwilligen Bereich. Und wenn das die Eltern nicht annehmen wollen, dann gestaltet sich das schwierig. Aber es war durchaus immer wieder diese Motivationsarbeit erforderlich, den Eltern noch eine Hilfe anzubieten, ihnen nahe zu legen. Letztendlich sind wir dann durch eine Meldung nochmal auf die Familie zugekommen. ... Genau aus diesem Grund war der erste Schritt, diese ambulante Hilfe zu installieren. Die Eltern empfanden das schon sehr als Druck. Haben uns schon mitgeteilt, sie nehmen diese Hilfe nur an, um uns zu beweisen, dass keine Gefährdung vorliegt. ... Kamen auch immer wieder mit ... ja, versuchten eigentlich zu deckeln. Kamen immer wieder mit Ausreden. ... Letztendlich hat sich die Lage so zugespitzt, dass die Familienhilfe eine klare und akute Gefährdung festgestellt hat. ... Und aus diesem Grund war einfach ein Gespräch mit den Eltern notwendig, um ihnen darzulegen, welche Gefährdungspunkte gesehen wurden. Also, da sind wir auch sehr offen und sagen ganz klar, wir sind in einer Gefährdungssituation, die Eltern müssen jetzt handeln. Da war eben diese Auflage von uns, die Eltern oder, ja, es war mehr oder weniger Auflage, die Eltern sollen mit den Kindern in die Kinderschutzambulanz und sich abklären lassen. Also, die Eltern haben die Möglichkeit sich zusammen mit den Kindern als Begleitperson stationär aufnehmen zu lassen. Das wollte die Mutter auf gar keinen Fall. Der Vater hat sich letztendlich dazu bereit erklärt. Aber noch bevor er in der Ambulanz auftauchte, hat er uns jegliche Zusammenarbeit aufgekündigt, weil er gemeint hat, das war eine Schikane. Genau, das ist dieses Verfahrene, was ich meine, wenn man natürlich dann nicht mehr rankommt, und die Eltern alles so abblocken, obwohl so eine offensichtliche Gefährdung da ist, muss letztendlich das Jugendamt diese, ja, Defizite der Eltern versuchen auszugleichen. Genau, und so kam es einfach zu einem Herausnahmebeschluss. Also, wir haben° das Familiengericht angerufen. Es ging innerhalb weniger Stunden, wurden uns die Teilbereiche der elterlichen Sorge, ... genau, übertragen. Wir haben dann den Eltern nochmal versucht zu erklären, aus welchen Gründen uns die elterliche Sorge übertragen wurde, wie sie das auch ändern können, um das Sorgerecht wieder zu bekommen. Aber auch hier war es sehr schwierig mit den Eltern überhaupt ein Gespräch zu führen, weil die mit uns eigentlich nicht mehr sprechen wollten. Genau, also haben uns auch ... haben einfach abgeblockt. Genau. Die Zusammenarbeit wurde dann wieder besser, als das Abschlussgespräch im Krankenhaus anstand und die Ärzte tatsächlich diese Befürchtungen, diese möglichen Gefährdungen, feststellten. ... Also, es war eine vorliegende Gefährdung, und erst dann haben die Eltern wirklich den Ernst der Lage erkannt und haben gesehen, okay die Ärzte haben das erkannt, es ist schwarz auf weiß, wir müssen jetzt handeln. Haben sie dann auch diese Empfehlungen bis dato umgesetzt, nur ist immer noch diese Schwierigkeit, dass so diese Vorwürfe kommen: ‚ihr als Jugendamt habt uns zu spät informiert'. ... Ja, da wird einfach versucht die Verantwortung nochmal abzugeben. Das Jugendamt hätte ja schon früher was sagen können. Ja, das macht es natürlich auch weiterhin schwierig mit den Eltern, ja, Gespräche zu führen über das weitere Vorgehen, weil die in erster Linie uns als Feind sehen. Wir waren diejenigen, die die Kinder weggenommen haben, auch wenn es nur für einen kurzen Zeitraum war."

In der Zusammenarbeit mit den Eltern ist es entscheidend, ob die sozialpädagogische Fachkraft einen möglichst „niederschwelligen" Zugang zu den Eltern ermöglichen kann, um schon bei den ersten Anzeichen einer Vernachlässigung und/oder Gefährdung des Kindes, oder der Kinder, Hilfen und Unterstützung anzubieten. In diesem Zusammenhang ist es notwendig, dass ein regelmäßiger Kontakt bzw. der Austausch mit den Eltern und/oder den Erziehungsberechtigten stattfinden kann. Dies ist aufgrund der strukturellen Distanz des Allgemeinen Sozialen Dienstes oftmals nicht unmittelbar möglich. Daher sind die sozialpädagogischen Fachkräfte darauf angewiesen, dass die Akteur*innen im Kinderschutz sie rechtzeitig informieren und einbinden.

Wenn sich sog. „Kulturen" der Zusammenarbeit herausbilden, die je nach individuellen Haltungen, Handlungsanforderungen durch die Organisationen wie auch lokalen Gepflogenheiten sehr unterschiedlich sein können, kann mit immer gleichen Partner*innen ein „Hand-in-Hand-Arbeiten" entstehen (Münder 2017). Vielfach wird dann von einem „guten Funktionieren" der Arbeitsbündnisse bzw. der „Verantwortungsgemeinschaften" hinsichtlich der gemeinsamen Ausgestaltung von Handlungsabläufen im Kinderschutz gesprochen.

6.1.5 Thematisierung der Interessen der Kinder

Die Interessen der Kinder werden von sozialpädagogischen Fachkräften im Allgemeinen Sozialen Dienst wenig thematisiert. Es wird zwar betont, dass sie als Erwachsene stellvertretend für die Interessen der Kinder und die Rechte von Kindern auf Schutz, Versorgung und Beteiligung eintreten. Jedoch weisen die Interviewergebnisse sehr deutlich darauf hin, dass Kindern nur sehr zögerlich die Möglichkeit eingeräumt wird ihre Interessen zum Ausdruck zu bringen.

ASDREC028: „Ja. Also es kommt natürlich auf das Alter an, des Kindes. Sobald die aber in der Lage sind sich besser auszudrücken und auch verstehen können, was gerade da abläuft, spreche ich zumindest, und so ist es auch bei den Kolleginnen hier in dieser Etage der Fall, sprechen wir die Kinder auch an. Also heißt: Wir haben eine Meldung, häusliche Gewalt oder Vernachlässigung, ähnliches. Dann versuchen wir natürlich die Eltern erst mal vor Ort anzutreffen. Entweder sind die Kinder mit dabei, und wenn die Kinder nicht mit dabei sind, lade ich die nochmal persönlich hier ein ins Büro, oder besuche die in der Schule. Bis jetzt hatte ich auch noch keine Eltern, die dem nicht zugestimmt haben. Ich versuche die Eltern auch da raus zu halten, heißt: die Eltern warten vorne, und ich bin hier entweder alleine oder gemeinsam mit einer Kollegin, oder aber mit einer Familienhilfe im Gespräch. Einer Vertrauensperson, bei Bedarf. Und wenn es der Sache dienlich ist, wenn da natürlich Vermutungen bestehen, dass da Manipulationen stattfinden könnten im Vorfeld, dann müssen wir das natürlich versuchen irgendwie zu umgehen."

Um die leitmotivischen Vorgaben die Rechte und Interessen von Kindern zu stärken nicht vollumfänglich umsetzen zu müssen, wird auf Altersgrenzen und kindliche Entwicklungsverläufe verwiesen. Je nach Alter des Kindes oder der Kinder werden diese informiert und dies, obwohl die Verleihung von Grundrechten nicht an Altersgrenzen gebunden ist. Auch die reine Informationsweitergabe ist keine Partizipation (Shier 2001).

ASDREC16: „Auf jeden Fall. Das ist bei uns ... Steht das hier wirklich ... Also, ich finde schon einen ganz großen Stellenwert. Das muss ich schon ganz klar sagen. Dass wir Kinder sehr stark miteinbe... Also, wirklich sehr stark miteinbeziehen. Also die werden befragt. Die werden auch befragt, was sie so auch ...., was sie sich wünschen. Egal, welche Hilfe man miteinbezieht. Oder geht es um Umgang oder was auch immer. Kinder so .... Es ist natürlich immer situationsabhängig. Das ist auch ganz klar. Aber da, wo die Situation es zulässt, werden sie miteinbezogen. Das ist so."

Auch die nachfolgenden Positionierungen zeigen sehr deutlich, dass die Berücksichtigung von Kinderinteressen eher eine Ausnahme im professionellen Handeln der sozialpädagogischen Fachkräfte im Allgemeinen Sozialen Dienst darstellen.

Dabei sind gerade im Kinderschutz die professionellen Akteur*innen bei Fragen von Partizipation und Kinderrechten stark gefordert, um das Spannungsfeld zwischen Gefährdung (Vulnerabilität) und kindlichem Selbstbestimmungsrecht (Autonomie) auszuhandeln.

ASDREC044: „Ja und, also die Wünsche von Kindern, natürlich muss man Kinder immer nachfragen. Es gibt Situationen, wo ich denke, man kann sie nicht nachfragen, weil sie es nicht äußern können. Es gibt Situationen, wo wir Kinder überfordern, indem wenn wir von ihnen Antworten wollen, die sie gar nicht leisten können, weil sie nicht in der Lage sind sich diese Fragen zu stellen, weil sie nicht in der Lage sind, die Eltern in Frage zu stellen. Und das ist immer eine sehr ... da muss man sehr genau hingucken, was man Kindern zumuten kann an Fragen der Mitbestimmung. Und wo man sie einfach gnadenlos überfordert und wo man manchmal genau das Gegenteil damit erreicht, wenn man Kinder, ... ja, überfordert, wo sie den Entwicklungsprozess haben in der Abnabelung der Eltern oder in die Selbständigkeit, in die Autonomie unterbricht und sie eigentlich wieder zu den Eltern zurück treibt, wo sie sich gerade ein Stück weit ablösen, wenn man sie ... wenn man von ihnen was will, was sie noch nicht leisten können. Ich glaube°, das ist so eine ... da muss man einfach sehr sehr vorsichtig, und schon denke ich mal auch sehr mit viel Fingerspitzengefühl daran gehen."

Der Bezugsrahmen für die Umsetzung von Partizipationsmöglichkeiten variiert durch die Vorgaben der sozialen Einrichtungen als auch der konkreten Einsichten in die Notwendigkeit.

„Ja. Ähm. Ich sage mal, es gibt ja ganz klar. Also, ich kann ihnen eine Situation beschreiben im ambulanten Bereich. Äh, wenn flexible Erziehungshilfe eingeführt wird, dass man dann ähm mit .... Es ist natürlich wie alt die Kinder sind. 4-jährige kann ich natürlich schlechter fragen als , ich sage mal, einen 6-jährigen. Also, der weiß dann teilweise ... Also ne 4-jährige weiß ganz genau ... Aber, dass man einfach fragt, was sie denn für Wünsche haben. Was sie

für Erwartungen haben. Ob sie eine Idee haben, was zu Hause vielleicht besser werden könnte. Weil, so kann man auch, die Lebenswelt der Kinder auch .... Wie verstehen die denn ihr zu Hause? So kann man auch gezielter eine Hilfe einleiten. Ja?! Wenn ich .... Wenn ich denke, das ist gut, das heißt noch lange nicht, dass es für das Kind gut ist oder für die Eltern. Ähm, im abulant .. Im stationären Bereich ist es schon so, wenn es nicht eine Krise ist, und ich muss rein und eine Inobhutnahme durchführen. Ja, also das ist ja auch nochmal eine andere Sache, dass man, wenn es schon bearbeitet wird und man weiß, die Kinder werden stationär untergebracht, dass man dann, wenn die ein bestimmtes Alter haben, auch fragt ‚Gibt es etwas, wo du sagst, boah das kann ich gar nicht leiden?' oder ‚Magst du ne Ein ... Wo willst du denn?' Es ist ja nicht immer so einfach eine Einrichtung in der Nähe zu finden. Und da zu fragen: ‚Ist dir wichtig, zum Beispiel, vor Ort weiter zur Schule zu gehen? Ist dir wichtig deine sozialen Kontakte zu behalten, oder ist es für dich auch okay, wenn wir ein bisschen weiter eine Einrichtung suchen?' Und wir versuchen .... Es ist nicht, dass wir sagen: ja das machen wir dann auch so. Sondern aber zumindest die Interessen und Wünschen aufzunehmen und dann auch zu erklären, wenn es nicht so ist, warum es so geworden ist. Aber wir versuchen schon sie miteinzubeziehen und immer auch zu sagen: ‚Pass auf, wir sind jetzt gerade auf dem und dem Stand. Und auf dem und dem Stand.' Und auch bei der Auswertung mit den Kindern anzufragen im Rahmen des Hilfeplangesprächs' ‚Was denkst du, was wurde erreicht? Welche Ziele wurden erreicht?' aus deren Sicht. Das schon! Also wir beziehen die schon ein. Aber es ist natürlich immer situationsbedingt. Ist es einfach so. Weil, wenn eine Krise, eine Inobhutnahme ist. Ich habe eine Meldung, und ich gehe raus und ich gucke mir das an und merke: ‚Oh Gott! Das geht hier gar nicht!' ... Hatte ich noch nie so eine Situation, dass ich ad hoc jemanden rausgenommen habe, muss ich auch dazu gestehen. Aber sprechen mich viele immer an. Dann, wenn es wirklich so ‚Geht gar nicht', werden sie von uns mitgenommen."

Diese subjektiven Deutungen der professionellen Handlungsmöglichkeiten in der sozialpädagogischen Arbeit des Allgemeinen Sozialen Dienstes, Kinder über das Vorgehen der Fachkräfte im Kinderschutz zu informieren und ihre Wünsche zu berücksichtigen, also den Interessen der Kinder angemessenes Gewicht und Gehör zu verschaffen, können eingeordnet werden als „weicher Paternalismus". Es kann festgehalten werden, dass ein stellvertretendes Handeln i.S. des Schutzes von Kindern stattfindet, welches jedoch als verantwortliche Risikoabwägung seitens der Fachkräfte stets begründet werden müsste (Liebel 2017, S. 112). Die Frage danach, wie eine geteilte Verantwortung – je nach Lebenssituation – im Verhältnis von Kindern und Erwachsenen möglich sein könnte, kann durch die Positionierungen der sozialpädagogischen Fachkräfte nicht abschließend geklärt werden.

Zusammenfassend zeigt sich, dass die Handlungsspielräume der sozialpädagogischen Fachkräfte des Allgemeinen Sozialen Dienstes im Kinderschutz äußerst ziel- und zweckgebunden im Rahmen der gesetzlich vorgegebenen Aushandlungsprozesse zwischen Kinderrechten, Elternrecht und staatlichem Wächteramt gestaltet werden. Als überaus zentral wird die Berücksichtigung von situativen Kontexten im Kinderschutz angesehen, die es möglich machen, jeden Kinderschutzfall als einzigartig wahrzunehmen. So können die Modalitäten des professionellen Handelns jeweils im Kontext des kindlichen Rechtes auf staatliches Einschreiten bei einer vermuteten Kindeswohlgefährdung beschrieben und begründet werden (Verhältnismäßigkeitsprinzip).

Gleichfalls wird mit den vorgenommenen Positionierungen der sozialpädagogischen Fachkräfte im Allgemeinen Sozialen Dienst zur Wahrung bzw. Berücksichtigung von Kinderinteressen deutlich, dass die Fachkräfte ihr Wissen über Gefährdungsursachen, Gefahreneinschätzungen, „Verhütungsstrategien“ und Prognosen zu den möglichen Veränderungen familialer Lebensführungsmuster als Schlüsselkomponenten nutzen, um schwierige die Einschätzungs- und Beurteilungsfragen im Kinderschutz bearbeiten zu können.

6.2 Positionierungen der kindheitspädagogischen Fachkräfte in der Kindertagesbetreuung im Kinderschutz

Ausgehend von der Annahme, dass sich die Sichtweisen, Erwartungen und Haltungen der kindheitspädagogischen Fachkräfte in der Kindertagesbetreuung sich deutlich mehr an den widersprüchlichen Anforderungen, die im Rahmen öffentlicher Debatten zum Kinderschutz geführt werden, spiegeln, sind die Spannungsfelder von Recht und Schutz Gegenstand der Analyse des Datenmaterials.

Zentral sind zum einen die fachlichen Positionierungen, zum anderen die Verhältnisbestimmungen in der pädagogischen Zusammenarbeit mit den Kindern, ihren Eltern und anderen Akteur*innen im Kinderschutz. Es wird davon ausgegangen, dass die kindheitspädagogischen Fachkräfte in der Kindertagesbetreuung zentrale Akteur*innen im Kinderschutz sind (§§ 1 Abs. 3 und 8a KJHG) und in besonderem Maße frühe Anzeichen von Kindeswohlgefährdungen erkennen (Thurn 2017, S. 95f.).

Die kindheitspädagogischen Fachkräfte in der Kindertagesbetreuung haben einen gemeinsamen Alltag mit den Kindern und stehen auch mit den Eltern fast täglich in Kontakt (wie bspw. zu den Bring- und Abholzeiten). Vielfach verstehen sich die kindheitspädagogischen Fachkräfte in der Kindertagesbetreuung als Expert*innen bei der Herstellung von Wissen über Kinder, etwa durch die fachlich angemessene Modulation von Beobachtungen, Dokumentationen, der Erstellung und Besprechung von Bildungs- und Entwicklungsplänen (Peucker et al. 2010; Cloos et al. 2018; Faas 2015; 2013; Lochner et al. 2020, S. 513). Gleichwohl wird i.S. der Bildungs- und Erziehungspartnerschaft die stetige Zusammenarbeit mit den Eltern eingefordert.

Es wurden 30 kindheitspädagogische Fachkräfte in der Kindertagesbetreuung interviewt. Die Interviewfragen orientierten sich an den wahrgenommenen Differenzen des generationalen Dispositivs von Kindsein und Erwachsenensein, den Arrangements von Sozialisation in Familien, den pädagogischen Ansprüchen an die Eltern sowie den von den Fachkräften vorgenommenen professionellen Deutungen ihrer Handlungsspielräume im Kinderschutz.

Dabei spielte das Passungsverhältnis der subjektiven Handlungsbedarfe der kindheitspädagogischen Fachkräfte und der organisational gesetzten Vorgaben in der Kindertagesbetreuung eine besondere Rolle.

Anzahl der Interviewpartner *innen	Alter im Durchschnitt	Geschlecht	Funktion in der Organisation	Berufliche Qualifikation
30	40-50 Jahre	99% weiblich	überwiegend Leitung/wenige Gruppenleitungen	Fachhochschulabschluss Ausbildung zur Erzieherin

*Tabelle 3: Interviewpartner*innen – kindheitspädagogische Fachkräfte in der Kindertagesbetreuung*

Im Kontext dieser Aufstellung zeigt sich, dass insbesondere die Leitungen von Kindertagesbetreuungen das Thema Kinderschutz als äußerst relevant erachten und daher überwiegend als Interviewpartner*innen zur Verfügung standen. Die von den kindheitspädagogischen Fachkräften in der Kindertagesbetreuung benannten Positionierungen der Dimensionen ihres Handelns im Kinderschutz lassen sich in folgende fünf Themenfelder aufgliedern.

1. Für die Gestaltung der Prozessabläufe im Kinderschutz ist die Ausformung der *kindheitspädagogischen Handlungskompetenzen* der Fachkräfte in der Kindertagesbetreuung zentral.

2. Der *präventive Kinderschutz* ist eine relevante Handlungsanforderung der kindheitspädagogischen Fachkräfte in der Kindertagesbetreuung. Neben dem Schutz der Kinder vor Gefahren sind die vielfältigen kindlichen Entwicklungsbereiche und -dimensionen auszugestalten sowie frühe Bildung zu befördern.

3. Die *Zusammenarbeit* mit Akteur*innen des Kinderschutzes gestaltet sich vorwiegend innerhalb von Netzwerken.

4. Die Vorgabe der *Erziehungs- und Bildungspartnerschaft* in den Institutionen der frühen Kindheit begünstigt die Zusammenarbeit mit den Eltern. Handlungsleitend ist die Gestaltung eines offenen und respekt- wie auch vertrauensvollen Verhältnisses.

5. Die *Interessen* der Kinder selbst werden von den kindheitspädagogischen Fachkräften in der Kindertagesbetreuung i. S. eines latenten Paternalismus

wahrgenommen. Sie sind vielfach eingelagert in Prozesse der Herstellung von Wissen über Kinder.

Oftmals wird den kindheitspädagogischen Fachkräften in der Kindertagesbetreuung unterstellt, dass ihr Handeln eher von einem unspezifischen und wenig zielgerichten „Tun" geprägt sei. Die nachfolgenden Ausführungen zeigen, dass insbesondere das Handeln im Kinderschutz einer fachspezifischen Systematik folgt. Es wird davon ausgegangen, dass ein angemessenes, aufeinanderfolgendes und miteinander verbundenes Handeln das notwendig mehrperspektivische, verständigungsorientierte Vorgehen im Kinderschutz ermöglicht.

6.2.1 Kindheitspädagogische Handlungskompetenzen im Kinderschutz

Die kindheitspädagogischen Fachkräfte in der Kindertagesbetreuung begründen ihr Handeln im Kinderschutz durch spezielles Wissen über Bildung und Erziehung im Kindesalter. Zentral ist die Wahrnehmung der Kinder als Personen mit eigenen Bedürfnissen. Kinder sollen als Individuen mit der Gesamtheit ihrer Ausdruckweisen, wie etwa Sprache, Verhalten, Handeln, körperliche Verfassung oder non-verbale Ausdrucksweisen vorurteilsfrei angenommen werden.

KTREC023: „In ihrem Handeln, sage ich jetzt mal. Kinder, also ja, ach Gott, wie soll ich das denn jetzt beschreiben? Weil also, ich habe zwei Enkelkinder, und ich habe dann festgestellt, dass ich durch meine Enkelkinder auch nochmal ganz viel aus mir rausgeholt habe und gesehen habe: oh da musst du nochmal gucken. Du musst für deine Arbeit nochmal gucken, und ich bin immer wieder erstaunt, was Kinder in diesem kleinen Alter können, wollen und einem auch schon zeigen. Die kommunizieren ja auf ihre Art, die können noch kein Wort, aber die kommunizieren mit einem. Ja, die zeigen auch schon Ablehnung. Die zeigen, wenn sie jemanden mögen. Ja so, die kommen zum Kuscheln, wenn sie es also wollen. So, und ich finde das ist, das macht halt auch Kinder so aus. Ja, und natürlich muss man sie auch fördern, aber spielerisch fördern. Ja, und das kann man ja natürlich auch. Indem man, ja also sich eben halt auch viel Zeit nimmt für sie."

Aber auch die Anwaltschaft für Kinder, also „ein Sprachrohr und ein*e Vertreter*in des Kindes zu sein", das Kind bei der Wahrnehmung seiner Wünsche und Bedürfnisse zu begleiten, ist für die kindheitspädagogischen Fachkräfte in der Kindertagesbetreuung äußerst relevant.

KTREC013: „Kinderschutz bedeutet für mich ... Schutzbefohlene in ihrem Recht auch zu begleiten. Kinder wachsen auf, und Kinder sind in dem System ihrer Familie natürlich auch, in dem Glauben, dass es gut so ist, wie es ist.... Und die Kleinsten, die wir hier betreuen, die haben vielleicht eine Grundahnung, dass es vielleicht falsch sein könnte, was passiert, aber ... ich habe selten ein Kind erlebt, was zu mir kam und gesagt hat, ‚Meine Mama, mein Papa hat mir Unrecht getan. Meine Mama und mein Papa waren gemein zu mir und hätten mich geschlagen. Oder meine Mama mag mich nicht', oder sonst irgendwas. Sondern es sind eigentlich .... Es gibt schon ganz klare Kinder, die sagen, ‚Du meine Mama liebt mich nicht, und die sagt mir das'. Oder den Fall, den wir hatten, da weiß ich einfach, da weiß das Kind, was Sachlage ist. Da ist das Kind einfach emotional am Boden und sucht sich hier dann ... den Schutzraum. Aber (...) Aufgabe ist da, die Kinder einfach in ihrem Recht zu begleiten und aber auch da ganz sensibel zu sein, wo ihr Recht verletzt wird und die Fürsorgepflicht der Eltern verletzt ist und da einfach nochmal hinzugucken. Und auch notfalls zu schreien nach oben, wenn es nicht funktioniert ....“

Somit werden Bilder und Konzepte von Kindheit geformt, mit denen versucht wird den sehr „idealisierten Zustand“ von kindlicher Unschuld zu bewahren. Es entstehenden Narrative über die potenziell gefährdete Unschuld der Kinder, mit denen schützende Praktiken und Politiken gerechtfertigt werden. In unterschiedlicher Weise werden von den kindheitspädagogischen Fachkräften durch die Verwendung von Schutzrhetoriken Forderungen für eine Verbesserung der sozialen Realitäten für Kinder formuliert.

KTREC007: „Was für mich ein Kind ist? Das ist ein Mensch, erstens Mal ist es ein Mensch. So. Und dann ja eine Person mit ganz eigenen Entwicklungs(...)fähigkeiten, mit ganz eigenen Familienhintergründen, wo man ganz individuell gucken muss. Jedes Kind für sich angucken muss und jedes Kind für sich auch begleiten muss. Also man das ist jetzt ich kann da keine Käseglocke drüber stülpen und sagen: So, du machst jetzt genau wie die Anderen. Also gerade bei uns so jedes (...) da ist eine Gruppe von aus der Kultur, da ist eine Gruppe aus der Kultur. Da also wirklich das muss man so individuell begucken, damit man das im Haus zusammenführen kann. Also das ist schon das alleine ist eine Aufgabe. Und da den Kindern ein hier dann so einen sicheren Boden zu geben, das ist ganz wichtig dann.“

In den Positionierungen der kindheitspädagogischen Fachkräfte zeigen sich unterschiedliche Klassifizierungen der realisierbaren Handlungsmöglichkeiten im Kinderschutz. Ziel ist es, dass grundlegende Spannungsverhältnis zwischen den Dimensionen von Schutz und Handlungsfähigkeit auszutarieren. Zum einen sollen Kinder in ihrem Sein, ihrer Autonomie, im Hinblick auf ihre Möglichkeiten sich eine eigene Meinung zu bilden bzw. diese zu äußern gefördert sowie bestärkt werden, z.B. als elterliche Einflussnehmer und/oder Komplizen. Zum anderen sollen Kinder aber auch in der Entwicklung und Ausbildung von Anpassungsstrategien an familiale Bedingungen unterstützt und gefördert werden. Somit werden Kinder nicht immer nur als Adressat*innen von Hilfeleistungen konzipiert, sondern auch als aktive Subjekte, die an der Gestaltung ihrer sozialen Umwelten wesentlichen Anteil haben.

KTREC010: „Was sind für mich Kinder? Kinder sind für mich erst mal ganz spannend. .... Kinder sind für mich vollwertige Menschen und keine unfertigen Erwachsenen. Und Kinder sind für mich deshalb so ... einfach faszinierend, weil die so neugierig auf alles und auf jeden sind und erst mal für alles offen sind. Weil die aus (unv.) von uns geprägt sind. ... Das sind für mich Kinder. Ich finde Kinder einfach klasse. Kinder sind für mich nicht irgendwie aus Knete oder die man formen muss, sondern Kinder sollen ihren Weg finden. Und ich sehe mich einfach als .... Meine Aufgabe ist es, den Kindern möglichst viele Wege zu öffnen. Das sind für mich Kinder.“

Neben diesen Charakterisierungen von Kindern als Akteur*innen werden aber auch naturalistische Thematisierungen, die auf einem technischen Erziehungsverständnis beruhen, in der Wahrnehmung von Kindern als Noch-Nicht-Erwachsene, als „Wesen in Entwicklung“ immer wieder vorgenommen, ohne Bezug auf die unterschiedlichen Lebenssituationen von Kindern und ihren Familien zu nehmen.

KTREC019: „Jemand, der ganz unbedarft und ganz rein und frisch auf die Welt kommt und der geprägt wird durch Erziehung, durch Förderung, durch Alles, und sich daraus dann zu einem hoffentlich gut entwickelten Menschen ... entwickelt.“

Mit diesen Positionierungen der kindheitspädagogischen Fachkräfte in der Kindertagesbetreuung wird der professionelle Blick auf Kindheit als eine dynamische Phase der Entwicklung gerichtet, jedoch vielfach sehr romantisierend. Das Konstrukt eines idealisierten Zustandes von Unschuld in der Kindheit soll bewahrt werden und dient der Rechtfertigung von Schutzpraktiken. Kinder werden nicht nur qua Natur ihrer Familie zugeordnet, sondern auch das gesellschaftlich vorgegebene Set von sozialen und materiellen Beziehungen und Normen wird nicht hinterfragt.

KTREC010: „Kindheit? Oh das ist was total Schönes. Ja. Hätte ich auch gern nochmal. Also, Kindheit ist für mich Geborgenheit und ganz viel Liebe und ... Kindheit ist das, wo Eltern Kindern etwas in ihren Rucksack tun, an Werten und Normen und Allem, was dazu gehört, damit sie später eigenständig sein können.“

Dieser spezielle Blick auf die gesellschaftlich geprägten Wissensordnungen und Bedingungsfaktoren einer „guten“ Kindheit zeigt, dass das Konstrukt von kindlicher Unschuld nicht hinterfragt wird.

Kinder haben ein Recht auf eine „gute“ Kindheit. Mit dem Rückgriff auf eher als „nostalgisch“ einzuordnende Erinnerungen werden normative Orientierungspunkte für die Beurteilung von Familienzusammenhängen festgelegt und als eine alltäglich vollziehende Praxis immer wieder hergestellt.

KTREC030: „Kindheit ist sehr unterschiedlich. Ist dem Wandel und den Lebensumständen unterworfen. Für mich ist Kindheit, aus meiner persönlichen Erfahrung heraus etwas, das verbinde ich mit Familie, mit Geschwistern, mit Kontakt mit Gleichaltrigen, mit Aufgaben, aber auch mit Freiheiten. Und das ist etwas, was sich im Lauf der Jahre verändert hat. Also, für die Kinder heute sehe ich Kindheit stark verkürzt. Die Kindheit ist nicht mehr so lang, wie zu meiner Zeit. Das ist mein persönliches Empfinden. Die Kindheit der heutigen Kinder, ja, kommt auf die Definition darauf an, für mich ist es so: Sie endet mehr oder weniger mit dem Eintritt in die Schule. Spätestens da ist sie zu Ende. Das war zu meiner Zeit noch nicht so.“

Diese hier vorgenommene Positionierung weist auf Verhältnissetzungen in der Wahrnehmung und Deutung möglicher Privilegien in der Kindheit hin. Gleichzeitig werden Relationierungen der generationalen Abhängigkeiten und Machtverhältnisse vorgenommen, da eine Einschätzung der Lebenslagen von

Kindern subjektiv bleibt. Oftmals werden diese an die gesellschaftlich gesetzten Normen und Ideale einer „guten" Kindheit und „normalen" Kindheit zurückgebunden.

KTREC020: „Was sind Stärken von Kindern? Kinder sind unvoreingenommen, Kinder sind offen, neugierig, interessiert, wach, haben Lust am Leben, am Ausprobieren, ja sind absolut offen und gehen auf jeden zu und nehmen auch jeden an. Das ist das, was ich von Kindern wahrnehme. Je jünger sie sind, desto offener sind sie. Und je mehr der Einfluss der Umwelt dazu kommt, desto mehr kann es sich verändern. Nicht bei allen, aber bei den meisten mittlerweile. Also die Einflüsse von außen, aus der Familie, aber auch aus dem Umfeld prägen durchaus. Und wenn man beobachtet, also auch meine Beobachtungen sind: auch Einrichtungen haben Einfluss auf die Kinder und auf die Veränderungsprozesse der Kinder. Die Familie natürlich und auch das Umfeld, Freundeskreis, familiäre Begebenheiten, wie sind sie finanziell gestellt, was können die Eltern den Kindern bieten, und zwar jetzt nicht nur finanzieller Art, sondern auch zeitliche Ressourcen sind da ein ganz wichtiger Fokus. Und da verschiebt sich auch einiges. Also Kindheit nach meiner Definition, so wie ich es kennengelernt habe, verschiebt sich und hat sich massiv verschoben."

Neben der hier deutlich artikulierten tiefen Verantwortung der Eltern für das Wohl des Kindes, sowohl in materieller als auch in emotionaler Hinsicht, wir der Optimierung professioneller Arrangements in der Kindertagesbetreuung ebenfalls eine hohe Bedeutung zugemessen. Ziel des Handelns der kindheitspädagogischen Fachkräfte ist es, stets auf neu entstehende Situationen reagieren zu können, um das Wohl des Kindes in den Blick nehmen zu können.

KTREC033: „Und ich verstehe unsere Aufgabe darin zu sagen, okay, wo müssen wir denn hin für die Kinder? Oder wo könnte das Kind hin, wenn es denn die adäquate Förderung oder die adäquate Familienunterstützung hätte."

Deutlich wird in den Aussagen der Fachkräfte, dass es nicht das „eine" Wissen über Kinder und Kindheit gibt, sondern dass dieses immer wieder ausgehandelt wird und zwar im Kontext ihrer alltagsweltlichen Erfahrungen. Somit kann die Eigenrationalität der Wissensbestände (Dewe/Otto 2012, S. 197) und die daraus resultierenden Handlungsmuster deutlich werden.

Gleichzeitig wird aber auch sichtbar, dass Kindheit als eine Zeit der Unschuld und Unwissenheit konstruiert wird, die durch Gesetze, Politik und formale Bildungsstrukturen weiter ausgeformt wird. Unwissenheit bedeutet aber auch ohne Handlungsfähigkeit und ohne Sprache zu sein um Ängste, Wünsche, Fragen und Erfahrungen artikulieren zu können (Garlen 2019, S. 62).

KTREC030: „Nein, würde ich erst mal nicht sehen. Und zwar deswegen nicht, weil Kinder erst mal, ja, auch sich entwickeln und Schwächen herausbilden, würde ich dann sagen: Okay, man kann es immer nur vom Durchschnitt sehen, weil ich, meine Erfahrung hat mir gezeigt: Es gibt Kinder, die haben in Bereichen andere Fähigkeiten und Fertigkeiten als andere Kinder. Die in dem einen Bereich haben sie mehr, in den anderen Bereichen haben sie weniger. Was wir dann als Entwicklungsverzögerungen benennen, das sind dann halt so Dinge, die dann in dem allgemeinen Durchschnittsalter gesehen werden, aber wenn sie erst mal kommen, sehe ich jetzt kein Defizit an den Kindern selber. Eine Definition für Andere ist vielleicht auch noch eine Form, wenn Kinder mit sogenannten körperlichen Behinderungen zur Welt kommen. Das ist dann etwas, wo sie sagen als Einschränkungen. Aber auch da habe ich privat gelernt, dass das durchaus lebenswert sein kann und dass man das nicht als, ja wie soll man sagen, als absonderlich sehen sollte, sondern das ist halt einfach der Mensch, so wie er ist. Und da muss man halt mal gucken, das ist spannend, was sich daraus entwickelt und wie es sich weiterentwickelt, und welche Möglichkeiten bekommt er. Denn Möglichkeiten, das ist durchaus das, was sich zum Positiven, finde ich, getan hat. Es gibt so viele Möglichkeiten etwas zu tun für Menschen und auch für Kinder. Ja, man muss es zum Teil wissen, und man muss es zum Teil auch möglich machen."

Die Einschätzung der kindlichen Handlungskompetenzen wird zurückgekoppelt an individuelle, auch außerberuflich erworbene Vorerfahrungen und Haltungen. Begründet angeführtes Wissen aus den Beobachtungen und Interpretationen kindlichen Verhaltens und ihrer Handlungsweisen ist überaus zentral für die Einschätzung von notwendigen Handlungsanforderungen und Handlungsaufforderungen. Bei der Auseinandersetzung mit Kinderschutzfragen haben die hier benannten Aushandlungsprozesse einen hohen Stellenwert.

6.2.2 Präventiver Kinderschutz

Durch den § 1666 BGB wird eindeutig festgelegt, dass Gefahren für das Kindeswohl abzuwenden sind. Es geht also um die Vermeidung von zukünftig absehbaren Schäden für das Kind bzw. die Kinder (Hensen/Schone 2019, S. 19). Von den kindheitspädagogischen Fachkräften in der Kindertagesbetreuung werden als die wichtigsten Handlungsanforderungen im Kinderschutz die Prozesse der Beobachtung, der Thematisierung von Beobachtungen sowie der Aufmerksamkeit im Hinblick auf Veränderungen der kindlichen Handlungs- und Verhaltensweisen genannt. Unter dem Prozess des Beobachtens wird das aufmerksame Wahrnehmen von (möglichen) Merkmalen von Kindeswohlgefährdungen verstanden.

KTREC012: „Ja gut, es gibt ja schon ganz ganz sichtbare Merkmale. Wenn die Kollegen sagen beim Wickeln hier vielleicht: ‚Guck mal hier, guck mal da! Guckst du dir das bitte auch mal an. Das war noch nicht da'. Oder gut, muss man unterscheiden: blauer Fleck oder, wenn es dann das zweite oder dritte Mal irgendwelche komischen offensichtlichen körperlichen Beeinträchtigungen gibt. Das zum einen. Ungewöhnliches Verhalten vom Kind, es schlägt um und was weiß ich. Äußerungen dann auch im aktiven Spiel mit den anderen Kindern in der Beobachtung. Wenn es viel in diese Richtung geht. Das ist so ein gewisses Alter, wo sich Kinder damit auseinandersetzen; wissen wir ja alle, ist ja relativ normal. Wenn es ein Übermaß, oder vielleicht dem Alter auch überhaupt nicht angemessen ist in der Situation, das ist schon ein Zeichen, wo man dann auch mal hingucken muss. Und dann auch das Gespräch suchen, sich Hilfe holen."

Der Verweis auf grundlegende professionelle Handlungskompetenzen wird gerade im Kinderschutz von den kindheitspädagogischen Fachkräften als äußerst relevant angesehen.

KTREC024: „... Das Wichtigste ist die Beobachtung, weil ... es muss ja jemandem auffallen und wenn es niemandem auffällt, dann kann niemand reagieren. Also da dieses Feingefühl für die Beobachtung, und der Türöffner eben zu sein und Dinge da anzustoßen."

Die kindheitspädagogischen Fachkräfte in der Kindertagesbetreuung beschreiben ein Beobachtungs-Handlungskontinuum. Darunter verstehen sie die Übergänge zwischen Beobachten und Handeln, wenn sie zum einen den Verdacht haben, dass eine Kindeswohlgefährdung vorliegt, und zum anderen, wenn sie eine „latente" Kindeswohlgefährdung wahrnehmen.

Es geht also um die Bewältigung von Risikofragen, eine verantwortliche Risikoabwägung der Auswirkungen von Handlungsfolgen für das Kind und die Eltern. Also eine Abwägung von Eingriff und Nichteingriff für jeden Einzelfall (vgl. Hensen/Schone 2019, S. 19).

KTREC010: „Man merkt es einem Kind nicht an. Na klar, es gibt hier verschiedenste Hinweise auf Vernachlässigung oder so. Ob es jetzt eine seelische Vernachlässigung, eine Vernachlässigung natürlich im Hygienebereich, körperlichen Bereich, das sieht man als Erstes. Ist ganz klar, dass sie so was als Erstes mitkriegen. Dass Kinder, jetzt was haben wir hier für Fälle, dass Kinder zwei Wochen lang die gleichen Sachen anhaben. Oder, dass die Kinder die notwendigen Pflegeartikel nicht bekommen. Dass wir hinterherlaufen müssen, dass da Windeln kommen, oder so. Dass die Kinder nicht gut gewaschen werden. Diese offensichtlichen Dinge, die einen schon so anspringen. Dann gibt es eben die seelischen Dinge. Dass Kinder uns auch oft erzählen, dann halt. Dass sie allein zu Hause sind, oder dass die Eltern immer mit denen schreien und schimpfen oder so. Dass Kinder sowas dann schon mal erzählen. Natürlich, dann gibt es den krassen Fall, wo man dann eben auch Verletzungen sehen würde. Sieht man, ist aber auch schwierig. Bei den jüngeren Kindern fällt es natürlich eher auf, weil wir die wickeln und auch schon mal umziehen. Bei älteren Kindern, die ziehen wir nicht aus, oder um, oder so. Es sei denn, man sieht zufällig im Sommer schon mal eher was, wenn die kurze Sachen anhaben. Aber sonst, wir gehen ja nicht hin und sagen etwas. Wir kontrollieren ja nicht hier, ob die Kinder irgendwie etwas haben. Deshalb, so manche Sachen kriegt man einfach nicht mit. Das ist eben so."

Professionelles Handeln im Kinderschutz wird als präventives Handeln beschrieben, als ein Abwarten und Beobachten und/oder Handeln.

KTREC045: „Wachsam zu sein! Ganz wachsam zu sein. Aber auch nicht. Ja, auch das ist echt eine Gratwanderung, das so ... Wann macht man etwas, oder wann macht man auch nichts? Und oft ist es ja einfach, dass man schon dieses Bauchgefühl hat, dass man so vom Gefühl her denkt: irgendwas ist da nicht ganz stimmig; aber man es nicht so ganz greifen kann."

Die kindheitspädagogischen Fachkräfte in der Kindertagesbetreuung reflektieren sehr gründlich und sorgsam ihre Beobachtungen kindlichen Verhaltens oder Verhaltensveränderungen, den Äußerungen und Handlungsweisen von

Kindern, bevor sie weitere Handlungsschritte einleiten. Sie nehmen eine sorgsame reflexive und analytische Verhältnissetzung vor, da sie mit der Meldung eines sog. „§ 8a-Falls" weitere Entscheidungen treffen müssen – teilweise mit schwerwiegenden Konsequenzen für die Familien.

KTREC007: „Ja, also ich rate den Kollegen, also wenn die kommen und sagen dann, irgendwas beobachten und sagen: Ich weiß nicht. Dann sage ich: Hier, nimm so einen 8a-Bogen, nimm einen Bleistift einfach mal und mach mal, nur für euch, das muss nicht weitergeben und gar nichts. Aber das hilft manchmal schon festzustellen, wie ernst oder wie häufig ist das denn, oder wie intensiv ist das denn. Sodass, wenn die dann immer noch, oder wenn wir dann sagen: Ja, guck mal. Ist ja eigentlich doch. Was machen wir denn jetzt? Dann habe ich, dann bin ich eigentlich schon derjenige, der direkt zum Telefon dann auch greift und wir haben eine sehr Gute hier beim ASD (Allgemeiner Sozialer Dienst), die Frau XY, die kenne ich auch schon ganz lange, und die kann ich immer anrufen, für egal was. Und suche da mal erst den Austausch auch. Sag Mensch, wir haben hier, was meinen Sie: Sollen wir, sollen wir nicht? Man will sich die Eltern ja auch nicht verprellen. Wenn man, manche, wenn man denen zu nahekommt, dann schwupp, sind sie weg. Dann melden sie das Kind ab, oder sind einfach überhaupt nicht mehr auffindbar oder was."

Die Fachkräfte in Kindertageseinrichtungen beschreiben ihr professionelles Handeln im Kinderschutz als dauerhaften Austausch mit den Eltern. Beobachtungen, die auf mögliche Kindeswohlgefährdungen hindeuten könnten, werden systematisiert und mit den Eltern besprochen. Gleichzeitig findet ein Aushandeln über weitere Aktionen, Problemdefinitionen und Zuständigkeiten statt.

KTREC012: „Ja. Einen konkreten dauernden Austausch mit den Eltern. Dass man wirklich die Vorstellung abgleicht, den Eltern auch präsentiert, was haben wir für eine Haltung, was haben wir für eine Vorstellung auch überhaupt davon, wie das bei uns laufen soll. Warten natürlich bis zu einem gewissen Maß, dass die Eltern dann auch mit uns zusammenziehen. Ist ja insoweit gut, als wenn immer alles glatt läuft, weil es läuft ja selten alles glatt. Es geht jetzt nicht um Kindeswohlgefährdung, aber dass man einfach hier und da kleine Probleme hat und ja, dass wir den Eltern dann auch Tipps geben, die die vielleicht auch annehmen. Oder auch ein Gespräch gibt, oder auch die Eltern fragt: ‚Wie sieht es bei Ihnen Zuhause aus? Wie machen Sie das? Vielleicht können wir das auch in die Kita übertragen, wenn es klappt'. Ist einfach so."

Die fachlichen Logiken in den Handlungsaufforderungen im Kinderschutz orientieren sich leitmotivisch am beobachteten und wahrgenommenen Wohlbefinden der Kinder.

KTREC020: „Naja, dass man nicht wegschaut, ne. Und dass man halt sich abspricht mit anderen. Dass man das Kind im Blick hat. Dass man vielleicht einen Termin mit den Eltern ausmacht und das thematisiert. Dass man Hilfen anbietet, ob nicht die Familie Hilfe bräuchte. Dass man denen Adressen, Flyer, gleich was an die Hand gibt. Also man muss da wirklich die Eltern auch an die Hand nehmen, ohne sie zu bevormunden und erstmal auch in die Prophylaxe vielleicht rechtzeitig gehen und eben in diese Hilfsangebote. ... Ja. Und immer das Kind halt im Blick haben."

Die Sicherstellung des Wohlergehens der Kinder ist überaus zentral für das Handeln der kindheitspädagogischen Fachkräfte in der Kindertagesbetreuung. Grundlage für das fachliche Handeln im Kinderschutz bilden Beobachtungen, um eine mögliche Einordnung von kindlichen Verhaltensweisen zu ermöglichen. Sehr häufig wird auf die Bedeutung von Fortbildungen verwiesen, da diese es ermöglichen das berufliche Alltagshandeln zu reflektieren und auch revidierbar zu gestalten.

KTREC024: „Also ich sehe die Aufgaben, dass wir als Mitarbeiter wirklich erkennen, wenn was ist. Wir werden sicherlich nicht alles erkennen können, aber wir müssen sensibel sein, um möglichst viel zu sehen davon. Und einfach auch, wir müssen uns immer wieder fortbilden und schulen, dass wir wirklich auf dem Laufenden bleiben und wirklich so sensibel sind, dass wir wirklich alles mitkriegen."

Einer der wichtigsten Schwerpunkte professionellen Handelns im Kinderschutz wird mit dem Begriff „Anstoßen" beschrieben. Dabei geht es vorrangig darum, das präventive professionelle Handeln der kindheitspädagogischen Fachkräfte in der Kindertagesbetreuung zu beschreiben und einzuordnen.

KTREC021: „Naja, die Kinder zu beobachten, die Kollegen zu unterstützen und eben halt zum Wohl des Kindes zu agieren und das möglichst zügig, aber nicht in blindem Aktionismus, weil das auch keinem Menschen hilft! Also letztendlich ist es so, wir müssen es bringt uns gar nichts, wenn wir es so machen, dass die Eltern anschließend das Vertrauen in die Kita verloren haben und das Kind abmelden. Und das Recht haben die. Und deswegen finde ich immer, muss es so sein, dass auch, wenn schlimme Sachen passieren, und ich finde so was ist schlimm, dass man trotzdem einen Weg findet miteinander weiterzuarbeiten."

„Anstoßen" als Handlungsanforderung bedeutet, dass die kindheitspädagogischen Fachkräfte ihre Beobachtungen als „Türöffner" nutzen, um ins Gespräch mit den Kindern und Eltern zu kommen und dann „Schritte in die Wege zu leiten", die präventiven Kinderschutz ermöglichen.

KTREC012: „[Unbedingt] ja. Ich bin ja nicht in der Pflicht dem Kind insoweit direkt zu helfen. Schon aber das in die Wege zu leiten! Das hört sich jetzt doof an, aber doch, so ist es. Ich kann ja da nichts in die Wege leiten, das müssen andere Stellen machen, aber ich muss es anstoßen."

Häufig geben die kindheitspädagogischen Fachkräfte in der Kindertagesbetreuung an ihr Handeln mit ausgewählten frühpädagogischen und psychologischen Wissensbeständen abzugleichen. Deutlich wird bei nachfolgender Thematisierung, dass es der kindheitspädagogischen Fachkraft im Kontext ihres Fachwissens über frühe Kindheit, kindliche Entwicklung und Bildung darum geht, eine Einschätzung über eine mögliche Kindeswohlgefährdung zu treffen. Vielfach wird sich nicht nur kognitiv mit den Konzepten kindlicher Entwicklung auseinandergesetzt, sondern auch emotional, auch um kindliche Handlungsfähigkeit zu regulieren.

KTREC017: „Also, der erste Aspekt ist für mich einfach, wenn ein Kind ... gar nicht, sagen wir mal, selbstversunken, konzentriert, ausdauernd, altersentsprechend ausdauernd sich mit einer Sache beschäftigen kann, sondern in einer permanenten Hab-Acht-Stellung ist. Alles in der Gruppe mitbekommt, oft überangepasst ist, so ein bisschen die unauffällig Auffälligen. Die finde ich Die auffälligen Kinder, die haben wir auch im Blick. Und da wird das ... Kann auch sein. Das sind aber oft für mich nicht die Hardcore-Fälle, sondern diese überangepassten Kinder, die unglaublich hilfsbereit sind, die immer direkt zustürmen, wenn irgendwo eine Situation ist. Oder die ganz viel regeln müssen, auch bei anderen Kindern ganz viel regeln müssen. Also die Petzer. Ja?! So, und die immer ankommen: ‚Da ist aber ein Regelverstoß! Da ist aber ein Regelverstoß! Da ist aber ein Regelverstoß!' Das wären für mich die Kinder, die würde ich zuerst einfach mal hinterfragen, was ist das, wo kann da vielleicht an der einen oder anderen Stelle. Also, woher erschließt sich dieses? Woher kommt dieses Verhalten, was ... entwicklungspsychologisch nicht unbedingt als optimale Norm für das Alter ist."

Konträr dazu steht die Thematisierung von dem sog. „Bauchgefühl", als eine erfahrungsgeleitete Begründung für pädagogisches Handeln im Kinderschutz. Mit „Bauchgefühl" werden die Wahrnehmungen für Unstimmigkeiten und Gefährdungen hinsichtlich des Kindeswohls umschrieben.

Deutlich zeigt sich in der Verwendung dieses Begriffes, dass Wissen, welche nicht direkt zugeordnet oder zurückgebunden werden kann an fachliche und/oder rechtliche Begründungszusammenhänge, vielfach eine „naturalistische" Einordnung erfährt. Erst durch die Aushandlungsprozesse über Handlungsziele, Diagnosen, Problemdefinitionen und weitere Handlungsverläufe im Team erfolgt eine Weiterentwicklung der „praktischen" Wissensbestandteile und Herstellung von diskursiv-intersubjektivem Wissen.

Klar wird, dass diese Formen von Arbeitsbündnissen in der Kindertagesbetreuung grundsätzlich eine sehr hohe Bedeutung für die Herstellung von Wissen im Kinderschutz haben.

KTREC025: „Da zu haben! Dass auch letztendlich mehr Einrichtungen sich trauen mehr anzurufen. Ich sage immer: Es gibt ja keine doofen Fragen und einfach so dieses, dass die hinschauen. Weil, oft ist es ja tatsächlich das Bauchgefühl. Und ich finde immer, wenn Erzieher Bauchgefühl haben, weil die machen ja auch aus ... man kann .... theoretisch finde ich, immer ganz fantastisch ganz viel lernen. Und es ist: Ich erziehe im Prinzip, wie ich meinen Sohn erzogenen habe. So bin ich auch hier im Alltag. Ich bin immer klar für die Kinder, ich bin auch mal streng, aber ich habe das immer im Blick, und ich gehe ganz viel auf mein Bauchgefühl. Und wenn mein Bauchgefühl mir sagt, auch bei der Einstellung von Kollegen zum Beispiel ‚Nein.' dann kann ich mich in der Regel darauf verlassen. Und das kann ich bei meinen Leuten auch. Natürlich liegt jeder mal falsch, und man sagt so: ‚Uh, Bauchgefühl, nicht so toll.' Ja super, man stellt hinterher fest, uh okay, war genau andersrum. Aber wenn meine Kollegen kommen und sagen: ‚Ich habe da so ein ganz komisches Bauchgefühl.', dann kann ich mich darauf verlassen, und wir gucken näher hin. Und dass eben, sobald das in der Einrichtung irgendeine Kollegin sagt, dass das nicht abgetan wird mit, ‚ach Quatsch!', sondern tatsächlich: ‚Uh, du hast ein komisches Bauchgefühl? Warum?' Dass ich mir die Situation schildern lasse, dass ich das ans Team weitergebe und sage: ‚Leute guckt nochmal hin! Ihr seht die da in dem Bereich, guckt mal da beim Wickeln, oder sonst irgendwas. Und dann gebt ihr mir mal Rückmeldung'. Dass ich zum einen meine Kollegin damit stärke, dass sie sich weiterhin auf ihr Bauchgefühl verlassen soll. Auch wenn es mal daneben geht. Ja, und dass meine Kollegin auch merkt s,o ,Okay, ich bin nicht alleine mit meinem schlechten Bauchgefühl', weil das finde ich ganz schlimm. Dass wenn Kolleginnen dann irgendwann mal da vielleicht sitzen und in Tränen ausbrechen, weil sie es nicht mehr aushalten können. Also das ist auch so bei uns ganz klar Praxis. Wenn was ist, meine Tür steht immer auf! Kommt, redet mit mir! Wenn ihr das nicht vor dem Team sagen wollt, dann kommt zu mir: ,Haste mal den Moment?' Dass ich das vielleicht auch weitergeben kann, weil die Kollegen teilweise so belastet und gerade, was, wie gesagt, Kinder, und dann muss doch was passieren. Man hat ja immer das Gefühl so eben, genau, das ist am besten schon gestern. Und dann fällt uns das ja so schwer auszuhalten, weil wir ja die Kinder sehen und vielleicht auch sehen, wie Kinder darunter vielleicht auch leiden. Und wären dann ja wie bei der einen ,Maus', die tatsächlich teilweise ja wirklich so massiv nach Rauch und Katzenurin gerochen hat. Wir haben angefangen die Wäsche hier zu waschen. Wir haben die morgens umgezogen. Die Sachen haben die Eltern auch nicht mit nach Hause bekommen. Die haben dann. Ich meine wir haben dann, durften die dann wieder umziehen, damit die saubere Wäsche hier bleibt, weil die Kinder da einfach stehen und sagen ,Geh weg! Du stinkst.'. Es ist auch für eine ,Maus' dann wirklich so schlimm, und das fällt uns dann ja. Das bricht uns ja das Herz, weil man will ja das Beste für die ,Maus'. Und dann reagieren Eltern nicht, oder ein ASD (Allgemeiner Sozialer Dienst) nicht. Deswegen finde ich es immer ganz wichtig, dass man sich meldet und dass man sagt und dass wir drüber sprechen. Dass man das auch los werden kann, dass es einem nicht alleine so geht und nicht auch auf den Schultern von einer Kollegin, sondern auf allen Schultern lastet. Damit lässt sich [das hier leichter ertragen]."

„Wachsamkeit" ist eine zentrale Handlungsanforderung für die pädagogische Arbeit im Kinderschutz. Die kindheitspädagogischen Fachkräfte beschreiben eine sensible, kritische und konzentrierte Aufmerksamkeit als zentrales Handlungsziel beim alltäglichen „Beobachten" der Kinder und ihrer Eltern bzw. Erziehungsberechtigten. Alltagsbeobachtungen als Grundlage für weitere Handlungsstrategien und mögliche Problemdefinitionen sind äußerst zentral. Handeln im Kinderschutz beruht häufig auf subjektiven Wahrnehmungen und Deutungen und nicht auf (vermeintlich) objektiv einzuordnenden Situationen.

KTREC019: „Wachsam zu sein! Ganz wachsam zu sein. Aber auch nicht ... Ja, auch das ist echt eine Gratwanderung, das so ... Wann macht man etwas, oder wann macht man auch nichts? Und oft ist es ja einfach, dass man schon dieses Bauchgefühl hat, dass man so vom Gefühl her denkt: Irgendwas ist da nicht ganz stimmig; aber man es nicht so ganz greifen kann."

Dabei geht es nicht darum die Kinder oder Eltern zu kontrollieren, sondern stets in präventiver Weise Möglichkeiten einzuräumen, ins Gespräch zu kommen und deutlich zu machen, dass die Interessen und sozialen Situationen der Kinder von den kindheitspädagogischen Fachkräften wahrgenommen werden.

KTREC002: „Wie gesagt, habe ich ja vorhin schon, dass man einfach die Kinder sensibilisiert, was ist normal und was ist nicht normal, was kann mir passieren. Und Kinder, die ja so mit Gewalt aufwachsen, für die ist ja Gewalt normal, die denken ja, da ist es in anderen

Familien genauso. Das ist ja immer das, ne. Also, ob das sexueller Missbrauch ist, ob das Schläge sind, wenn das eben für die Kinder täglich kommt, denken die das ist bei anderen auch so. Weil Kinder unterhalten sich nicht ... sagen nicht: ‚Hey, hast du gestern eine gepatscht gekriegt oder nicht', oder irgend solche Sachen. Und dafür zu sensibilisieren, was ist schön und was ist nicht schön, wie sollte man zusammenleben, wie sollten Mama und Papa zusammenleben, wie sollten wir das gestalten. Das denke ich mal, das ist unsere Aufgabe den Kindern zu zeigen, wie ist das Zusammenleben miteinander, muss ich mich schlagen, kann ich miteinander reden. ... Und solche Sachen. Und das ist auch nochmal so ein Punkt, wo man da sieht, wenn Kinder einfach so andere so rabiat behandeln. Dann sind man auch oft, da ist die Hand manchmal locker. Da muss man halt immer gucken, ne. ... Was eben auch denke ich mir immer sehr ..., wir gucken immer so sehr auf die körperliche Gewalt, was mir so ein bisschen ... jetzt so ist, dass eben auch manchmal diese psychische ... ja, also dieses Schimpfen: ‚Du bist nicht wert', das finde ich manchmal viel schlimmer, sage ich einmal. Oder wenn Eltern einfach keine Zeit mehr für die Kinder finden, Fernseher ständig, solche Sachen, immer abgeschoben. Ist für mich auch so ein Maß, wo ich sage, da fängt es bei mir schon ein bisschen an. ... Und das verkennen glaube ich viele. Wenn Kinder einfach, ja, nicht mehr Kinder sein dürfen. Keine Liebe Kriegen, kein Schutz kriegen, keine Zeit kriegen. Und das versuchen wir den Kindern halt zu vermitteln, dass jeder wichtig ist, dass jeder für sich wichtig ist. Und dass die Kinder gestärkt werden, ich kann was, ich bin was und wenn ich was nicht mag ... also unser Schlachtwort ist hinten, lass das, ich hass das. Und das setzen die Kinder auch hier vermehrt ein, wenn die jetzt spielen und ein anderer drängt die zu was, sagen die das auch wirklich, lass das ich hass das oder lass das sein, ich mag das nicht. ... Und das haben wir mit den Kindern richtig geübt. Ja, eine wichtige Arbeit einfach dann die Grenzen gegenseitig zu respektieren. Ja, ich meine, viele Kinder haben ja eh wenig Chancen. Und zu Hause ja sowieso schon fast gar nicht, wollen wir es mal so sagen, wie es ist. Wo wollen sie denn sonst hin, sie müssen ja da hin. Aber man kann sie bestärken zu sagen, da ist was, was mir nicht gefällt und das kann ich auch äußern, egal wo, es passiert mir nichts, wenn ich es äußere. ... Und da sollten wir die Kinder bestärken."

Wie an diesen Situationsbeschreibungen deutlich wird, sind Maßnahmen, die präventiven Kinderschutz ermöglichen, äußerst relevant für die Ausgestaltung von Handlungsspielräumen in den Kindertageseinrichtungen.

Der Ausbau präventiver Ansätze, wie bspw. Gesprächsangebote für die Kinder oder auch für die Eltern beim Bringen oder Holen der Kinder, stehen im Fokus der Aufmerksamkeit des professionellen Handelns der kindheitspädagogischen Fachkräfte in den Kindertageseinrichtungen. Dabei wird betont, wie wichtig der ständige und „niedrigschwellige" Kontakt und Austausch mit den Eltern bzw. Erziehungsberechtigten ist, um möglichst früh und rechtzeitig Anzeichen für Belastungen, Stress, Vernachlässigung und möglichen Gefährdungen wahrnehmen zu können.

*6.2.3 Zusammenarbeit mit Akteur*innen im Kinderschutz*

Die kindheitspädagogischen Fachkräfte in der Kindertagesbetreuung arbeiten mit sehr unterschiedlichen Berufsgruppen und Fachstellen im Kinderschutz zusammen. Dabei ergeben sich im Austausch mit anderen Disziplinen widersprüchliche Anforderungen für die pädagogische Arbeit in den Kindertageseinrichtungen.

KTREC010: „Aber wir haben ein ganz klares Konzept hier in XX. Und da sind wir ja auch alle darauf gebrieft worden bei Veranstaltung. Es ist aber auch so, dass wir die Kollegen, auch gerade von der Beratungsstelle, jederzeit zur anonymen Fallbesprechung schon mal holen können, schon vorher. Wenn wir schon Bauchschmerzen irgendwo haben, bevor wir überhaupt in die 8a-Richtung gehen und sagen: Hm, ne. Dann können wir die Kollegen schon dazu holen, können eine anonyme Fallberatung machen und können dann sagen: Könnt ihr uns mal sagen, worauf wir besonders achten müssen. Oder die geben uns Tipps, wie wir vielleicht schon mal ins Elterngespräch gehen können. Das funktioniert wirklich gut, die Zusammenarbeit. Die funktioniert wirklich so gut. Lang gewachsene Netzwerke. Die funktioniert wirklich so gut, dass man auch einfach mal anrufen kann und sagen kann: Kannst du mir mal eben sagen? Kannst du mir mal eben kurz weiterhelfen? Worauf muss ich jetzt mal besonders gucken, oder wo kann ich da mal darauf achten?“

Die Zusammenarbeit im Kinderschutz wird insbesondere beeinflusst durch die Informationsweitergabe bei Hinweisen auf Kindeswohlgefährdung. Deutlich wird in den Positionierungen der kindheitspädagogischen Fachkräfte in der Kindertagesbetreuung, dass durch Verständigung und Verstärkung des Austauschs der Akteur*innen in den Kinderschutznetzwerken deutlich nachhaltiger auf mögliche Belastungen und Gefahren für die Kinder reagiert werden kann. Und auch die Gefährdungseinschätzung der kindheitspädagogischen Fachkräfte ist gekennzeichnet durch eine verantwortliche Risikoabwägung für die Kinder und ihre Eltern.

KTREC011: „Das gibt es auch. Da ist dann so ein Schutzplan auch erstellt vom Jugendamt. Wir sind darüber informiert, der liegt uns auch vor. Und wir sind da auch im ständigen Austausch. Haben dann auch Dinge festgelegt, wirklich. Auch Aufgabenbereiche, quasi worauf wir achten müssen, welche Maßnahmen wir ergreifen und, und, und... Ist natürlich sehr hilfreich. Es gibt aber auch Fälle, wir hatten hier mal einen konkreten 8a-Fall, da haben wir die Eltern nicht vorher mit reingenommen. Wir haben lange, lange immer mit den Eltern im Gespräch gestanden. Und es ging und ging nicht weiter. Und da haben wir eine Meldung gemacht, also haben uns mit der insofern erfahrenen Fachkraft zusammengesetzt, ohne vorher nochmal die Eltern darüber zu informieren. Weil, es ging nicht. Wir kamen einfach nicht mehr weiter. Und haben dann hinterher gemeinsam aber mit den Eltern und den Kollegen klären können. Weil wir gesagt haben: Wir haben ein...., wir können nachts nicht mehr ruhig schlafen, so ungefähr. Kommen da aber mit den Eltern nicht mehr weiter. Wir kommen da nicht mehr daran. Die Beziehung ist schon so kaputt. Durch unser ständiges Intervenieren.“

In der Zusammenarbeit mit den Akteur*innen im Kinderschutz wird auf die Fachkompetenz der sozialpädagogischen Fachkräfte des Allgemeinen Sozialen Dienstes verwiesen. Diese könnten durch die Wahrnehmung des staatlichen Wächteramtes Gefährdungseinschätzungen und Inobhutnahmen durch Problemdefinitionen und eine Festlegung von Eingriffskriterien steuern.

KTREC021: "Der ASD (Allgemeine Soziale Dienst) hat ein unheimliches Aufgabenbild. Für mich steht an erster Linie auch, was leider vielen Eltern gar nicht so bekannt ist, Prävention. Ich finde es ganz toll, und ich nutze das auch, wenn Eltern zum Beispiel zu mir kommen und mir mitteilen, dass sie beabsichtigen sich zu trennen. Dann empfehle ich denen schon erst die zu kontaktieren. Weil ich sage: Die kommen sowieso irgendwann. Stehen die sowieso da. Wenn es um Sorgerecht geht oder so. Können sie doch vorher schon mal gemein, wenn sie es jetzt schaffen, gemeinsam zu sagen: Wir wollen uns trennen, gehen sie doch schon mal gemeinsam hin, lassen sie sich beraten oder so. Das finde ich sehr, sehr wichtig, diese beratende Funktion vom ASD, dass sie nicht nur als Feuerwehr agieren. Und ich finde das sehr schade, dass das in der Öffentlichkeit noch nicht so da ist, dieses Positivbild."

Die Zusammenarbeit mit anderen Akteur*innen des Kinderschutzes wird sehr häufig durch die „insoweit erfahrenen Fachkräfte" koordiniert. Vielfach haben die kindheitspädagogischen Fachkräfte in Kindertageseinrichtungen die Unterstützung durch die „insoweit erfahrenen Fachkräfte" betont, wenn es darum geht Belastungs- oder Gefährdungslagen einzuschätzen (sog. Verhältnismäßigkeitsprinzip).

KTREC012: „Also, wenn ich da einen Fall hätte, ist ja erst mal in der Regel, geht es ja um Verdachtsfall. Ist ja niemals klar, dass irgendetwas ist. Wäre ganz klar der Weg als die insoweit erfahrene Fachkraft und natürlich auch der Träger. Einfach Rücksprache mit dem Träger, um die weitere Vorgehensweise einfach abzustimmen. Ich tät, glaube ich, erst mal so auch Hilfe holen. Nein, um Gottes Willen, da scheucht man ja vielleicht was auf, was man gar nicht steuern kann, was man gar nicht will. So Kinder miteinzubeziehen, die Eltern – an der Stelle mit Sicherheit noch nicht! Und ich nicht alleine, was so ein heikles Thema betrifft."

Deutlich wird in diesem Zusammenhang die Wahrnehmung der Einschätzungen von Kindeswohlgefährdungen durch die kindheitspädagogischen Fachkräfte in der Kindertagesbetreuung als Merkmal professionellen Handelns.

Wenn die „insoweit erfahrenen Fachkräfte" die kontextgebundenen Einschätzungen der kindheitspädagogischen Fachkräfte in Kindertageeinrichtungen anerkennen und „ernst" nehmen, kann Zusammenarbeit dauerhaft gut gelingen. Aber auch die Wirksamkeit einer interdisziplinären Falldiagnostik wird diskutiert, um die schwierigen Beurteilungsfragen zu bewältigen und die teilweise sehr episodenhaften Kinderschutzverläufe einordnen zu können.

KTREC020: „Wie wir einen Fall einschätzen. Wenn ich dann mit der insoweit erfahrenen Fachkraft spreche, ist das dann auf Augenhöhe. Die sagt das ist berechtigt. Da müssen wir gucken. Wie sind Sie denn dazu gekommen? Und wir gucken jetzt. Welche Richtung soll es gehen? Und dann wird die Einschätzung von mir als Leitung, wird die Einschätzung von der Kollegin, die mit dem Kind arbeiten und die Einschätzung der insoweit erfahrenen Fachkraft, und dann ergibt sich das Gesamtbild. Wenn ich jetzt sage als Leitung Der Verfahrensweg ist ja so bei uns im Haus und in anderen Häusern so, die Leitung am Ende steht und sagt: ‚Ja, da ist es jetzt brenzlig. Da müssen wir jetzt einen Schritt weitergehen', dann ist das schon so, dass das vom ASD (Allgemeinen Sozialen Dienst) nochmal hinterfragt wird oder dann auch: ‚Ja, das können Sie jetzt nicht so beurteilen'. Ja, das ist jetzt so die Freiheit der Eltern. Man muss ja nicht in den Kindergarten kommen."

Sowohl die von den Organisationen geschaffenen Rahmenbedingungen als auch die Einbindung der kindheitspädagogischen Fachkräfte in die Netzwerke des Kinderschutzes sind äußerst relevant für die konkrete Ausgestaltung der Zusammenarbeit.

KTREC017: „Ja, ja, ja. Und ähm genau das ..., da hat das Jugendamt damals aber auch mit allen ...., das beinhaltete eben auch diese Schulungen. Das war eben so ...., was willst du mit insoweit erfahrenen Fachkräften. Wir arbeiten auf der anderen Seite aber auch punktuell eng mit dem ASD (Allgemeinen Sozialen Dienst) zusammen. Weil da eben auch ein Sacharbeiter, sage mal, für unseren Bezirk jahrelang tätig ist. Und das hat immer so den Vorteil, wenn man sich kennt und ein Gesicht hat. Dann geht manches auch im kleinen Dienstweg. Auch mal nur eine Nachfrage, die jetzt vielleicht auch mal anonymisiert ist. Aber wir sind da jetzt also auch in Hilfeplangespräche mit eingebunden worden. So dass es eigentlich ganz. Wir mussten da zwar ein bisschen manchmal vehement für auftreten. Also ich habe auch in einem Fall ..., wollte der ASD in einem Fall eines Kindes eine Entscheidung treffen. Da habe ich gesagt, wenn Sie die Entscheidung so und so treffen, machen wir sofort einen 8a-Fall daraus. Und dann war natürlich direkt 8a. Müssen sie ja reagieren. So nochmal. Und da wird man auch nochmal anders wahrgenommen und nochmal gehört. Da kann man das nochmal anders darlegen. Also das fand ich schon."

Es kann daher zusammenfassend festgehalten werden, dass die konkrete Ausgestaltung der Zusammenarbeit mit anderen Akteur*innen des Kinderschutzes durch ein Konglomerat von unterschiedlichen Faktoren ausgestaltet wird.

Dies sind sicherlich zum einen die Möglichkeiten der Informationsweitergabe, z.B. durch die Einbindung in Kinderschutznetzwerke; aber auch das persönliche Engagement der Akteur*innen spielt eine große Rolle sowie mögliche Übereinstimmungen in den fachlichen Einschätzungen der teilweise sehr episodenhaften Belastungs- und Gefährdungslagen, der Wahrnehmung von hochgradig ambivalenten elterlichen Verhaltensmustern durch die Fachkräfte im Kinderschutz.

KTREC023: „... Ja, ich kann Ihnen eine ganz harte Situation beschreiben. Und zwar habe ich ein Kind in meiner ehemaligen Kindertageseinrichtung betreut, die...., und das Kind hat dann erzählt, ‚der Papa, das war nicht der Papa', sondern das war im Prinzip der Freund der Mutter. Hat zur Mama gesagt, sie soll ihm jetzt mal einen runterholen. So, und das hat sie erzählt in der Gruppe ganz unbedarft, und ich habe den Sozialarbeiter sofort angerufen und hab dann ...., ich kannte diesen Sozialarbeiter also auch, und dann habe ich ihm das geschildert, und seine Antwort war: ‚Ja und? Was ist passiert?'. ... Und von dem Tag an war meine Zusammenarbeit mit diesem Sozialarbeiter erledigt. Geht gar nicht darum, was passiert."

Deutlich wird an diesem Beispiel, dass auch – trotz aller gesetzlichen Vorgaben – Entwürfe und fachliche Bestimmungen von „Kindeswohl" und „Kinderschutz" konfliktvoll aufeinandertreffen können.

KTREC020: „Dass die mich nicht... dass die nichts sagen, dass die machen, was sie wollen, dass die uns nicht informieren und nur Informationen von uns bekommen. Und fand das ganz eigen und habe dann aber mich rückversichert, dass das halt so läuft. Und dann bin ich zum

Arbeitskreis ... zu einer Infoveranstaltung, wie der ASD (Allgemeine Soziale Dienst) arbeitet, wo ich das auch nochmal ... naja ich musste mich ja dann schlau machen, ich kann ja dann da nicht irgendwie persönlich beleidigt sein. Nein, quatsch, ich habe es nicht verstanden und fand das so eine, ja, so halt so sehr einseitig, von wegen geben und nehmen. (...) Und dass wir halt erstmal nicht informiert werden. Also wie machen wir es mit dem Kind? Wir leiten es in die Wege, wir halten aus, aber dann haben wir nichts mehr zu sagen. Das ist nicht so ohne, aber es ist so. Und wenn man weiß warum, und was dann dahintersteckt, dann passt das auch."

Vor dem Hintergrund dieser von den kindheitspädagogischen Fachkräften in der Kindertagesbetreuung geschilderten subjektiven Erfahrungen in der Zusammenarbeit mit Akteur*innen des Kinderschutzes wird deutlich, dass die Qualität eines möglichen gemeinsamen Austausches und der Zusammenarbeit von vielen Faktoren abhängt. Neben der Verfügbarkeit von zeitlichen und finanziellen Ressourcen, mit denen eine Zusammenarbeit ausgestaltet werden kann, spielen mögliche Begrenzungen der Handlungsspielräume durch unzureichend wahrgenommene Fachlichkeit oder auch individuelle Haltungen zur Wahrnehmung von Aufgaben, die sich besonders auf die Informationsweitergabe beziehen, im Kinderschutz eine sehr große Rolle.

6.2.4 *Thematisierung von Wissen über das Kind bzw. die Kinder: Erziehungs- und Bildungspartnerschaft*

Die Zusammenarbeit mit Eltern ist durch die Vorgabe der Bildungs- und Erziehungspartnerschaft in den Kindertagesstätten geregelt. Dabei spielen einrichtungsinterne Strukturen und Bedingungen für die Zusammenarbeit mit Eltern eine wesentliche Rolle. Fokussiert wird von den kindheitspädagogischen Fachkräften in der Kindertagesbetreuung, dass Eltern möglichst freiwillig an den Gesprächen teilnehmen und bereit sind sich auf die Angebote der Kindertageseinrichtungen einzulassen.

KTREC007: „Transparenz ist ganz wichtig. Das, was wir hier tun, den Eltern transparent zu machen, weil wir eben ganz anders agieren als die Eltern, die meisten jetzt hier gewohnt sind. Und da die Eltern mit ins Boot zu holen, ist mein Wunsch immer gewesen, ist aber ganz schwer. Also wir haben festgestellt, dass die Form der Elternarbeit ganz anders ist, als, wie gesagt, weil ich geh zum XX, da ist eine kleine Siedlung, da ist ein Kindergarten, ein zweigruppiger. Da ist ja ein ganz anderes Klientel. Fast nur Deutsche, da finden Sie also nur deutsche Familien. Und hier ist das, ja dadurch, dass wir so viele Eltern haben, die wollen was anderes. Die wollen kommen, wollen sich hinsetzen, wollen Kaffee trinken und quatschen. Und Kuchen essen. Das gehört für die zu einem Zusammentreffen dazu. Wenn ich jetzt pädagogische Elternabende oder Nachmittage angeboten habe und wenn jemand war vom Kinderschutzbund oder ‚Fit für Kids' oder irgendwas so, ... dann kommen 3 oder 5 und wir sitzen mit mehr Mitarbeitern als mit Eltern da. Die wenigstens springen darauf an. Ich muss die Eltern anders kriegen. Ich mache ein Elterncafé, ich habe eine Rucksackgruppe, als so. Ich habe für Frauen eine Müttergruppe gemacht und habe mit denen Deutsch gelernt. Dann haben wir Spaß gehabt, dann haben wir gekocht zusammen oder so. Die so zu kriegen und zu versuchen, so rauszukriegen, wie es bei denen zuhause zugeht. Die so ein bisschen auf meine Seite zu holen und ihnen darüber zu vermitteln, was für ihre Kinder wichtig ist. Aber das ist auch ein schwieriger Weg, und da muss man immer dran bleiben."

Die Elterngespräche sind dabei wesentlicher Bestandteil der Informationsweitergabe. Sie werden i.S. einer aktiven Ausgestaltung einer Begegnungskultur von den kindheitspädagogischen Fachkräften in der Kindertagesbetreuung nicht nur für die verpflichtenden Beobachtungs- und Dokumentationsprozesse genutzt, sondern auch für die Weitergabe von Wissen über die Kinder.

KTREC023: „Ja, oh da könnte ich jetzt was ganz Hartes sagen. Also wenn da überhaupt gar keine Kindeswohlgefährdung vorliegt, sage ich jetzt mal, und Eltern so überzeugt sind von ihrem Erziehungskonzept und wir also, ich sage jetzt mal, acht Gespräche im Jahr geführt haben; also das gibt es, das ist jetzt so ein aktueller Fall. Dann muss man die Sache manchmal auch laufen lassen. Ich finde immer so eine Kita ist wie ein großes Boot, wie so ein großes Schiff, und ein Schiff hat Beiboote. Und manchmal fahren auch zwei oder drei Beiboote hinterher. Das ist so. Nicht wenn es sich um Kindeswohlgefährdung handelt! Dann würde dieses Beiboot niemals hinter uns herfahren, sondern dann würde man sich auf den Weg machen – egal wie unangenehm die ganze Geschichte ist, weil dann steht das Kind im Mittelpunkt! Und dann wäre natürlich das Vertrauensverhältnis total gebrochen. Ja, das ist also so und muss aber auch nicht sein. Wir haben auch schon Fälle gehabt, wo wir wirklich auch gut mit flexiblen Erziehungshilfen dann oder mit systemischer Familienberatung so zusammengearbeitet haben. Aber es gibt eben halt so, ich sage jetzt mal so normale Elternschaft, die als Helikoptereltern ja auch glauben sie machen alles richtig, die ziehen wir dann hinterher. Spätestens in der Schule kommt es dann zum Knall. Dann kommen manchmal auch Eltern zu uns und wollen dann nochmal Rat haben, und dann sagt man ihnen ... Also, wichtig ist auch so die Ehrlichkeit. Also den Eltern dann auch zu sagen: ‚Wissen Sie, wir haben jetzt im Jahr acht Gespräche immer über dasselbe Thema geführt, ja? So, wir haben Ihnen Hilfsangebote gemacht – Sie haben nichts angenommen!' Dann fühlt man sich auch irgendwann als Erzieher(in) nicht mehr [wertgeschätzt]. So und ja dann ist das so."

Die subjektiv gewonnenen Erfahrungen in der Zusammenarbeit mit den Eltern können aber auch dazu führen, dass bewährte Handlungsabläufe und die damit verbundenen Handlungsrationalitäten bzw. -begründungen in Frage gestellt werden. Das zur Realisierung der beruflichen Arbeit erworbene kindheits-pädagogische Wissen wird in unterschiedlichen Situationen und Fallkonstellationen eingesetzt.

KTREC12: „Das kommt ein bisschen auf das Thema an. Ein bisschen auf die Thematik. Auf das Thema Einschulung haben wir auch eine ganz klare Haltung zu mittlerweile. Wenn wir meinen, wir haben unsere Pflicht getan, die Eltern informiert und mit denen ausreichend gesprochen, liegt das letztendlich in der Verantwortung der Eltern, ob die ihr Kind zu früh, zu spät einschulen, ob sie es mit zwei einschulen, oder was auch immer. Das ist Elternrecht. Wir können nur beratend tätig sein an der Stelle; ganz klar, wenn die Eltern meinen unseren Rat in Wind schlagen zu wollen, ist es dann auch irgendwann Entscheidung der Eltern an der Stelle."

Die hier deutlich gezeigte Hierarchisierung des Wissens über Kinder und versuchter Vermittlung sowie der Abgleich der unterschiedlichen Wissensbestände von kindheitspädagogischen Fachkräften in der Kindertagesbetreuung und Eltern bzw. Erziehungsberechtigten, weist aber auch darauf hin, dass von den Eltern verlangt wird sich aktiv den Anforderungen und Erwartungen der öffentlichen Institution Kindertageseinrichtung anzupassen. Für das fachliche Handeln im Kinderschutz bedeutet dies, dass Zusammenarbeit mit den Eltern nicht selbstläufig hergestellt werden kann und dass alltagsweltliches Wissen auch von professionalisiertem Wissen überlagert wird.

KTREC12: „Nein, das wäre eine andere Herangehensweise, weil das ist ja, denke ich, auch ein Thema, ich hatte jetzt zum Glück noch nicht konkret irgendwie extrem, obwohl ich es schon einige Jahre mache. Aber ich glaube schon, ist ja bei ‚heißen Eisen', nenne ich das auch immer. Das ist ja ein ganz heißes Eisen, dass die Eltern dann auch ganz schnell zumachen und schnell überfordert sind mit der Situation, ob da jetzt was dran ist oder nicht. Aber das ist ...., kommt ja erst mal meist eine Abwehrhaltung. Wir haben ja oft Gespräche mit den Eltern, dann .... Frühförderung oder noch nicht Einschulen, oder umgekehrt. Das sind ja dann immer Dinge, wo die Eltern dann erst mal sagen: ‚Was will jetzt der Kindergarten von mir?'"

Auch werden den Eltern Möglichkeiten der Perspektivenübernahme eingeräumt, jedoch nur im Kontext der klaren normativen Vorgabe, „dass es ihren Kindern gut geht".

Obwohl diese Positionierung von der kindheitspädagogischen Fachkraft in der Kindertagesbetreuung nicht weiter spezifiziert wird, zeigt sich ganz deutlich, dass professionelles Handeln stets abhängig ist von Problem- und Situationsanalysen, die nur unter Zuhilfenahme der unterschiedlichen Wissensbeständen bewältigt werden können.

KTREC012: „Die Auf..., erstmal sind sie dafür verantwortlich, dass es ihren Kindern gut geht und kein Leid zugefügt wird. In welcher Weise auch immer. Und auch ein Auge darauf zu haben, den Kindern zuzuhören, Veränderungen zu bemerken. Ist die Frage, ob das immer so funktioniert. Eltern stehen ja auch so in ihrem eigenen Saft, in ihrem eigenen Leben und haben ja heute relativ wenig Zeit für ihre Kinder und die Belange der Kinder. Tragen diese, übergeben diese Verantwortung ja auch gerne an den Kindergarten."

Durch diese Beschreibungen von Situationen werden Einordnungen vorgenommen, um sowohl die Interessen (der Kinder wie auch der Erwachsenen), ethische und rechtliche Bestimmungen und die daraus resultierenden Folgen gegeneinander abwägen zu können.

KTREC010: „Es gibt für alles verschiedene Wege. Verständnis. Ein Stück auch viel Verständnis entgegenbringen. Aber auch Grenzen aufzeigen. Und was ich auf gar keinen Fall möchte, was ich ganz strikt ablehne: Eltern in irgendeiner Art und Weise Verantwortung abzunehmen. Das lehne ich ganz strikt ab. Für mich heißt das eher mehr, den Eltern klar zu machen, welche Verantwortung sie stehen. Ich kann sie darin unterstützen, kann ihnen vielleicht Hilfsmöglichkeiten an die Hand geben und Tipps und Ideen und zuhören, und was weiß ich nicht alles. Aber ich bin nicht bereit den Eltern so viel Verantwortung abzunehmen. Weil ich glaube, so als erfahrene Erzieherin darf ich das sagen, darin krankt es heute. Dass immer weniger Eltern in der Lage sind Erziehungsverantwortung zu übernehmen. Und für mich heißt auf Augenhöhe zu gehen, denen zu sagen: ‚Ja, klar ist das schwer. Aber deshalb darfst du mir nicht das auf's Auge drücken. Nein, du bist mit im Boot. Wir sitzen da zusammen drin'. Du kannst nicht sagen: ‚Ich setze mein Kind in dein Boot und ich steige wieder aus'. So nicht. Das heißt das für mich."

Trotz dieser hier benannten Hierarchisierungen wird von den kindheitspädagogischen Fachkräften in der Kindertagesbetreuung betont, dass sie möglichst vorurteilsfrei mit den Eltern Gespräche führen.

Dieses Vorgehen ist notwendig, um dauerhaft mit den Eltern bzw. Erziehungsberechtigten zusammenarbeiten zu können. Nur durch transparente, vertrauensvoll und verständigungsorientiert gestaltete Vorgehensweisen im Kinderschutz kann Handlungsfähigkeit ermöglicht werden.

Dabei akzentuieren die kindheitspädagogischen Fachkräfte die Notwendigkeit von klaren und transparenten Kommunikationswegen, um für alle Beteiligten lebbare Formen des Zusammenarbeitens zu ermöglichen.

KTREC044: „Und wenn man den Weg gemeinsam (ist hier bezogen auf kindheitspädagogische Fachkräfte und insoweit erfahrene Fachkräfte) gefunden hat, dann (schaltet?) man einfach ... führt man ein Vorgespräch mit den Eltern, einfach schon mal, dass man sagt, ‚also folgendes ist aufgefallen ....'. Oder aber, ‚folgendes ist uns einfach mitgeteilt worden von ihrem Kind, wir wollen einfach mal mit ihnen darüber sprechen. Können sie sich erklären, woher kommt denn das?' Einfach in die Richtung zu gehen. Oder eben, wenn es so akut ist, dann eben gleich den ASD (Allgemeinen Sozialer Dienst) mit an dem Tag mit ins Boot zu holen und die Eltern gleich zum Gespräch. Es kommt darauf an, wie akut der Fall halt in dem Moment ist. Kann auch sein, dass man das vormittags erfährt und nachmittags hat man ein Gespräch mit beiden Eltern. Also kommt immer darauf an, wie akut. Und der Wunschfall ist einfach, dass man wirklich in Ruhe im Vorfeld die Sachen schon erkennt, bevor es wirklich schlimmer eskaliert. Und das klappt meistens, finde ich auch, ganz gut, dass man schon im Vorfeld mit den Eltern redet und merkt, wenn sie überfordert sind. ..."

Tendenziell kann jedoch festgehalten werden, dass es ganz grundlegend von den pädagogischen Fachkräften in der Kindertagesbetreuung Handlungsabläufe im Kinderschutz einzuordnen. Handeln soll aus den „Erfordernissen der Situation heraus begründet" sein (v. Spiegel 2013, S. 50), also mehrperspektivisch und orientiert an Verständigung sowie Zusammenarbeit. Es wird darauf hingewiesen, dass es Situationen für Kinder gibt, die unmittelbares Handeln erfordern.

KTREC001: „Haben wir auch. Aber die haben wir vielfältig. Das finde ich ist zu global. Also vom Kind her gesehen. Vom Kind her gesehen finde ich das also ... Sagen wir mal so, wir haben da jetzt nochmal mit der Schule eine Sitzung gehabt über ein Kind, was ja ne Diskrepanz ..., weiß ich nicht ...., also was jetzt eingeschult wird, ein Geschwisterkind, die Mutter total flippig. Die lebt auch gerade in Trennung und Scheidung. Die Mutter macht gerade ihre zweite Pubertät durch. Die Mutter ist auch sehr jung Mutter geworden. Die hat eine unglaublich schnodderige schnippische Art. Die geht auch manchmal in einem sehr ruppigen Ton mit den Kindern um. Das Mädchen, die auch schon an der Schule ist ... War auch sicherlich ..., ist schon auf ....., also wir haben da durchaus auch sehr aufmerksam hingeguckt. Wir haben auch da schon ein 8a-Gespräch gehabt. Nicht..., also einerseits mit den Eltern. Aber auch andererseits mit XY. Das hat es aber eigentlich ..., gut ...., weil wir in einem guten Gespräch mit der Mutter waren. Auch immer glaube ich ganz gegangen. Die Mutter kann sich auch ...., die ist ..., kann sich dadurch auch ganz gut reflektieren. Ist aber, glaube ich, einfach mit vielen Situationen überfordert. Und jetzt trennt sie sich halt. So. Und jetzt ist das zweite Kind im Kindergarten. Ganz aufmerksam. Kann super konzentriert spielen. Weiß ganz viel. Redet gerne. Die Mutter redet auch gerne und viel. So. Fällt auf bei der Schulspielstunde. Und dann kriegen wir ja einen Anruf, wir möchten gerne einen Runden Tisch haben. Weil da war so ..., war so ein auffälliges Verhalten. Er konnte sich überhaupt nicht konzentrieren, hat die Spiele nicht mitgemacht und hat permanent dazwischengeredet. Und da habe ich gesagt ‚Wir können gerne einen Runden Tisch machen. Von unserer Seite werden wir aber andere Sachen sagen können. Das ist eines unserer fittesten Kinder‘. Ne?! Habe aufgezählt, was der hier alles kann. Und über die Schotten wirklich sich wirklich unglaublich einbringt, einen großen Wissensdurst hat. Und dann war so im Nebensatz: ‚Ja, aber wenn man sich jetzt gerade die familiäre Situation betrachtet, dann ist es doch so‘, und dann habe ich gesagt: ‚Dieses Kind ist abgestempelt, weil die familiäre Situation betrachtet wird‘. Die Mutter ist rotzfrech, schnippisch und sonst auch. Aber man kann die packen. Wenn die sich ernst genommen fühlt, kann man mit der reden. Ja?! Die nimmt nicht immer alles gleich. Setzt das auch nicht immer alles gleich um. Aber die denkt, reflektiert dann doch schon an der einen oder anderen Stelle ganz viel. Und dann denke ich mal, ich möchte mich nicht von diesen äußeren Indikatoren so sehr beeinflussen lassen. Und wichtig ist, glaube ich, dass die Eltern ...., dass wir versuchen auch zu den Eltern ein vertrauensvolles Verhältnis aufzubauen. Ich denke, wir haben in vielfältigen Gesprächen schon erlebt, dass nur das Gespräch, das intensive 6/8-Augen-Gespräch mit Eltern am Verhalten der Kinder was ändert. Es verändert plötzlich was, ohne, dass wir irgendetwas ...., irgendeine Maßnahme ergriffen haben, weil sich die Einstellung zueinander ändert. Und deshalb für diese äußeren Indikatoren ...., die haben wir im Blick! Die sind auch in den Kinderschutzbögen, die wir haben, so mitabgefragt. Das ja. Aber ich bewerte sie nicht so gerne so über.“

Daher müssen die Fachkräfte stets aufschlüsseln, inwiefern nicht kalkulierbare Situationen vorliegen und inwiefern bislang funktionierende Förderungs- und Unterstützungsangebote zur Bewältigung der Problem- und Konfliktlagen in Familien auch in Zukunft wirksam sein könnten.

KTREC045: „Also wir sind zum Beispiel ein sehr offenes Haus ..., also, wir haben immer vorne Elterncafé und einen Elternbereich, wo die Eltern frühstücken, sich auch noch aufhalten können. Wir haben immer die Möglichkeit zur Hospitation und Mitarbeit von Eltern. Die können da sein, wenn sie wollen. Die sind in der Eingewöhnung da. Das haben wir in den letzten zehn Jahren, war das ein Prozess der Öffnung der Einrichtung, dass es sozusagen im Prinzip ein Haus der offenen Türen ist. Also natürlich wollen wir dann auch mal was machen, wo die Eltern sich dann halt entscheiden müssen, was weiß ich, bleibe ich jetzt da oder gehe ich jetzt raus, ich kann jetzt nicht fünf Mal hin und her rennen. Aber wir versuchen, die Eltern von Anfang an miteinzubeziehen in die Arbeit und auch eine Willkommenskultur zu pflegen. Weil das ist natürlich auch der Grundsatz für mich, überall da, wo Beziehung ist, ist es natürlich auch viel einfacher ... , sowohl für uns was anzubringen als auch für Eltern was anzunehmen.

Deutlich wird, dass der „vertrauensvollen“ Zusammenarbeit mit den Eltern ein sehr hoher Stellenwert eingeräumt wird, i.S. der viel diskutierten Erziehungs- und Bildungspartner*innenschaft. Und dies auch dann, wenn es unterschiedliche Auffassungen bezüglich der Erziehungsstile, der möglichen Grenzen des Elternrechts oder auch der Hilfsangebote gibt.

REC001: „Ich denke, was wichtig ist, ist den Eltern zu erklären, wie Arbeit hier mit den Kindern, wie der Aufenthalt für die Kinder hier im Haus sein kann. Welche Möglichkeiten die Kinder hier bekommen, in einer Einrichtung und dass sie darüber informiert sind, dass sie auch gefragt werden. Also, wir zum Beispiel jetzt machen jährlich Elternabfragen, wir beteiligen die Eltern, wir fragen an: Gibt es Themen, die Ihnen wichtig sind? Was wäre Ihnen wichtig? Dass man das einbinden kann. Was man, oder wo wir aber immer wieder hinarbeiten müssen ist, unsere Eltern sind zum größten Teil sehr offen, sehr interessiert, auch Eltern mit ausländischem Hintergrund sind sehr interessiert, was stark aber im Fokus steht, ist die Schulfähigkeit der Kinder herzustellen. Und da, muss ich sagen, arbeiten wir zusammen ..., wirklich mit der Schule sehr eng zusammen mit der Grundschule hier und versuchen da den Eltern noch einen anderen Blickwinkel zu bieten. Das heißt also über Informationen, über Veranstaltungen, den Eltern aufzuzeigen, dass nicht nur der kognitive Bereich wichtig ist und dass das unser originärer Bildungsauftrag ist, sondern dass auch das Soziale, der emotionale Bereich, die Stabilisierung der Kinder, dass Kinder sich trauen dürfen auch zu sagen: 'Ich möchte das nicht, oder ich möchte das'. Dass man sagt, okay, das geht, und das geht nicht, weil.... Dass die Kinder wissen, warum. Dass sie auch lernen und dem Alter entsprechend dann die Möglichkeiten kriegen. Und das ist etwas, das hat sich auch im Lauf der Jahre mit den Eltern, mit den Wechseln der Eltern verändert in der Arbeit. Die Eltern, die wir hier im Haus haben, haben ein hohes Interesse daran zu wissen, was die Kinder täglich machen. Es wird nachgefragt. In der Krippe ist ein intensiver Austausch, im Kindergarten wünschen sie sich das auch. Im Kindergarten ist aber für die Kolleginnen das Problem, dass sie mit 25 Kindern zu zweit sind und dann teilweise nicht Vollzeitkräfte, so dass da der Austausch schon schwieriger wird. Aber auch da ist uns wichtig, dass man einmal im Jahr mindestens ein Elterngespräch, ein Entwicklungsgespräch hat und auch bei Bedarf immer wieder, wenn die Eltern den Wunsch haben, oder wenn die Kollegen sagen: ‚Es ist uns wichtig, setzen wir uns mal zusammen, oder besprechen wir ma'l. Dass ein Austausch da ist und die Eltern auch wissen, wie es in der Einrichtung für ihr Kind ist. Und wie die Kollegen das wahrnehmen, und was zu Hause ankommt. Was erzählt das Kind zu Hause, was bringt es mit? Was wir auch anbieten, und das hat sich eigentlich, muss ich sagen, auch von den Eltern ganz gut angenommen, ist Hospitationen. Wenn die Eingewöhnungen vorbei sind, dann können die Eltern ganzjährig sich in den Gruppen melden und sagen: Ich würde gern ein paar Tage am Vormittag, oder zwei Tage den ganzen Tag, oder wie auch immer. Das können sie mit den Kollegen absprechen, hospitieren und mal im Gruppenalltag dabei sein, um mal zu sehen wie läuft das, wie ist so ein Gruppenalltag, wie erlebe ich mein Kind. Es ist dann zwar trotzdem nochmal anders, wenn ein Elternteil dabei ist, aber wie erlebe ich das Kind, wie nehme ich es wahr, wie nehme ich es wahr mit den anderen Kindern zusammen? Und da ist bei dem einen oder anderen schon immer nochmal ein Aha-Effekt da. Weil es wirklich anders ist und sie auch die Arbeit an und für sich dann natürlich anders wahrnehmen. Dieses Individuelle oder das Individuumsbezogene, das ist ein Teil unserer Arbeit, aber nicht der einzige.“

Jedoch kann es aber auch häufig zu sog. „Abbrüchen" in der Ausgestaltung der Zusammenarbeit mit den Eltern kommen, da der „Vertrauenskontrakt" im Kinderschutz stets prekär und ständig gefährdet ist (v. Spiegel 2013, S. 76).

KTREC010: „Ja. Und da haben wir gesagt: Und wenn wir jetzt mit denen an einem Tisch sitzen, das eskaliert, das bringt sowieso nichts. Da muss schon von einer anderen, von einer höheren Ebene aus jetzt was passieren, weil es gibt ja leider auch die Fälle, dass dann so ‚Kindergartenhopping' betrieben wird. Dann melden die die Kinder ab, und weg sind sie. Und da muss man dann schon mal abwägen."

Die Fachkräfte in der Kindertagebetreuung sind sich ihrer professionellen Handlungsspielräume sehr bewusst. Zum einen „werben" sie geduldig um das Vertrauen der Eltern, und zum anderen sind sie oftmals gezwungen sofort zu handeln, um Gefahren vom Kind bzw. den Kindern abzuwenden.

KTREC023: „Natürlich! Natürlich. Das geht nur bis zu einem bestimmten Grad. Aber wenn uns ein Kind zum Beispiel erzählt: ‚Die Mama hat mir heute Morgen eine auf den Po gegeben', und wir dann so sagen: ‚Oh was ist passiert?' und so ‚und warum denn? Sollen wir das denn mal mit der Mama besprechen?' und das Kind sagt ‚Nein, das ist jetzt wieder gut.', so, dann ist das auch erstmal wieder gut. Aber man hat es im Kopf. Und man weiß und man beobachtet das Kind, und gibt es da irgendetwas. Wir haben nun jetzt auch ganz viele Kinder, die noch gewickelt werden und so, und da haben wir natürlich auch einen ganz guten Blick auf die. Die Kinder gehen, viele gehen hier auch schlafen. Und, ((ja ja!)) Man merkt dann natürlich auch am Umgang von Eltern mit Kindern schon morgens früh um sieben, wie geladen ist die Mutter, oder wie geladen ist die Mutter nicht? Oder wie macht es der Vater, und wie macht es die Mutter? So, und wo klappt es mit den Kindern und wo ist auch Spaß? Und wo ist nur Stress, Stress, Stress – ich muss jetzt schnell zu meiner Arbeitsstelle, und ich bin schon zu spät. Und das hat was ganz viel mit so Feingefühl zu tun und auch ganz viel mit Reflektion im Team. Das heißt, wir machen viele Fallbesprechungen auch, und das ist immer ganz gut, wenn alle so sich um ein Kind dann nochmal scheren. Und da gibt es dann auch so ganz viele Sichtweisen, unterschiedliche, weil man hat so alte Hasen, man hat Leute, die extern draufgucken. Die Kollegen aus den Gruppen sind hier dann auch extern, und meistens kommt man dann auch zu einer positiven Lösung, oder man kann nochmal was aufdröseln, weil es ist ja so, dass man in unserem Job auch sich manchmal festfährt. So dann ist es gut, wenn man eben halt nochmal viele draufgucken lässt."

Mit dem Beispiel dieser Beschreibung der subjektiven Sichtweise auf die Möglichkeiten der Zusammenarbeit mit den Eltern im Kinderschutz wird deutlich, dass die Fachkräfte in der Kindertagesbetreuung eine große Verantwortung für den Schutz der ihnen anvertrauten Kinder tragen und gleichzeitig dazu aufgefordert sind, die fachlich gegebenen Spielräume mit den Interessen der Kinder und ihrer Eltern in Einklang zu bringen.

KTREC044: „Dass man vielleicht einen Termin mit den Eltern ausmacht und das thematisiert. Dass man Hilfen anbietet, ob nicht die Familie Hilfe bräuchte. Dass man denen Adressen, Flyer, gleich was an die Hand gibt. Also man muss da wirklich die Eltern auch an die Hand nehmen ohne sie zu bevormunden und erstmal auch in die Prophylaxe vielleicht rechtzeitig gehen und eben in diese Hilfsangebote. ... Ja. Und immer das Kind halt im Blick haben."

Gleichzeitig zeigen diese Beispiele auch, wie von Seiten der kindheitspädagogischen Fachkräfte normiert und moralisiert wird, ganz i.S. der Norm einer freiwilligen Zusammenarbeit.

KTREC023: „Also, dass wir ganz eng mit Eltern zusammenarbeiten. Das heißt, dass wir Eltern wertschätzen, dass wir eben halt zum Beispiel auch das Wort ‚Beschwerde' von Eltern positiv sehen. Das finde ich ganz wichtig, also erstmal so anzunehmen, was Eltern einem so rüberbringen. Und Erziehungspartnerschaft heißt auch, dass man sich gemeinschaftlich hinsetzt, häufige Elterngespräche führt, Elternsprechtage anbietet. Also auch regelmäßig Entwicklungsgespräche. Die Eltern dazu einlädt und dann eben, ich sage jetzt ma.. eine Strategie fährt. Was müssen wir ändern, damit sich vielleicht in dem Verhalten des Kindes etwas tut, oder was müssen Sie ändern? Meistens geht es darum, dass Eltern etwas ändern müssen. (Ja, das ist so!) Und das fällt ihnen schwer, und da kriegen Eltern eben halt auch Hilfsangebote von uns und engmaschige Gespräche dann auch. So dass man eben halt nach zwei oder drei Wochen nachfragt: ‚Und wie läuft es denn Zuhause? Klappt es denn besser?' Man sieht das aber meistens dann auch am Kind, dass es dann besser läuft."

Deutlich wird hier, dass subjektiv gewonnene Erfahrungen, also eine langjährig eingeübte Praxis, äußerst relevant ist für das professionelle Handeln. Für die kindheitspädagogischen Fachkräfte in den Kindertageseinrichtungen sind praktische Orientierungen, die eine möglichst „niederschwellige", „transparente", „vertrauensvolle" und „wertschätzende" Zusammenarbeit mit den Eltern ermöglichen, sehr wichtig.

Im Kontext situativer Handlungsanforderungen sind die kindheitspädagogischen Fachkräfte in der Kindertagesbetreuung aufgefordert auf Belastungs-, Stress-, Problem- und Konfliktsituationen, die vielfach nicht vorhersehbar sind, zu reagieren. Gleichzeitig bleibt festzuhalten, dass vielfach eben keine offenen Fehlerdiskussionen geführt werden. Eine Überprüfung der oftmals an alltagstheoretische Wissensbestände gebundenen Analyse und Bearbeitung von schwierigen Situationen ist nicht immer gegeben (v. Spiegel 2013, S. 76; Biesel et al. 2020, S. 409).

6.2.5 Zum Stellenwert von Kinderinteressen im Kinderschutz

Als äußerst relevant wurde auch von den Fachkräften der Kindertageseinrichtungen die Berücksichtigung der Bedürfnisse und Interessen der Kinder angesehen. Diese sind teilweise in den Konzeptionen der Kindertageseinrichtungen festgeschrieben. Für die sachgemäße Ermittlung der Interessen des Kindes ist es zentral, mit den Kindern zu sprechen, sie zu informieren, sie anzuhören sowie grundlegend ihre Persönlichkeit zu respektieren.

KTREC017: „Ja. Einen anderen Fall hatte ich vor Jahren auch mal, wo ich dann sogar beim Gericht auch noch aussagen musste. Aber das ging eben über so ein bisschen längeren Zeitraum auch. Ansonsten die anderen Sachen ... Kinder miteinbezogen - erlebe ich nicht. Das ist die Ausnahme, dass Kinder da miteinbezogen werden. Von Seiten der Institution. Und dann ist es für uns manchmal auch schwierig zu sagen, wie scheren wir jetzt aus, wie erarbeiten wir das oder bieten wir hier im Bereich der Kita dem Kind ein normales Leben. So dass man ... Also wir haben eben auch beide auch schon an Fortbildungen teilgenommen gerade in Bezug auf Kinder psychisch kranker Eltern. Und ich nehme das dann auch, um zu sagen, da ist es wichtig, dass Kinder dann in dem Bereich, wenn sie hier sind, völlige Normalität erleben. Ja?! Und trotzdem dieses Wissen, was erleben die vielleicht zu Hause."

Immer wieder wird jedoch auch von den kindheitspädagogischen Fachkräften in der Kindertagesbetreuung reflektiert, dass die Berücksichtigung von Kinderinteressen im Kinderschutz noch nicht ausreichend ist.

KTREC012: „Die nehmen es hin und gehen rein .... Stellen es ja auch nicht in Frage .... Den Kindergarten suchen ja nicht die Kinder aus, die Eltern suchen den Kindergarten aus. Die Kinder kommen rein, kommen in eine gegebene Situation und stellen es auch nicht in Frage. Gut, am Anfang gibt es Eingewöhnungsschwierigkeiten, das hat aber weniger mit dem Kindergarten, sondern mit der Situation als solches, zu tun. Bei dem einem mehr, bei dem anderen weniger. Ich glaube nicht, dass die sich ... Nein! Kinder machen sich die gesellschaftliche Situation nicht ....."

Vielfach werden jedoch auch von den kindheitspädagogischen Fachkräften in der Kindertagesbetreuung Vorbehalte dahingehend geäußert, dass bspw. keine entsprechenden Rahmenbedingungen geschaffen worden sind oder dass der Entwicklungsstand der Kinder nicht ausreichend ist, um eine Beteiligung vollumfänglich zu ermöglichen.

KTREC036: „Also von einfach ... von ich habe nur einen Verdacht, ... da beteilige ich das Kind erst einmal noch gar nicht, um jetzt da keine Verunsicherung hervorzurufen. Ein konkreter ... Also wir haben momentan zwei Kinder, (...) die davon betroffen waren, die aber beide ... wo es keinen Anfangsverdacht gab, sondern wo es einfach klar war, da ist was. Also das eine ist ein Pflegekind, ... wurde damals notfallmäßig aus der Familie geholt. Mit der Familie, die ist hier ..., dass sich die für das Jugendamt solche Kinder auch oft aufnimmt. Haben wir schon oft zusammengearbeitet, weil die schon immer wieder mal Kinder bei uns hatten. ... Wie wird das Kind beteiligt? ... Kann ich jetzt gar nicht in Worte fassen. ... Das Problem für das Kind ist eigentlich die Mama, die im Gefängnis sitzt. Wir beteiligen es mit Anteilnahme, weil immer wieder halt, wenn Besuchstage sind oder wenn die Mama halt rauskommt und es dann besuchen darf, ja, das auch große Verhaltensänderungen in dem Kind hervorruft. .... Aber ... da finde ich jetzt keinen Zusammenhang mit: ich beteilige das Kind. Ich nehme einfach die Schwierigkeit an, die es hat."

Die Unwägbarkeiten von familialen Lebenszusammenhängen führen dazu, dass das Handeln in schwierigen Situationen neu begründet werden muss und rechtfertigungspflichtig ist. Dieses Erkennen und Bearbeiten von „Biographie-Bruchstücken" kann nur gelingen, wenn Kinder – trotz gegensätzlicher Entwürfe der Familienmitglieder und der kindheitspädagogischen Fachkräfte –

mit in die Entscheidungsprozesse einbezogen werden (Beck/Beck-Gernsheim 1994, S. 31).

KTREC020: „Das setzt dann eben auch voraus, dass die Kinder ihre Wünsche auch äußern können. Aber da gibt es ja auch noch andere. Und es ist kein Wunschkonzert in diesem Sinne. Sondern zu lernen, wie gehen wir denn jetzt damit um. Und wir haben angefangen, seit es eigentlich Gesetz ist so. Aber stellen auch immer fest, es ist eine Entwicklung. Man kann nicht sagen, so, das ist jetzt im Kindergartengesetz vorgeschrieben. Partizipation. Und ab morgen leben wir das. Das funktioniert so nicht, haben wir gesagt. Das ist das Team, da sind die Kinder, da sind die Eltern. Wie kriegen wir das alles unter einen Hut? Wie fangen wir an? Und im Team haben wir gesagt, es ist so eine Selbstverpflichtung, mal zu gucken, wie bin ich erzogen worden, was will ich machen, wo will ich hingehen und welche Rechte wollte ich gerne haben. Die muss ich auch dem Kind zugestehen. Und wir haben dann verankert, dass in den Gruppen Kinderkonferenzen wöchentlich stattfinden zu Themen, die wir erst eingebracht haben. Mittlerweile haben die Kinder auch Themen. Also erst war das so, Themen einbringen kam nicht so in Gang. Dann fängt man an über ‚Wir machen Festgestaltung. Ihr bestimmt das mit. Und ihr gestaltet das mit‘. Das kommt halt auch viel mehr von den Kindern auch. Und diese Dinge, die in der Kinderkonferenz beschlossen werden, die werden gesammelt. Die Kinder malen sich auch Protokolle. Und das Kinderparlament trifft sich mit Erzieherinnen, und dann beratschlagt es. Und das kommt aus den Gruppen. Und ‚Wie wollen wir jetzt Karneval feiern? Was soll da alles drin vorkommen? Was brauchen wir?‘ Kinder haben letztes Jahr die Weihnachtsfeier gestaltet. Und haben auch so festgelegt, wer alles kommen soll. Geschwisterkinder, die auch mitkommen sollen. Und ganz viel festgelegt. Die Kinder malen dann Protokolle, die für die Eltern dann auch aushängen. Erwachsene schreiben dann immer dahinter, was denn vereinbart ist. Ja, Ziel ist eben auch, dass man das immer weiterentwickelt. Immer weiter fortschreitet. Also, dass wir mal von diesen Sachen wegkommt. Da ‚Mittagessen. Wie soll das Mittagessen sein? Was gibt es?‘. Es wird festgehalten, was die Kinder essen wollen und wird dann auch umgesetzt. Nicht immer Pommes. Wenn Sie unten reinkommen, haben Sie vielleicht gesehen, da hängt der Plan. Da stehen die Namen der Kinder. Und es sind nicht immer Pommes. Salat und Suppe. Fisch. Ganz vielfältig. Und wir sind auch immer überrascht, es sind auch nicht immer die gänzlichen Dinge, die so nicht realisierbar sind. Auch für Weihnachten. Wir waren erstaunt, was die Kinder sich wünschen. Dass die Eltern kommen. Dann, dass es Wackelpudding in grün gibt. Dass wir singen. Dass wir Weihnachtsmusik haben. Dass wir einen Weihnachtsbaum haben. Und wir als Team, wir waren auch überrascht und haben gesagt ‚Okay, da hätte ich jetzt gedacht, wer weiß was, was die wollen‘. Geschenke. Nicht, was man alles haben will. Sondern ganz allgemein.“

Deutlich wird an dieser Einschätzung von Situationen, dass die konfliktvollen gegensätzlichen Entwürfe von lebbaren Formen des Zusammenlebens Gegenstand professioneller Einschätzungen und der sich daran anschließenden Aushandlungsprozesse mit allen Beteiligten sind. Neben Angeboten zur Prävention und Intervention, die zur Verfügung gestellt werden können, gilt es als zentral für professionelles Handeln stets lebensweltliche Empathie und professionelle Distanz (v. Spiegle 2013, S. 77) auszubalancieren.

KTREC035: „… Ich meine, der Klassiker ist ja dieses: das Kind berichtet, es wird gehauen, ne. Und … wenn ich mit den Eltern spreche, was das Kind da erzählt, oder wenn wir diesen Weg gehen, ist es wirklich unterschiedlich. Es kommt auf das Alter drauf an des Kindes, wie es dabei ist, was es erzählt. Oder ob wir diesen nächsten Schritt zum ASD (Allgemeinen Sozialen Dienst) gehen. Und diesen Schritt zum ASD gehen wir in der Regel schon auch, wie es das System vorsieht, mit den Eltern zusammen. Aber da, ... ja, wenn es um diese Gespräche geht, sind die Kinder in der Regel außen vor. ... Also, es ist mir auch wichtig, dass die Eltern wissen, dass es darum geht, dass ihr Kind im Mittelpunkt steht."

Diese subjektiven Interpretationen der Möglichkeiten die Interessen von Kindern zu berücksichtigen deuten darauf hin, dass notwendiges Wissen über kindliche Handlungsfähigkeiten in den Diskursen über Kinderbetreuung und -erziehung nicht systematisch verwendet wird. Vielmehr orientiert sich das pädagogische Handeln an Vorverständnissen und Erfahrungen, teilweise auch in Form von Alltagstheorien. Dieses wird von den Fachkräften genutzt, um ihr Handeln zu begründen und zu rechtfertigen.

Kindern werden nach wie vor wenig Möglichkeiten eingeräumt mitzureden, mitzubestimmen, mitzuentscheiden bzw. ihre Interessen zu ermitteln. Vielfach wird auf Interpretationen und Verallgemeinerungen zurückgegriffen, die sich an dem Konstrukt des „unschuldigen" und zu „schützenden" Kindes orientieren. Pädagogisches Handeln orientiert sich leitmotivisch an diesem Bild von Kindheit.

Die hier aufgeführten eher als „beliebig" einzuordnenden Interpretationen der kindlichen Interessen bzw. Bedarfe durch die kindheitspädagogischen Fachkräfte in der Kindertagesbetreuung deuten auf ein Vorverständnis hin, welches davon ausgeht, dass Erwachsene formulieren, wie Kinder sein „sollten". Dies führt häufig dazu, dass Kinder nicht regelmäßig genug gesehen werden, nach ihren Sichtweisen und Gefühlen gefragt werden. Das eher die Bedürfnisse der Eltern in den Blick genommen werden und daher es zu Einschätzungen kommen kann, die nicht differenziert genug sind, um das Kind zu schützen (Wolff et al. 2014, S. 56).

KTREC0101: „Es ist, glaube ich, für Kinder in dem Alter noch ganz, ganz schwer so diese Punkte zu sehen. Wir haben uns also an den Kinderrechtskonventionen orientiert. Und haben auch das Thema Rechte mit den Kindern erarbeitet, welche Rechte ihr habt und welche Rechte ihr nicht habt und welche Pflichten ihr habt. Haben wir also mit den Kindern erarbeitet, das ist dann schon mit da rein geflossen. Aber so, dass wir konkret mit den Kindern dagesessen haben und gesagt haben: Wir machen jetzt eine Verfassung oder so, das nicht. Aber die Arbeit mit den Kindern zum Thema Kinderrechte ist da natürlich mit drin."

In den Situationsbeschreibungen wird deutlich, dass die kindheitspädagogischen Fachkräfte den Kindern Handlungskompetenzen in unterschiedlicher Ausprägung zuschreiben. Diese sind sehr häufig Resultate von Aushandlungsprozessen im Kontext eines eher „erfahrungsbezogenen Erklärungswissens" und der Verwendung von Alltagstheorien (v. Spiegel 2013, S. 53, 49).

KTREC035: „ ... Also das ist relativ häufig, dass dann bei der Anmeldung der Familien, die Familienhilfe schon dabei ist, dann ist es eh offen für alle Beteiligten. Das ist eigentlich das Normale, was wir hier an meisten Fällen haben. Dann gibt es .... habe ich dieses Jahr das erste Mal einen Fall, wo Familienhilfe drin ist und wo die Mutter keinen Austausch möchte. Das ist aber das erste Mal, dass ich jetzt so was habe. Da ist aber das Kind eigentlich aus unserer Sicht recht gut entwickelt, da könnte man aus unserer Sicht jetzt, wenn man das nicht wüsste, gar nichts .... so großartig sehen, außer an der Mutter, da sieht man schon was, aber ... Dann haben wir einmal ein Kind gehabt, da ging es halt auch um Drogenmissbrauch, da haben wir die letzten vier Jahre, drei Jahre gehabt. Da war es auch immer .... Ich meine da war halt .... Was heißt mit dem Kind. Für das Kind ist das halt eine zusätzliche nette Frau, die da in die Familie kommt. Das ist jetzt nicht so kommuniziert, wie sage ich denn da, da stimmt was nicht, ne. Da habe ich auch jetzt ehrlich gesagt auch noch nie mit einem Kind so darüber geredet. Und wenn es darum geht was rauszuhören vom Kind, von Erzählungen, das lasse ich mir so nebenbei ... also da würde ich jetzt nie so bewusst."

An diesem Beispiel zeigt sich, dass das „Ringen" darum, professionelles Handeln darauf auszurichten, dass jeder Fall, jede Situation, jede Beobachtung zu unterschiedlichen Interpretationen, Bewertungen und Entscheidungen führen kann. Dieser Klärungsprozess sollte stets nachvollziehbar, überprüfbar gestaltet werden und ist rechtfertigungsbedürftig und -pflichtig.

KTREC023: „Ja! Also ich finde, es ist ganz wichtig, dass Kinder so auch äußern dürfen, ob wir mit der Mama darüber sprechen sollen oder nicht. Ja also, das hatten wir auch. Ich hatte ein Kind, was also wirklich so den Handabdruck auf dem Arm hatte und wir wussten auch um diese besondere Situation der Familie, und da habe ich mit dem Kind gesprochen und habe gesagt ‚Sollen wir das mal der Mama sagen, wenn die gleich kommt? Und sie mal fragen, was denn da gewesen ist?' Und da hat das Kind auch gesagt ja, und als die Mutter dann kam, haben wir das auch gemacht. Und Eltern sind dann immer erst mal sehr betroffen. Ich finde immer, es ist gut auch so schnell wie möglich zu reagieren. Nicht zu sagen ‚Was haben Sie mit Ihrem Kind gemacht? Wieso hat Ihr Kind einen blauen Arm?', sondern zu sagen: ‚Das passiert.' So und vielfach kommt man dann an Eltern ran, die einem dann so offenbaren, wie schwer es momentan ist, und dann kann man natürlich auch so ein Hilfekonzept auch anlaufen lassen. Was man auch erst mal versucht innerhalb so dieser Einrichtung so zu machen, Eltern eben halt auch von unserer Seite her so zu entlasten. Viele Gespräche anzubieten. Die Mutter vielleicht auch mal zur Seite zu nehmen, die vielleicht auch mal ein persönliches Wort braucht. Und wenn es dann aber gar nicht mehr geht, sage ich jetzt mal, dann muss man natürlich die anderen Institutionen auch dazu holen. Aber ganz eng Elternpartnerschaft, und auch, es gibt auch Kinder, die uns ganz klar sagen: ‚Wir wollen aber nicht, dass du das der Mama sagst!' [Das gibt es.]."

Es wird sehr deutlich, dass Kinder eine Meinung zu dem Thema „Kinderschutz" haben und ihre Interessen artikulieren können. Sicherlich muss berücksichtigt werden, dass die Interessen der Kinder nicht zwingend und in generalisierter Weise berücksichtigt werden können. Kinderrechte, als sog. positive Rechte, gelten zwar für alle Kinder in gleicher Weise, jedoch können sie aufgrund der divergenten kindlichen Lebensbedingungen und -situationen unterschiedlich bedeutsam sein (Liebel 2017, S. 89). Daher stellt sich die Frage, ob Kinderrechte nur als „Folie" für die Handlungsaufforderungen im Kinderschutz und/oder als nach außen sichtbares „Profil" für die Konzeptionen von Organisationen und Einrichtungen verwendet werden. Wenn dies der Fall ist, wird es für die Kinder schwer sich mit ihren Rechten zu identifizieren und diese langfristig zu ihrer eigenen Sache zu machen.

KTREC010: „Wir haben da auch lange daran gearbeitet. Wir haben da also wirklich mehrere Konzeptionstage daran gesessen. Weil: Wir müssen ja alle mitgehen können und das vertreten können, dahinter stehen können. Wir haben fieser Weise öfters mal die Hintertüre drin. Dass wir sagen: Also, das letzte Wort haben wir. Aber es ist auch dem Alter der Kinder geschuldet. Oder dass es Punkte gibt, da dürfen die Kinder nicht mitreden. Wenn es zum Beispiel um Sicherheit geht. Gesundheitsschutz, haben sie kein Mitsprachrecht. Basta. Aber wir haben schon ein Konzept erarbeitet, das den Kindern zu 90%, würde ich sagen, alle Dinge, die sie betreffen, mitentscheiden dürfen. Wir haben eine Kinderkonferenz, wir haben ein Kinderparlament."

Wie die hier exemplarisch vorgestellten Ergebnisse zeigen, findet eine ausreichende Berücksichtigung der Interessen der Kinder noch nicht durchgängig in den Organisationen und Einrichtungen der sozialen Dienste statt.

Durch die angeführten Interviewpassagen kann verdeutlicht werden, dass fast durchgängig die Möglichkeiten Kinderinteressen zu berücksichtigen an das Alter und den „diagnostizierten" bzw. wahrgenommenen Entwicklungsstand der Kinder zurückgebunden wird. Und dies, obwohl teilweise in den Organisationen und Einrichtungen Konzepte zur Umsetzung von Kinderrechten leitmotivisch für das kindheitspädagogische Handeln der Fachkräfte sind.

G2: „... Ich glaube halt gerade jetzt auch mit der Arbeit mit Hortkindern, ist, glaube ich, so eine Beziehungsarbeit total wichtig einfach, dass, ja, die Kinder so wissen, dass wir Ansprechpersonen sind und dass wir ihnen auch die Möglichkeit halt geben auch zu berichten, was so passiert. Es hat ja oft auch dann im Alter ganz viel mit Scham zu tun. Und dass Kinder ja ihre Familien, wenn Gewalt und so weiter in der Familie ist, die Familie schützen wollen. Und ich glaube, das ist so das Wichtigste zu signalisieren, was du so schön gesagt hast, ne, mit dem offenen Ohr, offenen Auge. Und ja, aber auch wirklich auf dieser Beziehungsebene und dem Kind so das Gefühl zu vermitteln, so, du bist nicht allein, sondern ich unterstütze dich dabei. Und aber auch klar zu sagen bei manchen Sachen: ‚Das kann unser Geheimnis sein jetzt erst mal', bei manchen Sachen aber auch, wo ich sagen muss: ‚Du das muss ich jetzt einfach auch anderen weitergeben'. Also, ich denke, gerade mit Hortkindern ist das ganz wichtig, diese Transparenz da aufzuzeigen."

Von den kindheitspädagogischen Fachkräften in der Kindertagesbetreuung wird immer wieder betont, dass sie sich stets mit den Kindern austauschen und versuchen die Kinder bei allen Angelegenheiten, die sie betreffen, zu informieren. Das grundlegende Spannungsverhältnis zwischen den Dimensionen von Schutz und Partizipation, basierend auf den Konzepten der kindlichen Verletzlichkeit und des Anspruches die kindliche Handlungsfähigkeit zu berücksichtigen kann jedoch weder in den professionellen Handlungsmustern als auch in den Strukturen der sozialen Dienste nicht verändert werden.

Somit entsteht ein grundlegendes Dilemma, nämlich fachliches Handeln an den Partizipationsvorgaben der Einrichtungen zu orientieren und gleichzeitig den Schutz der Kinder zu gewährleisten und sicher zu stellen, eventuell auch gegen den Willen und gegen die Interessen der Kinder und/oder ihrer Eltern.

Durch das bereits angesprochene Beobachtungs-Handlungskontinuum, also der Bewältigung von Risikofragen und einer verantwortlichen Risikoabwägung für das Kind und die Eltern im Kontext der Frage, ab wann ein Eingriff zu rechtfertigen ist, ergeben sich überaus komplexe Anforderungen für das professionelle Handeln der kindheitspädagogischen Fachkräfte im Kinderschutz. Und es ist keine leichte Aufgabe die bisherigen Praxen des Kinderschutzes, in denen mehrheitlich davon ausgegangen wird, dass Kindheit eine Periode unschuldiger Unwissenheit zu sein hat, zu reflektieren und somit auch verändern.

6.3 Gute Kinderschutzpraxis in der Diskussion

Mit diesen bisher dargestellten Positionierungen der sozial- und kindheitspädagogischen Fachkräfte im Kinderschutz ist jedoch noch nichts darüber ausgesagt, inwiefern die von den Akteur*innen beschriebenen Handlungsweisen in den Praxissituationen als im weitesten Sinne erfolgreich charakterisiert werden können. Festzustellen ist, dass die hier exemplarisch angeführten Einschätzungen und Dokumentationen von familialen Situationen, organisationaler, kommunaler und gesellschaftlicher Bedingungen beeinflusst werden durch erfahrungsgeleitete Vorverständnisse, begründbares und überprüfbares Wissen über Handlungsmöglichkeiten bzw. -folgen im Kinderschutz (v. Spiegel 2013, S. 46; Heiner 2010, S. 12).

Daher sind neben der konkreten Erfassung von sozialpädagogischem Handeln im Kinderschutz auch Fragen danach zu stellen, wie Kinder ihre familiale und soziale Situation erleben, bspw. im Hinblick auf soziale Ungleichheit und/oder Heterogenität. Gleichzeitig sind aber auch die Handlungsschritte der sozial- und kindheitspädagogischen Fachkräfte einer Einordnung zu unterziehen. Denn es zeigt sich sehr deutlich, dass die möglichen Handlungsspielräume der sozial- und kindheitspädagogischen Fachkräfte von Regeln und Werten determiniert sind, mit denen die Strukturen, Bedingungen und Situationen im Kinderschutz gestaltet werden.

Vorrangiges Ziel des Handelns im Kinderschutz ist es, die pädagogischen Zugriffe auf die Eltern und ihre Kinder, i.S. des staatlichen Wächteramtes, also die notwendigen Eingriffe in die Familien, z.B. durch die Einleitung von Präventions- und Interventionsangeboten bzw. Maßnahmen (Inobhutnahmen), zu legitimieren. In diesem Kontext werden neben den oftmals sehr normativen

Vorstellungen von Ehe und Familie Fragen nach der elterlichen Erziehungsfähigkeit, Verantwortungsbereitschaft, ihrer Veränderungsbereitschaft bzw. ihrem Veränderungsvermögen sowie den familialen Entwicklungsmöglichkeiten verhandelt (Rooth et al 2018, 369).

Weiterhin zeigt sich in den hier diskutierten Forschungsergebnissen, dass noch erheblicher Klärungsbedarf im Hinblick auf die Wahrnehmung der Interessen der Kinder besteht. In diesem Zusammenhang sollten Fragen nach den Herausforderungen und Möglichkeiten der Umsetzung von Partizipation im Kinderschutz diskutiert werden.

Wenn Erwachsene definieren, wie und in welcher Weise Kinder zu schützen sind, werden Kinder von diesem Wissen ausgeschlossen. Im Kinderschutz wird durchweg auf erwachsenes Wissen über Gewalt, belastenden Konsum, (sexuelles) Begehren, unethisches Verhalten und schwierige Handlungsfolgen zurückgegriffen. Separierende Handlungsabläufe sind die Regel im Kinderschutz, was dazu führt, dass die strukturell bedingten schwierigen sozialen Realitäten für Kindern wenig in den Blick genommen werden, wie etwa Armut oder Diskriminierung.

Es lässt sich demzufolge festhalten, dass die Handlungsspielräume der sozial- und kindheitspädagogischen Fachkräfte im Kinderschutz vorrangig ziel- und zweckgebunden ausgestaltet werden. Als überaus zentral wird die Berücksichtigung von situativen Kontexten im Kinderschutz angesehen. Jeder Kinderschutzfall soll als einzigartig wahrgenommen und bearbeitet werden, jeweils im Kontext der spezifischen familialen Dynamiken. So können die Modalitäten des professionellen Vorgehens und der daraus resultierenden Handlungsfolgen auf den Einzelfall bezogen beschrieben und die Anwendung von Verfahren und Methoden begründet werden.

Gleichfalls wird durch die von den sozial -und kindheitspädagogischen Fachkräften vorgenommenen Positionierungen deutlich, dass sie ihr intuitiv-subjektives und diskursiv-intersubjektives Wissen über Kindeswohl, Kindeswohlgefährdung, Kinderschutz, Kinderrechte sowie die konkrete Ausgestaltung der Lebenswelten ihrer Adressat*innen als Schlüsselkomponenten nutzen, um Fehler zu vermeiden, Risikoeinschätzungen vornehmen zu können und zukünftigen Schaden für das Kind bzw. die Kinder zu verhindern.

Vielfach reflektieren die sozial- und kindheitspädagogischen Fachkräfte ihre subjektiven Einschätzungen, Beurteilungen und die daraus resultierenden Handlungsmodalitäten in Bezug auf die möglichen Auswirkungen der kindlichen Lebenszusammenhänge in Familie. Die wechselseitige Beeinflussung des teilweise spontanen „Reagierens“ der sozial- und kindheitspädagogischen Fachkräfte auf das Geschehen in Familien, also die kontextbezogene Analyse der Situation und die daraus abgeleiteten Entscheidungen über das weitere praktische Vorgehen, prägen die Bearbeitung von „Fällen“ im Kinderschutz.

Zentral ist in diesem Zusammenhang die Entwicklung eines „Miteinanders“ von Fachkräften, den Kindern und ihren Eltern sowie weiteren Akteur*innen im Kinderschutz.

Die Positionierungen der pädagogischen Fachkräfte zu den doppelten Vermittlungsaufgaben von Hilfe und Kontrolle, Recht und Schutz, Nähe, Empathie und Distanz zeigen, dass eine inhaltliche Diskussion zur konkreten Ausgestaltung professionellen Handelns im Kinderschutz eine Daueraufgabe darstellt, um neben einer weiteren wissenschaftlichen und professionellen Durchdringung der Handlungsfelder im Kinderschutz auch veränderte Möglichkeiten der Nutzung von Wissen und damit einhergehend auch von strukturellen Korrektiven zu schaffen.

Strukturelle Bedingungen	Regel- und werteabhängige Zusammenarbeit	Positionierungen im Kinderschutz
Kommunale Ressourcen: soziale und ökonomische Bedingungen (Räume, Mobilität, Flexibilität, Vernetzung, Expert*innen)	Zugriffe auf Eltern und Kinder	Thematisierung, Motivation (Verbindungs- und Reflexionsfähigkeit der Akteur*innen)
Politische Vorgaben	insoweit erfahrene Fachkraft, Partizipation	Praxen und Angebote

Tabelle 4: Positionierungen der sozial- und kindheitspädagogischen Fachkräfte im Kinderschutz

In der Bewertung der bisherigen Kinderschutzpraxis durch die sozial- und kindheitspädagogischen Fachkräfte selbst finden sich nur wenige Aussagen zur Berücksichtigung der Interessen von Kindern oder ihrer möglichen Einbeziehung in familiale Veränderungsprozesse. Im Gegenteil, eine beteiligungsorientierte Arbeit im Kinderschutz wird nur von einem sehr geringen Anteil der sozial- und kindheitspädagogischen Fachkräfte in Erwägung gezogen und dies, obwohl mittlerweile vielfältige und ausdifferenzierte Erkenntnisse darüber vorliegen, dass Kinder ihre problematischen und/oder häufig auch sehr konfliktreichen familialen Situationen durchaus einschätzen und bewerten können (Wolff et al. 2014; Garlen 2019, S. 58).

G6: „Und jeder erlebt das ja auch anders, ne. Wenn jetzt Kinder, dass die sagen, das ist doch ganz normal, wenn man dann, ne, auf die Finger kriegt oder so, ne. Das ist das, was die G3 schon gesagt hat, dieses Sensibilisieren, dieses darauf aufmerksam machen. Klar, sollte das jedem bewusst sein. Aber ist es denn auch jeden bewusst? Essen bestes Thema, ne, das ist ja immer so bei Pädagogen so ein Diskussionspunkt, wem gehört der Nachtisch und so was, ne. Darüber haben wir auch lange geredet. Ich war auch nochmal auf einer Fortbildung auch für Krippenkinder, und da haben wir eben auch diskutiert, wo fängt es denn schon an, ne. Also wenn die Windel von der Nacht noch dran ist, dass das ja eigentlich da anfängt. Und das war für mich auch schon so ...., da müssen wir ein bisschen genauer hinschauen, ne. Aber oft ist dann auch, denke ich, immer dieses sensibel bleiben dafür, weil, ja mein Gott dann hat er halt wieder .... dann ziehen wir ihn schnell eine Frische an, ne. Mit den Eltern zu reden ist so anstrengend, die verstehen kein Wort und, ne .... Nein, wir müssen da dranbleiben. Wir müssen immer wieder reden. Immer wieder versuchen, das zu erklären, warum und wieso und weshalb. Und dokumentieren, dokumentieren, dokumentieren. Was hier halt im Haus ..... Wir sind wirklich immer im Gespräch. Also es ist wirklich nichts, wo, das behalte ich jetzt für mich, das mache ich alleine. Immer, okay, kannst du mal mitgucken. Das Vier-Augen-Prinzip. Oder ich weiß, ich kann es jetzt nicht einschätzen, was sagst du denn dazu? Kommst du mal mit und schaust es dir an? Ist das jetzt, hatten wir auch schon, eine Brandwunde, eine Kratzwunde, eine Ätzwunde, eine was weiß ich Wunde? Und dann standen wir davor, ja, ... was ist es denn jetzt? Und das ist halt dann also wirklich .... finde ich hier bei uns ... Was mache ich denn jetzt, ne? Mir ist was aufgefallen. Was mache ich denn jetzt? Hey komm, da gibt es Ordner, wo man was nachschauen kann. Da gibt es die G3, also hier alle, die am Tisch hocken, die Erfahrung haben, die man fragen kann. Also das finde ich immer .... sich Rat holen auf jeden Fall. Den Mut zu haben auch, ich frage jetzt einfach mal, auch wenn das Ganze vielleicht für mich blöd ist. Aber ich fand das irgendwie eine komische Situation und jetzt frage ich mal nach. Und nicht einfach wegschauen, ne. So, ach, das ist mir zu blöd, oder so. Das finde ich auch wichtig. Den Mut halt zu haben auch zu sagen, ich finde das nicht in Ordnung. Auch bei Kollegen vielleicht. Das hatten wir auch bei dem Thema, ne, wie gehen wir da miteinander um, wenn wir was sehen bei einem Kollegen, wo wir sagen, finde ich nicht okay. Und der Teamtag war echt gut, können wir echt öfters machen".

Es wird deutlich, dass Kinder „Objekte" der Sorge von Erwachsenen sind. Ihre Interessen und Bedürfnisse werden eher wenig von den sozial- und kindheitspädagogischen Fachkräften thematisiert. Kinder sind auf die Sorge der Erwachsenen angewiesen. Ihnen wird nur ansatzweise zugetraut die familialen Situationen zu reflektieren und innerhalb der familialen Gefüge selbstbestimmt zu handeln. Aufgabe der sozial- und kindheitspädagogischen Fachkräfte im Kinderschutz ist es die Kinder zu schützen. Von den sozial- und kindheitspädagogischen Fachkräften wird häufig ein Bezug zur eigenen Einrichtung bzw. Konzeption hergestellt. Dies dient dazu die gegenwärtigen und zukünftigen Handlungsweisen und Handlungsspielräumen im Kinderschutz zu begründen und gleichzeitig auf die Schwierigkeiten der professionellen Einordnung der vielfach sehr interaktiven und dynamischen Prozessverläufe hinzuweisen.

KTREC024: „Oft ist es ja so, es sind kleine Beobachtungen, wie so ein Puzzle, und dann erwarte ich schon, dass die Kollegen das dokumentieren. Dann kann man sagen, so und so oft seitdem und dem Zeitraum spielt das eine Rolle."

Weiterhin betonen sowohl die kindheitspädagogischen als auch die sozialpädagogischen Fachkräfte die Relevanz einer guten Dokumentation, die zugleich der Absicherung der Fachkräfte dient und daher möglichst lückenlos sein sollte.

ASDREC026: „... Ich .... Eigentlich finde ich so wie wir. Ich habe es nur so kennengelernt, wie wir das machen. Und ich merke, dass alle Kollegen unterschiedlich da auch arbeiten. Jeder hat eine andere Einschätzung. Schon wichtig ist, dass im Team darüber gesprochen wird. Wir hatten viele Zeiten jetzt, wo wir dann zu dritt hier sind, und dann weiß man schon, wer der Kollege, der am längsten. Das ist jetzt nicht bei mir so schlimm, aber bei Kollegen die dann von den älteren, die dann alleine hier sind, da weiß man, das Wort ist eigentlich Gesetz so. Weil die haben es so am meisten drauf so ungefähr, oder sonst der Chef halt. Aber wenn man im Idealfall im größeren Team darüber diskutieren kann und erst mal recherchiert, um irgendwie Transparenz zu erhalten und dann in der Praxis auch dann die direkte Überprüfung. So wie wir das machen, finde ich es gut, aber ich glaube es gibt. Was ich halt schwierig finde, dass es überall andere Konzepte gibt. Ich verstehe auch nicht, warum nicht irgendwie vom Land angeordnet wird: So wird es gemacht! Verstehe ich nicht. Es wird alles standardisiert. Ich verstehe nicht, warum jedes Jugendamt anders arbeitet. Es müsste doch eigentlich eine Standardisierung für.... Da müssten sich Fachleute zusammensetzen, die ganz klare Richtlinien und .... Klar, es gibt nicht immer Schwarz und Weiß, aber die wenigstens Richtlinien, Standards, von mir aus Dokumente und Formulare erstellen, die nachvollziehbar sind und die dann in den einzelnen Jugendämter genutzt werden können. Jede Übergabe wäre viel einfacher, wenn ich das gleiche HPG (Hilfeplangesprächs-Protokoll) benutze wie XY, wäre die Übergabe definitiv einfacher als wenn die erst mal in ihre Standards unsere Sache in ihre Standards, reinpressen müssen. Und das finde ich beim Kinderschutz genauso. Irgendwie, es gab mal einen Kinderschutzbogen, der ist dann aber nicht mehr so wichtig. Dann macht man es so, und dann gibt es wieder so. Weiß ich nicht. Für mich ist immer wichtig und klar: primär das Wohl des Kindes. Mir ist aber auch immer wichtig, dass das, was ich mache, dass ich das, wenn irgendwas passiert, rechtfertigen kann. Dass ich abgesichert bin. Weil da halte ich nichts von mir irgendwie hin. Ich versuche mich immer, auch wenn zum Beispiel Thema Gewalt im Raum steht und keine Anzeichen, aber vielleicht auf Erwachsenenebene erst mal, und alle versichern mir, das Kind hat keine Gewalt erfahren, man sieht nichts. Wir können nicht jedes Kind bei der Kinderschutzambulanz vorstellen, das geht nicht. Mir reicht es dann auch manchmal schon mal einfach auch tatsächlich für die Akte, dass die zum Arzt gehen und eine medizinische Untersuchung machen, dass ich einfach Schwarz auf Weiß habe, dass zu dem Zeitpunkt, wo ich das überprüft habe, keine außergewöhnlichen Verletzungen vorlagen. Dass ich einfach, das ist jetzt nicht hoch pädagogisch, oder? Aber das ist für mich wichtig, dass ich was in der Hand habe, auch um zu sagen: ‚Wir hatten keine Anzeichen!'."

Ebenfalls wird von den pädagogischen Fachkräften ein Bezug zu den feldspezifischen Aufgaben, Zielen und Bedingungen von professionellem Handeln im Kinderschutz hergestellt. Neben der Orientierung an institutionellen Vorgaben, Standards und Prozessen wird auf die hohe Bedeutung der interdisziplinären Zusammenarbeit im Kinderschutz hingewiesen.

Dies hat zur Folge, dass Fachkräfte im Kinderschutz fähig und bereit sein müssen, mit anderen Akteur*innen zusammen zu arbeiten, also eine professionelle Haltung der Akzeptanz, Fehlertoleranz und kritischen Solidarität (v. Spiegel 2013, S. 96) zu entwickeln und nachzuweisen.

ASDREC028: „Eine gute Kinderschutzpraxis ist nicht mit der Tür ins Haus ... Wie das ... Es ist gut, wenn man frühzeitig in Kontakt ist. Es ist gut, wenn man gut aufgestellt ist. Wenn man fachlich qualifizierte Personen dabei hat, die einen beraten können, und wenn man im

Austausch bleibt. Und ja, sobald der Austausch abbricht von einer Seite, empfinde ich das immer als schwierig. Also sei es von Kitaseite oder von anderen Beratungsstellen, die ja eigentlich mit drin waren. Sobald da ein Träger mit rausfällt, finde ich das schwierig, weil man einfach nichts mehr gespiegelt bekommt. Wie läuft es denn dann auf der anderen Seite? Und das ist für mich dann ein schlechter Kinderschutz, wenn man da nicht mehr die Rückmeldung erhalten kann."

Aber auch die Differenziertheit der zu bearbeitenden Fälle, die sog. „Flutwelle" der sich immer weiter verändernden Lebensentwürfe, werden von den Fachkräften im Kinderschutz systematisch reflektiert. Das Wissen darüber, dass sich familiale Lebenslagen und Sozialräume in einer Weise verändern können, dass diese für die Einzelnen nicht mehr zu bewältigen sind (Beck/Beck-Gernsheim 1994, S. 31), müsste zu einer Neugestaltung von Vermittlungs- und Leistungsangeboten sowie der Einrichtungsstrukturen führen.

Die heterogenen familialen Milieus werden zunehmend zu einem Experimentierfeld für die kindlichen Möglichkeiten von Autonomie und Partizipation, bei gleichzeitiger Abhängigkeit von innerfamilialen Stabilitäten und des Austarierens von Instabilitäten, mit ihren jeweils kurz- und langfristigen Auswirkungen auf das kindliche Erleben.

ASDREC023: „Ich finde ... die Fälle sind so unterschiedlich, so viele verschiedene Problemlagen, man kann das als eine Person, die Soziale Arbeit studiert, gar nicht erfassen. Und da fände ich das zum Beispiel gut, wenn man fix Migrationsmittler hätte, die die Sprache sprechen. Man kann sich einen Dolmetscher dazu nehmen, aber das fände ich natürlich toll, wenn es Spezialisten dafür gäbe, die da angegliedert werden. Dolmetscher, die entsprechend ausgebildet sind, die wissen, was die Thematik ist, weil bei einer Überprüfung, da passiert so viel zwischen den Zeilen, und wenn ich die Sprache nicht spreche, dann fehlt mir das. Und dann brauche ich eine Person, die da sensibel dafür ist."

Die zunehmende Veränderung und Verschiebung von sozialen Problemlagen, das Hinzukommen und die Bewältigung von immer neuen Konflikt- und Krisenkonstellationen in Familien, führt dazu, dass familiale Situationen als sehr schwer, erschütternd und dringlich von den sozial- und kindheitspädagogischen Fachkräften wahrgenommen werden. Gleichzeitig verändern und verschieben sich Zuständigkeiten in den sozialen Diensten, es kristallisieren sich neue Zielgruppen heraus, für die Angebote modifiziert, Maßnahmen und Leistungen angepasst werden müssen.

*KTREC023: „Der Idealfall? Der Idealfall wäre erst mal Rahmenbedingungen in den Kindertageseinrichtungen zu verändern. Gruppen zu verkleinern, genügend [Personal] zu haben – interdisziplinäres Personal. Sage ich jetzt mal. Kooperationsverträge jeder einzelnen Kindertageseinrichtung mit Frühförderstellen zum Beispiel würde ich also bevorzugen. An dem Inklusionsgesetz zu arbeiten, was nämlich mit einer heißen Nadel gestrickt ist. Das muss ich auch dazu sagen. Wenn ich jetzt mal so um die integrative, an die inklusiven Kinder denke, wir brauchen, um das dann weiterzuspinnen, sage ich Ihnen: gehen wir doch in die Schulen – wir brauchen natürlich mehr Lehrer*innen! Das ist die Diskussion schlechthin, die wir seit Jahren eigentlich führen. Also 1970 war, glaube ich, die Situation ähnlich. Ja* *also ich finde es geht immer um gutes Personal und ich finde auch, dass man die Erzieherausbildung auf ein höheres Niveau stellen muss. Das muss ich auch ganz ehrlich sagen. Also Abitur wäre von Vorteil. Auch wenn ich jetzt nochmal an die Berufsschulen denke, also an die Schulen, die Erzieher*innen ausbilden, da muss man besser sieben. Es gibt also wirklich auch Erzieher*innen, die können die Buche nicht von der Eiche unterscheiden, und das (...) Ich bin im XX tätig, ich stehe voll hinter meinen Mitarbeitern, aber manchmal.... Also hinter meinen ganzen Kollegen. Aber ich muss ganz ehrlich sagen, da muss sich etwas tun!"*

Alltägliches Handeln im Kinderschutz läuft jedoch oft ins „Leere". Dies kann ein Ergebnis der Veränderung von Wissensordnungen sein, der persönlichen „Versuch- und Irrtums-Verfahren" (Beck/Beck-Gernsheim 1994, S. 31).

Für die sozial- und kindheitspädagogischen Fachkräfte im Kinderschutz stellt sich daher die Frage, warum und in welcher Weise ihrem Handeln ein alternativer Sinn zugeschrieben werden und wie sie den unbeabsichtigten Nebenfolgen ihres Handelns entgegentreten könnten. Dies hat zur Folge, dass reflexive und analytische Verhältnissetzungen im Kinderschutz insoweit verändert werden, dass machtvolle Positionierungen notwendig werden, um die Sicherheit des Kindes zu gewährleisten. Was ein Ergebnis dieser Ordnungsprozesse sein kann, wird durch die pädagogischen Fachkräfte diskutiert.

G1: „... Auch die rechtlichen Geschichten. Das ist schon ... Da muss man schon die Nerven behalten. Wir hatten da eben auch einen Fall, da hat der Vater die Mutter während der Schwangerschaft des zweiten Kindes massiv misshandelt, also fast umgebracht. Dann gab es ein Kontaktverbot über ein halbes Jahr. Und ich bin fest davon ausgegangen, dass der Richter das verlängern wird. Und das war auch im, ... ja, in mein .... in jedem denkenden Menschen Sinne. Und der Richter hat dann aber gesagt. Nein, weil in den letzten sechs Monaten hat ja kein weiterer Vorfall stattgefunden. Das heißt, er hat das Kontaktverbot nicht verlängert. ... Und das sind auch Sachen, damit muss man dann sozusagen fertig werden, weil da kriege ich einfach ... da kriegt man einfach Wut darüber auch, ja. Dass ich sage, ja, muss er die jetzt erstmal umbringen, und dann sagt man ups. ... Und das ist einfach eine Geschichte, das ist, glaube ich, auch diese Diskrepanz, weil der 8a ist eigentlich eine tolle Sache. Auch in der Theorie der Kinderschutz, wunderschön, da hat sich ganz viel positiv verändert. Aber gerade die Abgründe, gerade bei den Sachen, wo sich wirklich Abgründe auftun, da verzahnt sich das dann nicht. Dann sagt der ASD (Allgemeine Soziale Dienst), ‚ja da können wir jetzt nicht machen Frau X, das hat der Richter jetzt so entschieden'. Und das ist dann schon so das war eine Familie, wo ich dann gesagt habe, ‚Aber er darf hier nicht rein'. ... Und das ist natürlich so ein Grauzonending. Der hatte weiterhin das Sorgerecht. Es gab kein Kontaktverbot mehr. Und wo weiter. Und da habe ich einfach gesagt, das ist mir wurscht. Über diese Türschwelle kommt dieser Typ nicht. Und das war zum Beispiel für mich auch nochmal, dass man da auch mal Haltung zeigt und sagt, gegenüber Tätern habe ich eigentlich auch eine Haltung. Und das war mir wirklich egal, ob der ... der hat einen Vertrag natürlich mit uns, und was weiß ich. Ich habe einfach gesagt, der kommt hier nicht rein, der holt dieses Kind nicht ab. Und dann soll er erstmal klagen, und dann warten wir einfach, was passiert. Und das war auch so, wo dann der ASD schon geguckt hat, und dann habe ich gesagt, ‚Ja, das kann ich aussitzen. Wunderbar, da warte ich einfach bis der sich das einklagt. Und so lange kommt der nicht über diese Türschwelle.' Und das hat er natürlich nicht gemacht. Und ich glaube, dass es gut ist, wenn man einfach mal Tätern gegenüber auch da nicht klein beigibt."

Deutlich wird bei dieser Beschreibung der Problembearbeitung, dass zum einen pädagogisches Handeln als nicht klar umreißbare „Allzuständigkeit“ und Verantwortung wahrgenommen wird, und zum anderen, dass die hier konturierte familiale Situation einer Regulation bedürfte.

Die pädagogische Fachkraft fühlt sich exklusiv zuständig die Bearbeitung von Zuständigkeitsgrenzen zu übernehmen, auch entgegen den Interpretationen anderer Berufsgruppen. Die Aufrechterhaltung bzw. Wiederherstellung von Handlungsspielräumen verwischen die vormals klaren Zuständigkeiten.

In diesem Zusammenhang zeigen sich sehr deutlich die Aushandlungsprozesse von sozial- und kindheitspädagogischen Fachkräften im Kinderschutz, die in einer „Verantwortungsgemeinschaft“ handeln und keine Fälle an einzelne Institutionen abgeben, sondern synergetisch handeln wollen.

Zugleich verlangen aber die Dringlichkeiten bestimmter familialer Situationen, dass neue Aushandlungsprozesse im Hinblick auf die Ausgestaltung des Beratungs-Handlungskontinuums im Kinderschutz stattfinden. Es werden ständige Abwägungsprozesse zwischen den rechtlichen Ansprüchen der Adressat*innen, dem möglichen professionellen Handeln, organisationalen bzw. gesellschaftlichen Interessen sowie des Wissens über gegenkulturellen Praktiken eingefordert.

G3: „Also für mich als Leitung ist es wichtig, dass das Team sensibilisiert ist darauf zu schauen und dass die Wege klar sind, wie das weitergemeldet wird und an wen ich mich wenden kann und auch muss, wenn mir da was auffällt. Das ist mir total wichtig. Und dann gibt unser Träger natürlich auch noch Sachen vor, um sich abzusichern. Also es ist zum Beispiel so, dass meine Chefin auch informiert wird, wenn da Dinge passiert sind und weitergemeldet werden, auch ans Jugendamt zum Beispiel. ... Also das ... ich habe da wieder doch so ein bisschen einen anderen Blick darauf. ... Und bei uns ist es so, das finde ich auch wichtig, dass ich immer miteinbezogen werde, wenn so was kommt. Und dann braucht es manchmal auch mehr als zwei oder vier Augen, manchmal auch sechs Augen, um sich was anzugucken und das dann zu bewerten oder zu beurteilen. Und unter Umständen sind wir uns auch uneinig, aber dann gibt es ja noch jemand an den man das weitermelden kann. ... Da gab es auch schon alle möglichen Geschichten hier im Haus schon in den vier Jahren, ne. Ja.“

Als besonders hilfreich wird immer wieder die Zusammenarbeit mit weiteren Akteur*innen im Kinderschutz eingeordnet. Im Kontext eines möglichst kollegialen Miteinanders, auf „Augenhöhe“, können Problem- und Konfliktlagen reflektiert und sich über mögliche und umsetzbare Zuständigkeitsgrenzen verständigt werden.

G2: „(...) Ich glaube, das ist ja irgendwie auch so ein Vorteil von so einem Familienzentrum, dass ja auch manche Familien ja von der Krippe bis ja zum Hort hier sind, und ich glaube da auch dieser kollegiale Austausch, ne, was war früher, weil ich wüsste das ja zum Beispiel gar nicht, ich bin ja jetzt ganz neu im Hort. Aber das Kind ist jetzt zwar in der ersten Klasse, jetzt bei uns, aber da könnte ich jetzt nochmal rückfragen, ist euch da auch schon was aufgefallen und so weiter. Ich glaube das ist nochmal, finde ich, so ein großer Vorteil einfach, dass man da nochmal in den Austausch gehen kann, weil oft ist man dann ja auch unsicher, ne. Hat mit seinem Team gesprochen, aber vielleicht war ja schon was, wie ist da verblieben worden, gab es vielleicht schon nochmal Hilfen in den Familien, ne. Also das ist ja nochmal anders als wie wenn man es irgendwie in der Kinderakte nachliest als wie wenn man auch nochmal ins Gespräch geht. Finde ich einfach gut."

Die Akteur*innen im Kinderschutz orientieren sich an unterschiedlichen Leitbildern im Kinderschutz. Trotz des Auftrags fachliches Handeln im Spannungsfeld der Interessen von Kindern und ihren Eltern bzw. Erziehungsberechtigten, den Organisationen wie auch den gesellschaftlichen resp. politischen Vorgaben zu verorten, gelingt es den sozial- und kindheitspädagogischen Fachkräften nicht durchgängig ihre Handlungsspielräume auszuloten.

Vielfach wird sich erhofft durch mehr strukturierende Prozessabläufe im Kinderschutz die leitmotivischen Vorgaben der genauen Risikoeinschätzung, einer „glasklaren" und nachvollziehbaren Bestimmung von Kindeswohlgefährdungen, des professionellen Umgangs mit Konflikt- und Grenzsituationen, der Offenlegung und Reflexion von professionellem Fehlverhalten, der Vermeidung von Unbestimmtheiten und Beliebigkeiten, der reibungslosen Zusammenarbeit mit anderen Akteur*innen im Kinderschutz, erfüllen zu können.

G11: „Gegenseitige Kontrolle. Also, dass sich nicht auf die eine Sachbearbeiterin in der Familie verlassen wird, sondern wenn man hört, okay da sind von mehreren Stellen schon Sachen gekommen, dass man die Kollegin, sage ich mal, kontrolliert oder sich einfach eine Zweitmeinung mitreinholt. Und nicht sagt: Nein, die Kollegin ist da seit Jahren in der Familie drinnen, das läuft super, die sagt, das ist alles okay. Weil dann werden wir als Einrichtung, ne, ... nicht mehr ernstgenommen. Und das ist dass, wo ich mir sage, wir kontrollieren uns hier auch. Also Kontrolle ist jetzt doof gesagt, aber wir kontrollieren uns hier auch gegenseitig, indem wir halt gucken und den Mund aufmachen. Und ich finde das sollte im Jugendamt auch so sein. Dass da nicht nur, weil die Sachbearbeiterin das sagt, weil sie die Familie seit Jahren kennt, das heißt okay es ... funktioniert jetzt, und dann wird das so akzeptiert. Weil ich meine, wir sind alle Menschen, alle Menschen machen Fehler, und es ist schwierig die Grenzen zwischen privat, beruflich, Freundschaft, nicht Freundschaft .... Es verwischt sich sehr schnell im sozialen Bereich, ne, und es ist schwer das zu trennen. Und es gibt manche, denen fällt das vielleicht schwieriger als anderen, und dann ist es auch manchmal schwer das wieder zu unterscheiden. Und da finde ich ist es wichtig, dass auch das Jugendamt sich da mehr gegenseitig kontrolliert oder kollegial berät. Genau."

Diese hier dargestellten sehr typischen Dynamiken in den Handlungsverläufen im Kinderschutz sind zum einen Ergebnisse von institutionellen Ordnungsprozessen, und zum anderen auch Versuche, eine Normalisierung der Eltern-Kind-Beziehung zu ermöglichen, also familiale Ordnungen wieder herzustellen, fortzuschreiben und auch zu verändern. Durch möglichst genaue Risikoeinschätzungen sollen Fehler vermieden und verbindliche Vorhersagen über Kinderschutzverläufe ermöglicht werden.

G3: „... Ja, und ich denke halt es ist einfach wichtig ... also für uns ist klar dieses Schutzkonzept, das steht nicht einfach nur da, sondern es muss gelebt werden. Zum einen, dass wir alle immer wieder an dem Thema arbeiten, ja, um uns bewusst zu sein, was hat sich vielleicht im Haus auch verändert, oder es gibt neue Situationen. Also was weiß ich, wenn ihr mit den Kindern im Bus einen Ausflug macht, dann ist das nicht mehr im Haus, aber auch da ist der Kinderschutz ganz groß. Also ihr habt Situationen schon geschildert, dass dann ältere Menschen sagen, ach ja, das Kind kann auf meinem Schoß sitzen, ne. Auch da ist einfach der Kinderschutz und die Praxis für uns wichtig sich darüber unterhalten zu haben, um einfach mal sich dieser Situationen bewusst zu werden. Dass auf dem Spielplatz, dass man einfach schauen muss, dass Fremde nicht dauernd die Kinder ansprechen, ne, oder über den Kopf streicheln, weil da fängt es halt an. Wenn ich Fremde ein Kind über den Kopf streicheln lasse, dann signalisiere ich dem Kind, wenn ich das zulasse, jeder darf dich anfassen, ne. Und das ist so eine Thematik, wo tatsächlich wichtig ist, dass man da am Ball bleibt. Also nicht einmal das, wie du auch gesagt hast, niederschreibt und dann steht es irgendwo, sondern dass man es im Alltag einfach auch lebt. Und dann kommt ja bei uns jetzt noch dazu, und also das ist ein ganz aufbauendes Konzept, dass wir ein sexualpädagogisches Konzept noch in der Schrift haben. Das heißt, das ist natürlich das Hauptinstrument mal irgendwann, weil das wächst natürlich immer mehr. Da geht es jetzt um Doktorspiele, um ... den Umgang der Kinder miteinander, gerade auch in punkto Gewalt. Wo ist die Grenze, wenn ein großes Kind ein Krippenkind zu irgendwas zwingt, also ein Hortkind. Und da kommt das natürlich nochmal detaillierter mit rein. Und da merken wir ja auch nochmal, wie grundunterschiedlich wir sind. Also der eine sagt bei den Doktorspielen, ja das darf soweit gehen, die dürfen sich ruhig anschauen, anfassen. Der nächste im Team sagt, nein, also Unterhosen bleiben an, das geht gar nicht, ne. Umso wichtiger ist es gerade also, wenn ich dann nach außen oder den Kindern was vermitteln möchte, dass wir hier erstmal eine Basis haben, wo wir sagen, also das ist unser Weg. Und, ja, viele Jahre ist es totgeschwiegen worden. Und ich bin mir sicher, hätte man es nicht totgeschwiegen, wäre es sicherlich in vielen Institutionen nicht so weit gekommen, ne. Also und ich merke, dass bei Bewerbungsgesprächen ist das bei uns thematisiert. Also Kollegen, die hier anfangen werden zu dem Thema informiert. Also wir haben auch da von Trägerseite her ganz viel ... Schutz nochmal. Gut, das Führungszeugnis, das erweiterte, ist überall Standard. Aber einfach auch nochmal eine Selbstauskunft, und eben auch ... viele sitzen dann schon im Bewerbungsgespräch. Mit was fängt die jetzt auf einmal an, ne. Also so die Themen sind ja jetzt schon irgendwie berührend und, hä, was soll das, unterstellt die mir, dass ich vielleicht ... Missbrauchsabsichten hätte oder so. Aber ja, für mich wird es immer deutlicher, je länger ich in dem Beruf arbeite, gerade auch Kolleginnen, die vielleicht festgefahren sind und gar nicht tendenziell böse Absichten hatten, aber einfach in ihrer Routine, in ihrem Alltag festgefahren sind, die man dann wieder rausreißen kann, wenn man gerade über solche Themen spricht, ne. Machtausübung ist ein ganz großer Punkt, finde ich, von Erzieherinnen zu Kindern, was sich ganz schnell so einfach im Alltag verläuft. Also so stattfindet ohne, dass man sich dessen noch bewusst ist.“

Begründet werden können diese unterschiedlichen Logiken in den Handlungsanordnungen der pädagogischen Fachkräfte u.a. mit der Ausformung von eher eindimensionalen oder komplexeren Ordnungsvorstellungen im Handlungsfeld Kinderschutz. Diese werden in der konkreten Kinderschutzpraxis auf sehr unterschiedliche Weise von den Fachkräften ausgeformt.

Wird das professionelle Handeln im Kinderschutz von einem eher eindimensionalen Leitbild im Kinderschutz gerahmt, werden Kinder vorrangig als schutzbedürftig und Opfer ihrer familialen Verhältnisse wahrgenommen. Die Akteur*innen im Kinderschutz orientieren ihr professionelles Handeln dann an bürokratischen und technokratischen Vorgaben. Durch standardisierte und systematisierende Prozessabläufe (Screening-Verfahren, Diagnosetabellen usw.) (Bastian 2016) sollen Handlungssicherheit, die Konkretisierung der Verfahrensverläufe, objektiv bestimmbare und richtige Ergebnisse erzielt sowie eine ständige Kontrolle sichergestellt werden. Dabei hängt es nicht von den standardisierten Prozessen an sich ab, dass Fehler vermieden werden könnten (Gillingham 2011, S. 419f.). Diese Formen von Risikomanagement im Kinderschutz, meist durch den Einsatz von Entscheidungstools vorstrukturiert, begünstigen jedoch auch pathologische Deutungen und Kulturen professionellen Handelns, die die ständig notwendigen Diskussionen über die Angemessenheit fachlicher Standards weitgehend verhindern. Insbesondere gilt dies, wenn die Stimme der Kinder nicht berücksichtig wird (Wolff et al. 2014, S. 56).

Die bisher geschaffenen Orientierungsrahmen mit klaren und transparenten Regeln im Kinderschutz wirken sicherlich im Hinblick auf den permanenten Entscheidungsdruck sehr „entlastend“. Sie begünstigen aber auch die Durchsetzung von medizinisch-pathologisierenden Perspektiven auf arme Familien, da es im Kinderschutz auch primär darum geht, dass Eltern verantwortungsvoll und engagiert handeln sowie in der Lage sind ihr eigenes Verhalten zu kontrollieren (Lenze 2019, S. 184; Rooth et al. 2018, S. 307).

Problemverschiebungen können die Folge sein, wenn etwa als mangelhaft beschriebene hygienische Situationen in Familien dazu führen, dass schnelle Interventionen (Inobhutnahmen) begründet werden oder kontrollierende Hausbesuche auf Dauer stattfinden (ebd.; Hummel 2019, S. 198). Eine eher mehrdimensionale Ordnungsvorstellung des Handlungsfeldes Kinderschutz führt zur Wahrnehmung von Kausalitätsketten, der unbeabsichtigten Neben- und Fernwirkungen und möglichen Rückkoppelungseffekten in dem konkreten Handlungsalltag der pädagogischen Fachkräfte. Munro (2010, S. 1136) beschreibt Kinderschutz ebenfalls als ein System:

> *„Child protection services are conceptualised as complex adaptiv systems.The 'complex' part of the label refers to the nature of causality within the system- to non-linear dynamics that limit the predictability of actions so that the system should not be seen as a machine where, once the correct causes are put in motion, all will proceed in a precise and predictable way. The 'adaptive' part of the label follows on from this- a system needs to be able to receive feedback about what is happening to self- regulate, namely adapt its behaviour in the light of this learning“.*

Kinder werden als Teil von Familien sowie ihrer sozialen Netzwerke wahrgenommen und erklärend darin eingebettet. Professionelles Handeln im Kinderschutz findet in Kinderschutznetzwerken statt, da durch die Zusammenarbeit mit anderen Berufsgruppen konstruktive Kommunikations- und Unterstützungszusammenhänge ermöglicht werden können. Ziel ist es, eine ständige Weiterentwicklung der Präventions- und Interventionsmaßnahmen im Kinderschutz zu ermöglichen, um einen positiven Kindeswohlstandard gesamtgesellschaftlich umzusetzen.

	eindimensionale Ordnungen des Handelns im Kinderschutz	*komplexe Ordnungen des Handelns im Kinderschutz*
professionelles Handeln	Kinderschutz als akzeptiertes Leitbild	positiver Kindeswohlstandard
professionelle Perspektiven	schutzbedürftiges Kind	Kinder in Familien und sozialen Beziehungen
Wissen über die Ursachen und Folgen von Kindeswohlgefährdung	sofortige und/oder naheliegende Wirkungen der Interventionen	Wahrnehmung von räumlich, zeitlich getrennten sowie unterschiedlich langen Kausalitätsketten, Welleneffekten, unbeabsichtigten Folgen, Rückkopplungseffekten als zentrale Bezugspunkte professionellen Handelns
Handlungsspielräume	Regulierung und Einhaltung von bürokratischen und technokratischen Vorgaben	professionelle Handlungskompetenz wird gestärkt, es geht um ein sinnvolles Zusammendenken von sozialen und technischen Vorgaben
Evaluation	strenge Anwendung von Diagnosetabellen, defensives Management, Risikobeherrschung und Kontrolle, Verdrängung der professionellen Diskretion, Fokus auf standardisierte Prozesse und Vorgaben	konstruktive Diskussion-, Kommunikations- und Unterstützungszusammenhänge, gemeinsame Regelvorstellungen entwickeln, Planung von tragfähigen Konzepten, Weiterentwicklung der Konzepte und Handlungsstrategien

Tabelle 5: Ordnungen des Handelns im Kinderschutz (vgl. Munro 2019).

Wie deutlich wird, ist die Umsetzung eines positiven Kindeswohlstandard unmittelbar an die Veränderungen von strukturellen Rahmenbedingungen gekoppelt.

KTREC023: „Also die Zusammenarbeit muss so organisiert werden oder gesetzliche Grundlagen müssen geschaffen werden, Datenschutzbestimmungen müssen geändert werden. Dann müssen wir ... mehr Zeit für die Familie nehmen müssen. Das sind einzelne Punkte, die ich momentan spontan sagen würde. ... Unsere Gemeinwesen ist so kompliziert, dass jeder kocht ihr eigenes Süppchen. ... Ich ...soll laut meiner Aufnahmebestimmung ich soll immer überprüfen, ob diese Untersuchungen .... gemacht worden sind, ja. Ich soll immer die, ich sage mal, überprüfen, wenn die Eltern mir bei der Aufnahme diese U-Hefte vorlegen oder Impfpässe, ja. Ich soll laut gesetzlicher Regelung, wenn die Kinder nicht geimpft sind, ich soll das Gesundheitsamt informieren. Von anderer Seite sagt der Datenschutz, der 75a, solange ich nicht, ich sage mal, die Zusicherung der Eltern habe oder Unterschrift der Eltern habe, dass ich die Information nicht weitergeben soll, ja. Und von anderer Seite denke ich mir, die Ärzte die schreiben da irgendwelche Gekritzel bei der U, das kann ich nicht identifizieren, die ich kann nicht lesen, es gibt bestimmte Fachwörter, die ich nicht verstehe, was das ist. Und das heißt wenn ich zum Beispiel ... sehe, dass das Kind blaue Flecke hat, der Arzt sieht das und informiert mich nicht. Nicht einmal die Polizei. Weil, es ist eine Misshandlung und eine Misshandlung muss einfach sofort angezeigt werden. Die Ärzte machen das nicht, weil es für die viel Arbeit ist. Die Schulen genauso, die Schulen machen genauso. Die Lehrkräfte sagen, wenn ich das mache, dann muss ich das und das machen. Also wir sind manchmal hier vor Ort, also als Einrichtung werden wir manchmal als Buh-Mann ...., weil wenn wir die anzeigen wir mit unserem vollen Namen zeigen wir die an, dass eine Misshandlung stattgefunden hat oder noch stattfindet, ja. Das kann körperliche oder seelische sein, ne. Und da wir stehen dazu, wir sagen, wir stehen dazu, wir machen das auch, warum sollten wir nicht, ich sage mal, wir haben diesen gesetzlichen Auftrag. Da steht ganz genau, wir haben diesen Schutzauftrag, wir müssen damit zurechtkommen. ... Und da wir werden manchmal auch schnell verurteilt, dass wir, ja, Schnellschuss abgeben. Manchmal ist besser, als dass man wirklich gleich bevor die Sache verschlimmert ist, dass man dagegen was unternimmt, ja. Ein bisschen empfindlicher sein. Also das heißt, ja, rechtzeitig reagieren, sehen, aber nicht zuschauen. Also ich erwarte von jedem Einzelnen, also dass unsere Gesellschaft ist wirklich, ja, alles ist gleichgültig geworden. ..., ja. ... Gewalt gegen Kinder. Also ich meine, in, ja, ich bin jetzt ...., weil der .... hat gesagt: ‚Ihr dürft eure Kinder schlagen'. Ich habe dann gesagt: ‚In XY schlägt man die Kinder nicht. Du darfst in der XY so ...., aber in Deutschland nicht. Sie machen sich strafbar'. Ich habe gesagt: ‚Ich werde sie anzeigen'. Und danach wurde ich von ... einigen der Personen, die uns kennen beziehungsweise meine XY, die kennen, die haben mir mittgeteilt ich soll das bitte unterlassen, ja, durch die Blume, ja. Ich habe gesagt, nein ich werde der anzeigen. Und dann habe ich überlegt, was würde ich erreichen? Diplomatisch, sage ich mal, Chaos wieder. Ich habe gesagt: ‚Okay, dann sagen sie bitte dem XY, der soll bitte solche ... nicht, sage ich mal, mehr in der Öffentlichkeit machen und das geht nicht'. Es ist so, weil die XY ist ganz in der Nähe. Das heißt wir müssen ... Oder Lehrkräfte beste ... Also wir sind Pädagogen. Manchmal denke ich mir, ich habe hier in der Schule auch einen Kollegen gehabt mit einem Buch auf dem Kopf gehaut und dann sagt er: ‚Ja, das war nichts'. Ich sage: ‚Nein das ist Gewalt'. Also, jeder Schlag ist, ob er weich geschlagen wurde oder hart geschlagen wurde, das ist egal, geschlagen, es ist so. Man versteht halt bestimmte Sachen anders. Also wir sind ... Es soll nicht die Gleichgültigkeit herrschen in dieser Gesellschaft, weil die Nachbarn sehen das und die reagieren nicht. Die sehen das, dass die Kinder die ganze Zeit angebrüllt worden sind. Zum Beispiel ich habe *ja vorher erzählt, Partizipation, ja, ist derzeit, sage ich mal, wichtigster Schwerpunkt in der Einrichtung. Das heißt, wenn eine der erwachsenen Erzieher*innen dem dreijähriges Kind sagt: ‚Ich habe dir gesagt .....‘. Und dann so steht wie bei einem Zeichentrick, diese Angst machen, ne. ‚Ich habe dir tausend Mal gesagt, dass du das nicht machen sollst‘. Verstehen sie? Das heißt durch die Sprache üben wir die Gewalt. Die Misshandlung fängt dort an. Und ich versuche dieses Fingerspitzengefühl meine Kollegen zu vermitteln, ‚Leute wir müssen auf unsere Sprache achten. Wir müssen einfach, wenn wir mit den Kindern reden nicht so von oben herab reden, sondern geht mal runter, die Augenhöhe. Knie dich erstmal, wenn du mit dem Kind redest. Schreie das Kind nicht an‘.... Also, es ist so, wir Pädagogen müssen unser Tun oder unser tägliche Handeln auch ständig überprüfen, weil sind auch manchmal betriebsblind hier, das weiß ich. Wachsam zu sein, also wir dürfen es nicht als Routine betrachten. Aber leider im Alltag schon Routine, ne. Also da denke ich mir, da haben wir Nachholbedarf. Gut, wir sind auch als ......, wir können auch sagen, wir sind auf einem guten Weg, weil wir versuchen ja momentan die Kinderrechte in den Vordergrund stellen. Kinderrechte, wenn ich überlege, das ist UN-Konvention, wurde der veröffentlicht, und die Bundesrepublik Deutschland hat noch nicht unterschrieben und wir sollen das als Grundlage nehmen, ... bitte. In Deutschland, wenn kein Gesetz da ist da, gibt es keine Pflichten. ... Kinderrechte, also da denke ich mir, wir müssen unsere Pädagogen da, ich sage mal, bei der Ausbildung. da richtig sensibilisieren und da einfach denen sagen, hey es geht um die Kinderrechte. ... Weil, es ist so, und das muss man einfach praktizieren.“*

An diesen Positionierungen zeigt sich, dass das Austarieren von individuellen Handlungsmöglichkeiten, ganz i.S. von „Versuch- und Irrtum-Verfahren“ (Beck/Gernsheim 1994, S. 31) und der stetige Bezug der „Nebenfolgen“ und „Folgefragen“ des professionellen Handelns zu „staatlicher institutionalisierter Politik und Verwaltung“ (ebd.) sehr zentral thematisiert wird.

KTREC030: „Und dann braucht es ganz klar Zeit. Und zwar Zeit für die Menschen sich außerhalb des Gruppendienstes und des Dienstes am Kind, wirklich für eine fachgerechte und sachkundige Dokumentation zu widmen. Ich kann nicht mit 50 Kindern, oder mit 10 im Zimmer und gleichzeitig ein Bastelangebot, kann ich nicht eine Dokumentation schreiben über einen Fall oder über ein Vorkommnis, was mir als Mensch in der Seele brennt, wenn neben mir die Kinder hüpfen. Das schaffe ich mal stichpunktartig, aber nicht in der Reinheit und Qualität, wie wir sie bräuchten. Und dann brauchen wir einfach auch noch Zeit, um uns miteinander auszutauschen und um Psychohygiene zu betreiben. Und das sind dann wieder Anforderungen, die es braucht, so außerhalb des Gruppendienstes. Es ist jetzt in dem Pilotprojekt bei uns ... in der Kommune gestartet worden uns mehr Verfügungszeit zu geben, wie wir vorher hatten. Was dazu geführt hat, dass man ... man versucht sich mehr rauszuziehen, aber es wurde nicht das Personal aufgestockt. Und das ist das große Problem bei uns, dass wir einfach .... ja wir können uns schon rausziehen, aber wir sitzen hier im Büro mit dem Wissen, meine Kollegin sitzt da drüben gerade mit 15 alleine. Und das kann ich nicht, oder da kann ich nicht arbeiten. Und da haben wir schon das Grundproblem der personellen Ausstattung. Ein Betreuungsschlüssel, der derzeitig da is,t ist einfach nicht ausreichend. 1 zu 10, 1 zu 11, 1 zu 12 , wo auch immer man hinschaut, ja, das ist es einfach nicht. Wir bräuchten da eine viel ... kleinere Betreuungszahl der Kinder. ... Und wo ich mit Erschrecken hinblicke beziehungsweise wo ich sage, wo wir sehr wachsam sein müssen im Kinderschutz ist, dass die Systeme auf die größeren, immer größer werdenden Institutionen gut zugeschnitten werden und dass man da gute Konzepte entwickelt. Schaut man sich Kindertagesstätten und Horte an, sprengen wir gerade die 200er-Marke, wo 200 Kinder in einer

Einrichtung beaufsichtigt werden. ... Und da ist für mich schon die Frage, wie kann da guter gelingender Kinderschutz entstehen und auch konsequent durchgeführt werden, weil bei 200 kann schon mal einer untergehen. Und welche Systeme müssen sich aber genau die Einrichtungen dann aneignen, damit man eine lückenlose Dokumentation hat. Mit einem Haus mit 50 gehen einfach vielleicht nicht so viele verloren, wie in einem Haus mit 200, 250. Da haben wir ja schon Dimensionen erreicht, wo es einfach reicht. Und da haben wir nicht, wie in einem Schulsystem, eine Klassenleitung, die vielleicht vier Stunden am Tag die ganze Klasse immer gemeinsam hat und man die Kinder sieht, sondern die hüpfen halt durch das Haus. ... Visionär wäre einfach mehr Personal, mehr personale Ausstattung. Und dann aber auch ein ganz klares gesellschaftliches Statement oder auch politisch, das kann man auslegen wie man will, dass wir Hand in Hand miteinander arbeiten müssen. ... Und dann diese existierenden Hierarchiestufen abgeschafft werden müssen oder wir aufrutschen."

Daher lässt sich zusammenfassend festhalten, dass die pädagogischen Fachkräfte eine Verständigung über mögliche Veränderungen in den organisationsbezogenen Aufgaben einfordern. Nicht nur die Zusammenarbeit mit Akteur*innen im Kinderschutz, sondern auch die permanente Reflexion des Wissens im Kinderschutz können einen positiven Kindeswohlstandard ermöglichen.

Auf der Ebene der alltäglichen Praktiken der beteiligten Fachkräfte (Allgemeiner Sozialer Dienst und Kindertagesbetreuung) dient die implizite und explizite Wissensnutzung dazu (akademisches professionelles Wissen, Erklärungs- und Alltagswissen, Analyse- und Reflexionsperspektiven) die Zusammenarbeit mit den Kindern, Eltern und anderen Akteur*innen im Kinderschutz innerhalb der gegebenen Spielräume (organisationale Strukturen, Prozessabläufe usw.) zu gestalten.

Die in die professionellen Wissensbestände eingelagerten relevanten Informations- und Wissenstransfers, aber auch die professionellen Wahrnehmungen und Deutungen sowie die Gewichtung der verschiedenen Wissensformen, bestätigen die anfänglich getroffene Annahme, dass die kinderschutzzentrierten Praktiken in dem „Beziehungsdreieck" zwischen professionellen Akteur*innen und betroffenen Kindern sowie ihren Eltern (resp. Erziehenden), mit ihrem je eigenen professionellen Zugang zum Kind situiert sind.

Vor diesem Hintergrund haben sozial- und kindheitspädagogische Fachkräfte im Allgemeinen Sozialen Dienst und in der Kindertagesbetreuung die Wissensnutzung im Kinderschutz aus unterschiedlichen Perspektiven begründet, welche zugleich Potenziale für die Zusammenarbeit mit Kindern und Eltern immer wieder neu eröffnen. Hinsichtlich der Verwendung und Nutzung von Wissensbeständen in der Praxis des Kinderschutzes ist ein zentrales Ergebnis, dass generell Parallelen zwischen den professionell Tätigen im Kinderschutz bestehen.

Die Fachkräfte greifen in ihrer praktischen Tätigkeit auf Wissensbestände zurück, die aus einem Konglomerat von wissenschaftlichen, aber vor allem lebensweltlichen, organisationskulturellen und (berufs-)biografischen Aspekten bestehen. Die Rekonstruktion des beruflichen Selbstverständnisses und der relevanten Wissensbestände (aufgeschlüsselt nach Struktur, Bedeutung und Herkunft des Wissens), die für die Umsetzung der Aufgaben im Kinderschutz und der Bewältigung des beruflichen Alltags relevant sind, macht es ihnen möglich Potenziale für eine „gute Kinderschutzpraxis“ zu bestimmen.

Gleichfalls konnten teils widersprüchliche professionelle Wahrnehmungen und Wissensbestände zur interprofessionellen Zusammenarbeit wie auch zu Partizipationsrechten der Kinder und ihrer Familien im Kinderschutz herausgearbeitet werden. Es wurde auf der Ebene der alltäglichen Praktiken der Fachkräfte der Frage nachgegangen, inwiefern es möglich ist Kinder und ihre Familien als „gleichberechtigte“ Partner*innen in „gemeinsamer Verantwortung“ in die Kinderschutzarbeit einzubinden. Die Analyse des Datenmaterials hat ergeben, dass die Repräsentation und das praktische Alltagshandeln der Akteur*innen im Kinderschutz, je nach individuellen und strukturellen Bedingungen, mehr oder weniger große Potenziale für die Durchlässigkeit bzw. Anschlussfähigkeit von Wissen und Praktiken in der Zusammenarbeit eröffnet.

Ein weiteres relevantes Forschungsergebnis ist, dass strukturelle Rahmungen, wie etwa auf Seiten der Kindertageseinrichtungen die rechtlichen Grundlagen der Bundesländer, die entsprechenden Bildungs- und Erziehungspläne sowie, auf der Seite der Allgemeinen Sozialen Dienste, die spezifischen Qualitätsentwicklungen und -standards der Landesjugendämter Einfluss auf die Handlungsspielräume im Kinderschutz nehmen. Die Auswertung des Datenmaterials weist auf ganz grundlegende Erkenntnisse hin: die Zusammenarbeit der Akteur*innen im Kinderschutz wird von variierenden Wissensbeständen getragen bzw. beeinflusst, die je unterschiedliche Potenziale für die Durchlässigkeit bzw. Anschlussfähigkeit von Wissen und Praktiken über Rechte, Pflichten, Zuständigkeiten, Vorrechte, Verantwortung, usw. sowie von Arbeitsbündnissen oder Möglichkeiten der Zusammenarbeit erlauben.

Auf Seiten der Kindertageseinrichtungen beeinflussen die rechtlichen Grundlagen der Bundesländer, und die entsprechenden Bildungs- und Erziehungspläne, die Aushandlungsprozesse über Handlungsziele, Diagnosen, Problemdefinitionen und Verfahren. Auf der Seite der Allgemeinen Sozialen Diensten werden die Formen von Arbeitsbündnissen durch die spezifischen Qualitätsentwicklungen und -standards der Landesjugendämter strukturiert. Inwiefern bei der konkreten Ausgestaltung der Zusammenarbeit im Kinderschutz das Beziehungsdreieck (sozial- bzw. kindheitspädagogische Fachkraft, Eltern/Familie und Kind) relevant wird, ist zum einen abhängig von den vorhandenen lokalen Vernetzungen, und zum anderen von der konzeptionellen Ausrichtung der Kindergärten bzw. des Allgemeinen Sozialen Dienstes sowie dem Einfluss des jeweiligen Trägers. Tendenzen hin zu einer zunehmenden Öffnung für und Integration von familienrelevanten Angeboten (wie z.B.

Elternbildung, Beratungsdienste, Familienzentren) bei den Kindertagesstätten verändern die Zusammenarbeit mit Eltern, Familien, Kindern als auch den weiteren Einrichtungen bzw. Akteur*innen.

Somit konnten institutionelle Settings, wie Familienzentren zu wichtigen Orten werden, die es ermöglichen professionelle Zusammenarbeit für eine gute Kinderschutzpraxis auszugestalten und gemeinsame Orientierungen, Selbstverständnisse und Wissensordnungen herauszubilden.

7 Perspektivierungen des Wissens im Kinderschutz

Die Positionierungen der sozial- und kindheitspädagogischen Fachkräfte im Kinderschutz verweisen auf die dynamischen Struktur- und Prozessbedingungen der Organisationen und gesellschaftlichen Kontexte, die das professionelle Handeln in immer wieder neuen Praxissituationen hervorbringen und beeinflussen. Akteur*innen im Kinderschutz und die jeweiligen Organisationen (hier am Beispiel des Allgemeinen Sozialen Dienstes und der Kindertagesbetreuung) haben zentrale Funktionen im Arbeits- und Handlungsfeld des Kinderschutzes übernommen wie auch feldspezifische Handlungsformen und Handlungsspielräume entwickelt.

Dabei werden die Möglichkeiten professionellen Handelns durch spezielle ausgeformte Verfahren, Handlungsmethoden, rechtliche und organisationsspezifische Rahmungen und Konzepte sowie durch situationsabhängige Handlungsaufforderungen konturiert. Stets wirksam sind die Spannungsverhältnisse von Recht und Schutz, Empathie und professionelle Distanz, Hilfe und Kontrolle im alltäglichen professionellen Handeln der sozial- und kindheitspädagogischen Fachkräfte.

ASDREC021: „Wir müssen immer abklären, ob Eltern damit einverstanden sind oder nicht, weil dann sieht der Gesetzgeber vor, dass wir auch ein Gericht brauchen, um das zu klären, wenn es unterschiedliche Meinungen dazu gibt, ob der Schutz notwendig ist oder nicht. Und versuchen aber trotzdem, da haben wir so eine Doppelfunktion, eine Doppelrolle. Einerseits Schutzfunktion ... auch gegen den Willen der Eltern. Versuchen aber trotzdem die Kooperation für alles Weitere hinzubekommen, weil wir natürlich auch den Auftrag haben zu gucken, gibt es einen Rückweg, kann man die Familie wieder zusammenzubringen, aber unter welchen anderen Voraussetzungen. Und da brauchen wir auch die Eltern, um zu klären, wo gehen die mit, wozu sind sie bereit."

Aber auch die sozialen Organisationen erzeugen mit ihren Vorgaben, Verfahren und Programmen komplexe Strukturen und widersprüchliche Handlungsaufforderungen, die professionell, sozial und politisch ausgehandelt werden müssen.

Durch die interdependenten und teilweise auch sehr machtvollen Positionierungen der sozial- und kindheitspädagogischen Fachkräfte im Kinderschutz konnten sich sehr spezifische Handlungsmuster, -fähigkeiten, -kompetenzen und -möglichkeiten ausformen, wie bspw. die Etablierung der „insoweit erfahrenen Fachkräfte", wie auch der fast durchgängig umgesetzte Anspruch von Prävention, als zentrales Leitmotiv für pädagogisches Handeln.

G3: „Kinderschutz beinhaltet ja so viel. Kinderschutz ist so großflächig, dass man das gar nicht so richtig jetzt denken kann. Was ist Kinderschutz? Wenn ein Kind sich nicht wohlfühlt oder ein Problem hat oder die Eltern, wie geht man damit um? Und so weiter. Das sind auch Gespräche. Und wie bringt man das, wenn ein Kind zum Beispiel sich immer ‚einpiselt' und so weiter, dass man das Kind nicht auslacht oder so. Diese Wertigkeiten. Das ist für mich auch ein Kinderschutz. Ich schütze das Kind vor solchen Situationen, um nicht das in Verlegenheit gerät und so weiter. Und das ist für uns auch erste Priorität, das dezent und auch richtig gut mit dem Kind zu machen. Dann wächst ja auch das Vertrauen dann zu uns auch, ne?"

Die Zusammenarbeit mit anderen Akteur*innen in den sozialen Diensten wird als überaus zentral angesehen, um erwarteten problem- und konflikthaften Entwicklungen in Familien vorbeugen zu können.

KTREC030: „Ist eine Praxis, die nicht erst greift, wenn das Kind in den Brunnen gefallen ist, sondern auch schon weit vor dem ASD ansetzt, indem wir einfach die Familien mitnehmen, den Familien Unterstützung anbieten, ob niederschwellig oder nicht, und auch Partner an die Hand geben, wo sie sich hinwenden können. Und den ASD sehe ich wirklich als letzte Instanz, oder wenn es akut ist. Das kann ja auch sein, dass heute ein Kind noch ganz unversehrt hierhin kommt und morgen sieht es schon ganz anders aus. Das kann natürlich vorkommen. Aber ich finde, Kinderschutz beginnt schon weit bevor man irgendwas sieht, irgend etwas sich äußert oder sonst was Akutes ist. Dass glaube ich, ist gute Kinderschutzpraxis. Und natürlich kurze Dienstwege. Kurz, zeitnah zu handeln."

Schwierig ist es jedoch nach wie vor für die sozial- und kindheitspädagogischen Fachkräfte ihre Autonomieansprüche in Bezug auf die Ausformung professioneller Handlungskompetenz im Kinderschutz zu artikulieren und im Kontext der Zusammenarbeit mit anderen Akteur*innen durchzusetzen.

Der Erledigungsdruck der Praxis führt zu Interesseninkongruenzen und beeinflusst die interinstitutionellen Kommunikations- und Interaktionsdynamiken in Bezug auf fachliche und verfahrensrechtliche Regelanwendungen im Kinderschutz. Nicht nur, dass die Akteur*innen im Kinderschutz sich sehr häufig mit gegensätzlichen Interessen und Rollenanforderungen seitens ihrer Organisationen auseinandersetzen müssen, auch ist das professionelle Handeln häufig begrenzt durch die doppelte Funktion von Hilfe und Kontrolle.

KTREC021: „Mhm. Also wir machen das dann oft sehr, sage ich mal, auch transparent den Eltern gegenüber, dass es jetzt also nicht um eine freiwillige Hilfestellung geht, sondern dass davon auch ... schon auch bei uns so ein gewisser Druck erfolgt .. mit zum Beispiel einem Kontrollauftrag, wo wir sagen, also wir sind jetzt nicht mehr so rein die Helfenden, Unterstützenden in der Freiwilligkeit, sondern wir sind jetzt auch in der Position, wo wir sagen, da muss sich jetzt was ändern. ... Und wir füllen dann gemeinsam normalerweise auch mit Eltern einen schriftlichen Kontrollauftrag aus, wo wir zum Beispiel auch genau die Themen benennen, was so kritisch gesehen wird, ja. Also, dass eben zum Bespiel auch in den Kühlschrank geschaut wird, ob genug Lebensmittel vorhanden sind, ne, für die nächsten Tage. Dass eben auch zum Beispiel halt mit dem Zahnarzt, mit dem Kinderarzt, Rücksprache gehalten wird oder auch mal Termine begleitet werden, wenn notwendige Untersuchungen gemacht werden. Also das ist unter Umständen ein sehr umfangreiches Blatt oder Blätter..., auf denen die ganzen Punkte aufgeschrieben sind. Auch in welcher Häufigkeit, was erfolgen soll. Ob es durch das Jugendamt selber, durch den Mitarbeiter, ein Austausch stattfindet, ne, oder ob es durch einen ambulanten Helfer, der eingesetzt ist, erfolgt. Und das lassen wir uns dann auch von allen Beteiligten so unterschreiben. Und ist meistens so, dass das höchstens ein halbes Jahr geht, so ein Kontrollauftrag.“

Die Berücksichtigung der Stimme von Kindern, ihrer Interessen und Rechte, fällt schwer, zumal die sehr ambivalenten Zuschreibungen von Kindern als „unschuldig“, „unwissend“, „unreif“, „emotional“, „passiv“ oder auch als „Problemträger*innen“, „Mitverursacher*innen“ allgegenwärtig sind. Demzufolge werden eher Strategien der Grenzsetzung und der (Wieder-)Herstellung von sog. Normalitätsvorstellungen in Bezug auf „gut“ funktionierende Familien priorisiert.

Häufig wird über die Bedürfnisse der Eltern verhandelt und nicht über die Auswirkungen der Gefährdungen auf das Kind. Dabei sollten sowohl die organisationalen Bedingungen sowie die konkreten Handlungsformen und -settings im Kinderschutz es ermöglichen, dass Kinder ihre Interessen ausdrücken, es erleben, dass ihre Stimmen und Sichtweisen berücksichtigt werden.

Durch die Veränderung der folgenden Rahmenbedingungen ist es möglich (Lundy 2007, Wolff et al. 2014, S. 56), dass Kinder ohne Angst vor Vorwürfen, Tadel oder Repressalien ihre Meinung äußern, dass sie befähigt werden Verantwortung für sich und andere zu übernehmen (Deutscher Kinderschutzbund Landesverband NRW 2018, S. 26).

1. Es sollten Räume *(space)* zur Verfügung gestellt oder geschaffen werden, in denen Kinder die Möglichkeit haben, ihre Meinung auszudrücken.
2. Kindern sollte stets die Möglichkeit eingeräumt werden ihre Stimme *(voice)* zu erheben und ihre Meinung zu äußern. Die Fachkräfte im Kinderschutz sollten die Kinder regelmäßig sehen und mit ihnen über ihre Sichtweisen und Gefühlen sprechen.
3. Die Erwachsenen sind dazu aufgefordert Kindern zuzuhören *(audience).* Die Meinung der Kinder ist zu akzeptieren und ernst zu nehmen.
4. Die Meinung der Kinder soll berücksichtigt werden und die zu treffenden Entscheidungen in einem angemessenen Rahmen beeinflussen *(influence).*
5. Die nonverbalen (non-verbal) Möglichkeiten der Kommunikation sollten mitberücksichtigt werden.
6. Informationen *(information)* über das Verfahren, das mögliche professionelle Handeln, die Wahrnehmung von Vertraulichkeit, sollten durchweg besprochen werden.

Generell sollte ein Paradigmenwechsel im professionellen Handeln der Akteur*innen im Kinderschutz erfolgen, und zwar leitmotivisch in dem Sinne, dass vorrangig über Kinder *(let's talk about children)*[37] und mit Kindern geredet wird. Die Interessen von Kindern können nicht als „spezifische" Interessen eingeordnet werden, sondern sie sind auch „Ausdruck einer bestimmten" kindlichen und familialen „Lebenslage und Lebenserfahrung" (Liebel 2017, S. 60). Diese manifestieren sich je nach Lebens- und Interessenslagen, wie auch Lebenserfahrungen. als „objektive oder latente Interessen", als „kognitive und/oder emotionale Anteilnahmen", als „subjektive oder manifeste Interessen" (ebd.).

„Bemerkenswerterweise geht die Annahme, dass die Interessen von Kindern angeboren oder natürlich seien, mit der Annahme einher, dass sie noch gar nicht wissen könnten, worin ihre Interessen bestehen" (Liebel 2017, S. 30).

Weiterhin ist zu bedenken, dass nicht von dem Kind oder der Kindheit gesprochen werden kann, sondern, dass dies „abstrahierende soziale Konstruktionen" sind (ebd., S. 63). Die sozialen Realitäten von Kindern unterscheiden sich entlang der Differenzierungsachsen von Geschlecht, Klasse, Rasse, Generation, Behinderung, Krankheit usw.

Diese Unterschiede sollten stets berücksichtigt werden. Daher können die Interessen von Kindern nur von ihnen selbst definiert werden, denn lediglich die von Kindern selbst artikulierten Interessen bestimmen das Erleben und Verhalten des Kindes (Zitelmann 2020, S. 453). Die stellvertretende Deutung der Interessen der Kinder durch die sozial- und kindheitspädagogischen Fachkräfte verweist auf ein Bild von Kindern als passive Adressat*innen von Hilfeleistungen, welches verbunden wird mit geringen Graden an Autonomie, Freiheit, Wissen und Verantwortung. Gleichzeitig wird das asymmetrische Verhältnis der pädagogischen Fachkräfte zu den Kindern reproduziert.

KTREC010: „Wir haben da auch lange daran gearbeitet. Wir haben da also wirklich mehrere Konzeptionstage daran gesessen. Weil: Wir müssen ja alle mitgehen können und das vertreten können, dahinterstehen können. Wir haben fieser Weise öfters mal die Hintertüre drin. Dass wir sagen: Also, das letzte Wort haben wir. Aber es ist auch dem Alter .... der Kinder geschuldet. Oder dass es Punkte gibt, da dürfen die Kinder nicht mitreden. Wenn es zum Beispiel um Sicherheit geht. Gesundheitsschutz, haben sie kein Mitsprachrecht. Basta. Aber wir haben schon ein Konzept erarbeitet, das den Kindern zu 90%, würde ich sagen, alle Dinge, die sie betreffen, mitentscheiden dürfen. Wir haben eine Kinderkonferenz, wir haben ein Kinderparlament."

37 In Finnland wurde in drei finnischen Gemeinden ein Kooperationsprojekt zwischen Schulen, Gesundheitswesen, Kindergärten und Sozialwesen gegründet, das sich fallbasiert mit den Bedürfnissen von Kindern auseinandersetzt. Dabei liegt der Fokus auf einer frühzeitigen Prävention. So ist bereits ein Kind aus einem ökonomisch weniger privilegierten Elternhaus, das kein Hobby hat, Grund genug den Service zu aktivieren. Die Fallmeldungen an den Kinderschutz konnten so um 25% reduziert werden, und dass trotz einer gestiegenen Arbeitslosenquote (Niemelä et al. 2019).

Und dies nicht nur aufgrund der unterschiedlichen Verhältnissetzungen von Kindern und Erwachsenen – der generationalen Ordnung – sondern auch aufgrund der stets vorgenommenen stellvertretenden Deutung der kindlichen Bedürfnisse und Interessen im Kinderschutz.

KTREC010: „Es ist, glaube ich, für Kinder in dem Alter noch ganz, ganz schwer so diese Punkte zu sehen. Wir haben uns also an den Kinderrechtskonventionen orientiert. Und haben auch das Thema Rechte mit den Kindern erarbeitet, welche Rechte ihr habt und welche Rechte ihr nicht habt und welche Pflichten ihr habt. Haben wir also mit den Kindern erarbeitet, das ist dann schon mit da rein geflossen. Aber so, dass wir konkret mit den Kindern dagesessen haben und gesagt haben: Wir machen jetzt eine Verfassung oder so, das nicht. Aber die Arbeit mit den Kindern zum Thema Kinderrechte ist da natürlich mit drin."

Deutlich wird hier die stellvertretende Deutung durch die pädagogischen Fachkräfte. Dabei geht es nicht nur um die professionelle Deutung, die auch an organisationale Logiken zurückgebunden werden kann, sondern auch um kollektive Wissensordnungen, die systematisch ein Verständnis von professionellem Handeln begründen, um als selbstverständlich erachtete generationale Ordnungsvorstellungen aufrecht zu erhalten.

Die hier aufgezeigten Grundmuster der professionellen Sichtweisen auf Kinder und Kindheit machen deutlich, dass es notwendig ist, reflexive Überlegungen in Bezug auf bestehende Programme und konkrete Praktiken im Bereich des Kinderschutzes einzuleiten, die eine generelle Skepsis gegenüber normativ-kategorialen Entwürfen und Bewertungen familialer wie auch kindlicher Lebensführungsmuster aufweisen.

Die Anordnungsbeziehungen – also die Frage nach dem Verhältnis von Kindern, Familien und Gesellschaft – prägen professionelle Praxen und stellen diese vor ganz unterschiedliche Herausforderungen. In den Handlungsfeldern des Kinderschutzes sind drei analytische Ebenen zu trennen, die erstens, Kinder als Teil einer Familie betrachten, z.B. in Bezug auf den Schutz und die Förderung von Kindern, zweitens, Kinder als kompetente Akteur*innen wahrnehmen und berücksichtigen, dass Kinder zum Erhalt und zum Funktionieren von Familien und ihres sozialen Umfeldes beitragen und drittens, Kinder als Mitglieder einer Gesellschaft verstehen, die jedoch eingebettet sind in generationale Arrangements, mit denen ihnen wie selbstverständlich Rechte, Pflichten, Bedürfnisse und Kompetenzen zugeschrieben werden.

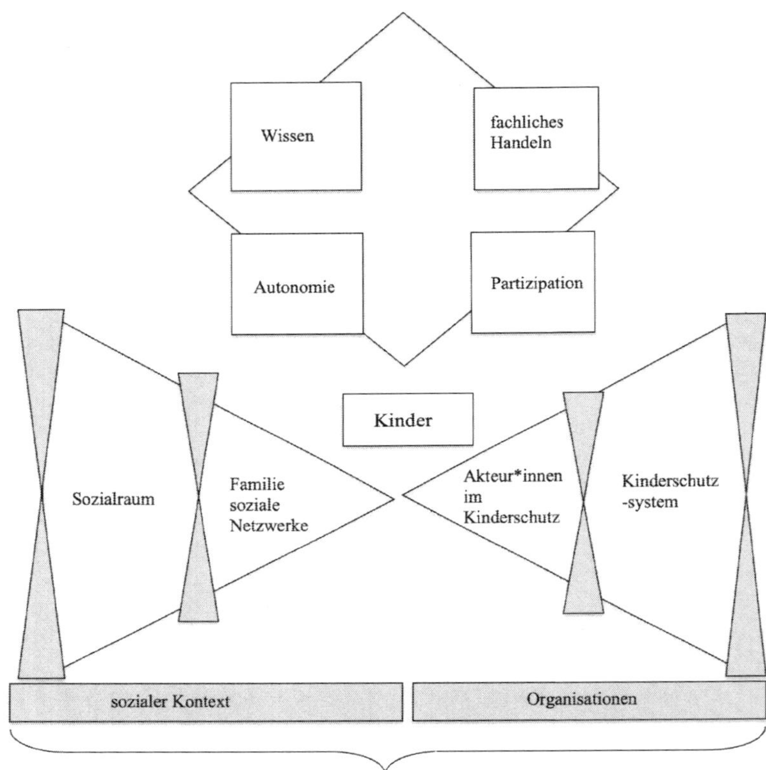

Abbildung 11: Kinder im Kinderschutz

Die Aufgaben und Funktionen der sozial- und kindheitspädagogischen Fachkräfte im Kinderschutz werden vielfach sehr uneingeschränkt an vorherrschende Normalitätsvorstellungen, bspw. der Synchronität von kindlichen Entwicklungsstufen oder Vorstellungen von „Erziehungs-, Verantwortungs- und Selbstregulationsfähigkeiten" der Eltern bzw. Erziehungsberechtigten zurückgebunden.

In den aktuellen Programmen und Programmatiken zum Kinderschutz stehen die professionellen Deutungen von Handlungen und das Wissen über Problemlagen in Familien im Mittelpunkt der Präventions- und Interventionsstrategien. Insbesondere die elterlichen Bildungs- und Erziehungspraktiken sowie -einstellungen sollten verändert werden, um Kindern ein „normales" bzw. „gutes" Leben zu ermöglichen. Es geht sowohl um eine möglichst frühe

Förderung als auch um den Schutz vor Gefahren sowie der Verhinderung von herkunftsspezifischen Ungleichheiten.

G1 „Zum Beispiel Armutsprävention von Kindern. Kinder teilhaben lassen an Veranstaltungen. Die Kinderversammlungen. Die Kinder partizipieren. Die Kinder am politischen Geschehen teilhaben lassen, Entscheidungen treffen können. Das ist das Eine. Aber der ASD (Allgemeine Soziale Dienst) ist ja dann da, um konkret die Familien, beziehungsweise die Kinder zu unterstützten. Und da wünsche ich mir manchmal eine bessere Zusammenarbeit, eine schnellere Zusammenarbeit und auch eine fachlich kompetente Zusammenarbeit. Und ich habe mit vielen ASD-Menschen zu tun gehabt, und ich finde es immer sehr schwierig, wenn so viel Wechsel da ist, wenn dann wieder mal die Regionen neu aufgeteilt werden. Und dann ist auf einmal jemand nicht mehr für die Familie zuständig. Also dann muss man erst wieder gucken, wer ist jetzt erreichbar, wer ist jetzt für diesen Straßenzug jetzt zuständig? Und mir sind da manchmal die Entscheidungswege zu lang. Also da wird nicht zeitnah gehandelt in vielen Fällen. Und dann ist es auch immer so, dass ich manchmal nicht das Gefühl habe, dass die richtige Sozialpädagogin zum Beispiel in der Familie drin ist, sondern irgendjemand wird da hingeschickt, und dann stimmt die Chemie, oder sie stimmt nicht. Und wenn sie nicht stimmt, ist die ganze Maßnahme zum Scheitern verurteilt. Also dass man da auch eine höhere Sensibilität mal an den Tag legt."

Diesen Sichtweisen, die sich sowohl in sozialinvestiven Politiken (z.B. die Einleitung von sog. „Präventionsketten" oder Elterntrainings) und den sich daraus ergebenden professionellen Handlungsmustern offenbaren, obliegen klare Vorstellungen von Normalität und Abweichung (Rooth et al. 2018, S. 370).

Und dies obwohl nicht umfassend geklärt ist, was unter Normalität und Abweichung zu verstehen ist.

Festgehalten werden kann, dass sich professionelle Perspektiven im Kinderschutz durchgesetzt haben, deren Normalitätskonzepte sich an den milieuspezifischen Vorstellungen der Mittelklasse orientieren (Rooth et al. 2018, S. 369; Garlen 2019, S. 57). Diese sorgen leitmotivisch für Kommunikations- und Handlungssicherheit innerhalb des beruflichen Selbstverständnisses der pädagogischen Fachkräfte.

KTREC012: „Ja. Ich glaube, die ersten Anzeichen sind aber glaube ich, egal, ob Armut oder reich. Natürlich ist eine Familie, die sage ich mal nicht so gut situ.... die sind eh eher im Fokus. Ob zu Recht oder zu Unrecht. Erst mal die Frage. Sind ja auch unsere eigenen Vorurteile, wo wir mit belastet sind. Aber da guckt man natürlich eh genauer hin, als bei einer Familie, wo die Mama Ärztin ist, der Papa Bauunternehmer und fahren einen dicken Porsche. Ich weiß nicht. Und Kind ist immer gut angezogen, riecht immer gut, riecht nie nach Rauch, wie vielleicht die Kinder aus den ärmeren Familien, oder nicht so gut. Das sind immer Vorurteile, die ich hier ganz schön raushaue, [aber es ist so]!"

Die hier vorgenommene Reflexion von normativen Zuschreibungen führt nicht dazu, dass das Ausmaß der schützenden Praktiken – teilweise auch sichtbar in sehr emotionalen und grenzwertigen Äußerungen moralischer Panik – der Erwachsenen im Namen der Kinder in Frage gestellt wird.

Die Erwachsenen sind verantwortlich für die Sorge, das Wohlergehen, die Förderung und die Sicherheit von Kindern.

ASDREC030: „Und jetzt ist es an der Zeit ehrlich zu sein und zu sagen, ‚okay, das geht nicht, oder da müssen wir nochmal hingucken ganz genau, oder da braucht ihr Kind einfach Hilfe'. Der Elternwunsch ist es ja, ein tolles, vollentwickeltes, gesundes, starkes Kind zu haben. Und auch wenn Eltern nicht immer richtig handeln, schwören sie, und das ist ja auch meistens echt, schwören sie immer das Beste für ihr Kind zu tun. Oder das ist ja auch vielleicht der innerste Wunsch. Dass das Beste, was sie definieren, vielleicht aber nicht, ich sage jetzt mal, der gesellschaftlichen Norm entspricht und es vielleicht auch noch anderes gibt, ist ja nicht manchmal so bewusst. ... Und ich verstehe unsere Aufgabe darin zu sagen, okay wo müssen wir denn hin für die Kinder? Oder wo könnte das Kind hin, wenn es denn die adäquate Förderung oder die adäquate Familienunterstützung hätte? Und dieses dann aufzuzeigen und da in ganz klare und ehrliche und transparente Gespräche zu gehen. Auch mit dem Hinblick drauf, dass mich Mama und Papa vielleicht nicht mehr mögen ... oder temporär nicht mehr mögen. Und ..., ja, da bin ich auch ehrlich."

Fachliches Handeln im Kinderschutz ist daher ambivalent. Einerseits werden vorrangig präventive, beraterische und korrektive Maßnahmen in der professionellen Arbeit mit den Eltern und ihren Kindern fokussiert, andererseits ist eine permanente Auseinandersetzung mit familialen Andersheiten sowie gesellschaftlichen Normalitätsvorstellungen und Problemdeutungsmustern geboten.

KTREC003 ... Sehr viel Empathie bei den Menschen, die wiederum anfragende Menschen beraten, ... also wo man sich Informationen holt. Und auch Einfühligkeit bei den Menschen, die von jemanden angesprochen oder die das wahrnehmen, dass da irgendwas ist. Also dass man nicht gleich mit Kanonen auf Spatzen schießt, sondern wirklich vielleicht auch mit Ruhe rangeht und einfach mal sagt, okay ja ... gucken wir mal und ... wird dann schon. Also dass man mal so, ja, ... also wie hat mal irgend jemand gesagt, wie sie das Heft vorgestellt haben, die Kinder leben unter Umständen schon länger in diesem Dilemma und öffnen sich. Und da ist es jetzt in Anführungszeichen nicht so tragisch, wenn es noch eine Zeit lang dauert bis man wirklich sich sicher ist, welche Schritte geht man und wie reagiert man. Und nicht zu schnell ... Schritte einleitet, die vielleicht nicht nötig gewesen wären. Wo man wirklich genauer guckt und wie kann man da ganz langsam mit der Familie auch an dieses Thema rangehen. Und, ich glaube das ist so, ja, was wichtig ist für alle, die so dem Kinderschutz nachkommen wollen, dass man das wahrnimmt, dass man es ernst nimmt, dass man auch, wenn man sich das nicht vorstellen kann, dass das in der Familie passiert, aber trotzdem besonnen bleibt und guckt, okay was habe ich denn für Erzählungen, was habe ich denn für Puzzleteile, die in mir jetzt vielleicht so ein komisches Gefühl auch aufkommen lassen und ich denke, hmm, da ist irgendwas. Und dann einfach mit diesen Puzzleteile zu gucken, wo kann ich denn mal nachfragen, was ich mit diesen Puzzleteilen so machen kann, wie kann ich die denn lesen, wie kann ich die denn zusammensetzen? Und dann einfach zu gucken, okay, was sind so die Schritte. Und einfach für das Kind im Alltag da zu sein und einfach immer wieder so, dass es weiß es kann da hinkommen, es kann Dinge abladen. Und vielleicht hilft das ja den Kindern auch schon, wenn sie einfach jemanden haben, wo sie wissen, da kann ich das mal hinbringen. ... Und dem Kind vielleicht gegenüber auch sagen: ‚Okay ich höre mir das an und ich muss mir da aber auch Gedanken dazu machen und ich kann dir vielleicht auch nicht versprechen, dass ich mit niemanden darüber rede. ... Weil ich mir

Hilfe holen muss, weil ich vielleicht überlegen muss, wie ich dir helfen kann und dann muss ich manche Dinge sagen. Ich muss vielleicht nicht sagen wer du bist, aber ich muss vielleicht erzählen, was du mir erzählt hast'. Und ich glaube das ist einfach wichtig, damit man einfach diese Vertrauensbasis nicht gefährdet dadurch, dass dann das Kind sagt: ‚Wie du hast es erzählt und du hast doch gesagt, ich erzähle nicht'. Und bei manchen Sachen muss ich es ja weitererzählen, also muss ich vielleicht auch detaillierter, ne, so wie das Kind mir das eben erzählt hat, damit einfach der andere auch eine Idee davon hat, ja, was ist es und was machen wir jetzt weiter".

Die alltäglichen professionellen Praktiken im Kinderschutz sind geprägt von klassifizierenden Handlungen und Prozessen, von unterschiedlichen Graden an Solidarität mit den Familien und ihren Kindern. Ständig müssen die vielschichtigen Dilemma von Empathie und professioneller Distanz, Recht und Schutz, Hilfe und Kontrolle, des Sich-Einmischens in die Familie oder auch der notwendigen Zurückhaltung ausbalanciert werden.

Die Fachkräfte im Kinderschutz sind dazu aufgefordert Verhältnissetzungen von intuitiv-subjektivem und diskursiv-intersubjektivem Wissen bei der Einschätzung von Kindeswohlgefährdungen vorzunehmen, um sicherzustellen, dass gesellschaftlich gewünschte „normale" familiale Verhaltensmuster ermöglicht und herausgebildet werden.

Daher kann festgehalten werden, dass die von den Fachkräften im Kinderschutz vorgenommenen Problemdefinitionen überaus bedeutsam sind und sicherstellen sollen, dass schutz- und bildungsförderliche Angebote für alle Kinder möglich sind. Damit ist aber auch gleichzeitig das Postulat verbunden, dass Eltern frühzeitig und wirkungsvoll befähigt und unterstützt werden ihre Kinder fördern bzw. in sie zu investieren. Kinderschutz ist demzufolge auch eine gesellschaftlich normierte Interventionsstrategie, um stets auf die speziellen Entwicklungsphasen und -probleme von Kindern reagieren zu können.

ASDREC023: „Naja, wenn man es auf einen kurzen Nenner mal bringen wollte, ein Kollege hat vor längerer Zeit mal gesagt, ‚Wir sind nicht dafür da das Beste für alle zu erreichen, sondern das Schlimmste zu verhindern'. ... Und das ist es auf den Punkt gebracht. Also Jugendamt ist keine Lebenschancenumverteilungsbehörde. Wir fahren nicht mit dem Doppeldeckerbus durch den XY sammeln Kinder ein, denen es nicht so gut geht oder die nicht entsprechend unseren Vorstellungen erzogen und gefördert werden und bringen sie zu anderen Familien, sondern wir versuchen bei gravierenden Fällen das Schlimmste zu vermeiden und Unterstützung anzubieten und nötigenfalls Kinder auch rauszunehmen. ... Das ist die Aufgabe. Und meine Aufgabe im Kinderschutz ist es auch auszuhalten, (...) was zu sehen, was überhaupt nicht meinen Vorstellungen von Kindheit, von Förderung, von Versorgung, von Zuwendung und, und, und entspricht, mir eigentlich total gegen den Strich geht, aber irgendwo immer noch unterhalb vom Radar des § 1666, also des Paragraphen im BGB, wo es um Sorgerechtsentzug geht und um Eingriffe. Dann ist es halt so. Dann ist es alles andere als gut, man weiß vielleicht sogar, okay, dieses Kind wird keine gute Entwicklung nehmen, aber ich muss es hinnehmen. ... Weil es vielleicht gute Bindungen hat, oder weil es weitestgehend unbelastet ist, ne, ... weil es keine erkennbare Belastung eben hat. ... Aber dennoch, in vielen anderen Bereichen, wo Dinge nicht gut laufen, ne. Also zum Beispiel, ich betreue eine Familie, da sind beide Elternteile im Bereich der geistigen Behinderung und im Bereich der Lernbehinderung, entsprechend sind alle Kinder, deren zehn, alle auch in Schulen für geistige Entwicklung. ... Natürlich kann man nicht erwarten, dass in so einem Haushalt eine optimale Förderung erfolgt, die können die gar nicht leisten. Jetzt kann ich aber trotzdem nicht zehn Kinder aus einer Familie rausnehmen, nur weil die da nicht das Förderumfeld haben, das ich mir vorstellen würde. ... Aber wir haben schon öfters mit der Familie Kontakt gehabt, und die Kinder sind unbelastet, die sind fröhlich. ... Die haben Entwicklungsverzögerungen in vielen Bereichen, aber denen geht es gut. Die haben keinen Leidensdruck. ... Ich habe vielleicht einen Leidensdruck, wenn ich von außen draufschaue und mir überlege, dass die Kinder vielleicht schon einen ganzen Schritt weiter wären, wenn sie vielleicht ein Jahr früher in den Kindergarten kommen. Oder wenn da vielleicht ambulant therapeutische Angebote angedockt werden. ... Aber so ist es halt nicht, und trotzdem kann ich die nicht rausnehmen, will ich auch nicht, weil es den Kindern eigentlich (dann?) gut geht. Die werden nie ein vollwertiges, eigenständiges Mitglied dieser Gesellschaft werden. Die werden vermutlich alle irgendwie ihr Leben lang Unterstützung brauchen. Aber gut, so ist es. Also, um darauf zurückzukommen, ich muss aushalten, dass ich nicht die Welt retten kann, ne. ... So ist das.“

Gleichzeitig geraten mit dieser starken Orientierung der Vermittlung einer „methodischen“ und „verantwortungsvollen“ Lebensführung die Unterschiedlichkeiten innerhalb der Gruppen von Familien oftmals aus dem Blick, wie z.B. generationen-, geschlechts-, klassen- und migrationsspezifische Benachteiligungen, differente individuelle Bedürfnisse und kindliche Akteur*innenkompetenzen. Disparitäten hinsichtlich der familialen Investitionen (emotionale, monitäre, kognitive, moralische, ästhetisch-praktische) werden nur unzureichend in den Blick genommen. Kinderschutz als sozialpädagogisches Handlungsfeld stellt aufgrund der vermehrten Durchsetzung von Ordnungsprozessen ein Einfallstor für die wachsende ideologische Kolonisierung von früher Kindheit im Sinne eines späteren resp. zukünftigen gesellschaftlichen „Verwertungsinteresses“ an Kindern dar. Um diese Ordnungen herzustellen werden den Eltern und ihren Kindern Ein- und Anpassungsleistungen an vermeintliche Normalzustände „abgepresst“.

Dies kann vielfach durch widerspenstige Praktiken und Handlungsweisen seitens der Eltern und Kinder mittlerweile empirisch nachgewiesen werden und führt nachweislich zu pathologischen Kulturen im Kinderschutz (Wolff et al. 2014, S. 17f.; Körner/Hörmann 2019). Deutlich wird dieser Tatbestand dadurch, dass die Begutachtung von Familien immer mehr Teil eines „Gatekeepings“ wird, als Grundlage zur Bewilligung von Maßnahmen der Frühförderung und Eingliederungshilfe. Es ist eine Tendenz zu beobachten, dass die knappen Ressourcen vieler Kommunen dazu führen Angebote der frühen Förderung, Bildung, Tagesbetreuung und sozialen Unterstützung möglichst zu begrenzen.

Notwendige Programme, die die Teilhabechancen benachteiligter Kinder erhöhen, haben oft nur noch symbolischen Charakter oder werden mit einem so geringen Umfang aufgelegt, dass sie den gesellschaftlichen Verwerfungen nichts entgegensetzen können. Nur zu deutlich wird dies, wenn sich die Belastungssituationen für Familien in gesellschaftlichen Krisensituationen drastisch erhöhen, wie bspw. im Hinblick auf die Retraditionalisierung und ungleichen Lastenverteilung in der Vereinbarkeit von Arbeits- und Sorgearbeit, der emotionalen Belastung, der ungleichen finanziellen Belastung (Hövermann 2021).

Daher sollte Ausgangspunkt einer kritischen Betrachtung der Perspektiven von Kindern im Kinderschutz eine veränderte Kindheitspolitik sein, die es möglich macht Einsichten in das kindliche Alltagsleben, die Bewertung und Kategorisierung von Kindern und Kindheit in Familien und Gesellschaft reflexiv in den Blick zu nehmen.

Fachliches Handeln im Kinderschutz ist oftmals mit ernüchternden Erfahrungen verbunden, dass Risiken weder vorhersehbar, kalkulierbar noch beherrschbar sind, wie bspw. wenn durch Gesundheitskrisen Kinder von der „Bildfläche" der professionell Tätigen „verschwinden" (Zitelmann et al. 2021). So befinden sich die pädagogischen Fachkräfte häufig in „Situationen des Nichtwissens".

„Die Folgen des eigenen Handelns und Entscheidens sind allenfalls partiell antizipierbar und nicht selten nach ihrem Eintreten nicht ohne Weiteres erkennbar" (Wehling/Böschen 2015, S. 10),

aber stets mit der Einsicht verbunden, dass Nichtwissen sicherlich der Ausgangspunkt für weitere Bemühungen oder aber eben das Resultat sein kann. Daher lässt sich festhalten, dass

„D(d)ie Bezugsrahmen staatlich institutionalisierter Politik und Verwaltung einerseits, und die Bezugsrahmen der Individuen, die ihre Biographie-Bruchstücke zusammenzuhalten zu versuchen, brechen [...] auseinander und prallen konfliktvoll aufeinander in gegensätzlichen Entwürfen von ‚Gemeinwohl', ‚Lebensqualität', ‚Zukunftsfähigkeit', ‚Gerechtigkeit', ‚Fortschritt'. Ein Riß tut sich auf zwischen den Gesellschaftsbildern, die in Politik und Institutionen vorherrschen, und den Entwürfen, die aus den Lebenslagen der um lebbare Formen ringenden Individuen entstehen" (Beck/Beck-Gernsheim 1994, S. 31).

Die dadurch entstehenden Konflikte, Problemlagen, die „persönlichen Versuch- und Irrtum-Verfahren" (ebd.) erfordern veränderte Handlungskompetenzen der professionell Tätigen in den sozialen Diensten, die es ermöglichen, den vielfachen Unsicherheitssituationen und „Situationen des Nichtwissens" (Wehling/Böschen 2015, S. 10; Klatetzki 2020, S. 108) konstruktiv zu begegnen.

Demzufolge gilt es gilt es, die vorherrschenden kindheits- und familienwissenschaftlichen sowie -politischen Diskurse über eine „gute" Familienkindheit einer kritischen Reflexion zu unterziehen und diese Ergebnisse zusammen mit den detaillierten Erfahrungen von Akteuren aus der Praxis (bspw. Familienbildung, Familienpolitik, Bildungsakteur*innen) weiterzuentwickeln.

Insofern können die Ansatzpunkte dieser Forschung für die Veränderung der sog. „Transmissionsriemen“ (intergenerationale Weitergabe von Ungleichheiten) genutzt werden. Mit einem genauen Blick auf die zentralen Weichenstellungen für familialen Zusammenhalt und der Ermöglichung von Wohlergehen in Familien sollten die Anliegen und Bedarfe von Kindern hinsichtlich der nachhaltigen Entwicklung von förderlichen inner- und außerfamilialen erziehungs- und bildungsbezogenen Praxen bestimmt werden können.

8 Literatur

Ackermann, T. (2017). Über das Kindeswohl entscheiden. Eine ethnographische Studie zur Fallarbeit im Jugendamt. Bielefeld: transcript.

Ackermann, T. & Robin, P. (2014). Kinder im Kinderschutz. Zur Konstruktion von Agency in amtlichen Entscheidungsprozessen. In: D. Bühler-Niederberger, L. Alberth & S. Eisentraut (Hrsg.), Kinderschutz. Wie kindzentriert sind Programme, Praktiken, Perspektiven? (S. 64-81). Weinheim/Basel: BeltzJuventa.

Ackermann, T. & Robin, P. (2018). Partizipation, Akteure und Entscheidungen im Kinderschutz. Wie lassen sich hilfreiche Prozesse zwischen allen Beteiligten gestalten? In: M. Böwer & J. Kotthaus (Hrsg.), Praxisbuch Kinderschutz. Professionelle Herausforderungen bewältigen (1. Auflage). Weinheim/Basel: BeltzJuventa, S. 189-206.

Alberth, L. (2018a). Blaue Flecken, kochendes Wasser und überforderte Mütter. Zur Verschränkung professioneller Beobachtungsräume im Kinderschutz. In: E. Glaser, H.-C. Koller, W. Thole, & S. Krumme (Hrsg.), Schriften der Deutschen Gesellschaft für Erziehungswissenschaft (DGfE). Räume für Bildung – Räume der Bildung. Opladen: Barbara Budrich, S. 404-416.

Alberth, L. (2018b). Die Kindzentrierung des Kinderschutzes zwischen institutionellen Vorgaben und lokaler Umsetzung. Ein vergleichender Blick auf Skandinavien und die USA. In: T. Betz, S. Bollig, M. Joos, & S. Neumann (Hrsg.), Kindheiten – Neue Folge: Gute Kindheit. Wohlbefinden, Kindeswohl und Ungleichheit. Weinheim/Basel: BeltzJuventa, S. 148-165.

Alberth, L. & Bühler-Niederberger, D. (2017). The overburdened mother: How social workers view the private sphere. In: T. Betz, M.-S. Honig, & I. Ostner (Hrsg.), Zeitschrift für Familienforschung Sonderheft 11: Parents in the spotlight. Parenting practices and support from a comparative perspective. Opladen: Barbara Budrich, S. 153-170.

Alberth, L., Bühler-Niederberger, D. & Eisentraut, S. (2014). Wo bleiben die Kinder im Kinderschutz? Die Logik der Intervention bei Sozialarbeitern, Ärzten und Hebammen. In: D. Bühler-Niederberger, L. Alberth & S. Eisentraut (Hrsg.), Kinderschutz. Wie kindzentriert sind Programme, Praktiken, Perspektiven?. Weinheim/Basel: BeltzJuventa, S. 26-61.

Albrecht, M., Lattwein, S., & Urban-Stahl, U. (2016a). Der Hausbesuch im Kontext des Schutzauftrags bei Kindeswohlgefährdung. In: neue praxis, 46(2), S. 107-124.

Albrecht, M., Lattwein, S., & Urban-Stahl, U. (2016b). Interdisziplinäre Kooperation im Kinderschutz. In: Sozial Extra, 40(5), S. 53-56.

Albright, K., Reese, L. S. & Krugman, R. D. (2019). What does effectiveness mean? A qualitative assessment of two child protection systems. In: Child Abuse & Neglect, 89, S. 1-6.

Antholz, B. (2019). Häufigkeiten der Inobhutnahmen. In: W. Körner & G. Hörmann (Hrsg.), Staatliche Kindeswohlgefährdung. Weinheim/Basel: Beltz-Juventa, S. 221-250.

Bathke, S. A., Bücken, M. & Fiegenbaum, D. (2019). Praxisbuch Kinderschutz interdisziplinär. Wiesbaden: VS-Springer.

Bastian, P. (2014). Statistisch Urteilen – professionell Handeln. Überlegungen zu einem (scheinbaren) Widerspruch. In: Zeitschrift für Sozialpädagogik, 12(2), S. 145-164.

Bastian, P. (2016). Die digitale Transformation von Urteil- und Diagnoseverfahren in der Sozialen Arbeit. In: Sozialmagazin, 41(2), S. 92-97.

Bastian, P. & Schrödter, M. (2015). Fachliche Einschätzung bei Verdacht auf Kindeswohlgefährdung. In: neue praxis, 45(3), S. 224-242.

Bauer, P. (2014). Kooperation als Herausforderung in multiprofessionellen Handlungsfeldern. In: S. Faas & M. Zipperle (Hrsg.), Sozialer Wandel. Wiesbaden: Springer Fachmedien, S. 273-286.

Bauer, P., Neumann, S., Sting, S., Ummel, H., & Wiezorek, C. (2015). Familienbilder und Bilder >guter< Elternschaft. Zur Bedeutung eines konstitutiven, aber vernachlässigten Moments pädagogischer Professionalität. In: S. Fegter, C. Heite & J. Mierendorff (Hrsg.), Neue Praxis Sonderheft 12: Neue Aufmerksamkeiten für Familie. Diskurse, Bilder und Adressierungen in der Sozialen Arbeit. Lahnstein: neue praxis, S. 25-37.

Bauer, P. & Wiezorek, C. (2016). Vulnerable Familien. In: Sozial Extra, 40(6), S. 20-23.

Bauer, P. & Wiezorek, C. (2017). Familienbilder zwischen Kontinuität und Wandel. Einleitende Bemerkungen. In: P. Bauer & C. Wiezorek (Hrsg.), Familienbilder zwischen Kontinuität und Wandel. Analysen zur (sozial-)pädagogischen Bezugnahme auf Familie (1. Auflage). Weinheim/Basel: BeltzJuventa, S. 7-22.

Beck, U. (1986). Risikogesellschaft. Frankfurt/M.: Suhrkamp.

Beck-Gernsheim, E. & Beck, U. (1990). Das ganz normale Chaos der Liebe. Frankfurt/M.: Suhrkamp.

Beckmann, K. (2019). Berufliche Realität im ASD: Die Herausforderung sozialpädagogischer Arbeit heute. In: W. Körner & G. Hörmann (Hrsg.), Staatliche Kindeswohlgefährdung. Weinheim/Basel: BeltzJuventa, S. 102-118.

Beier, J. M./Marschall, J. (Ed.) (2020). Discovering Childhood in International Relations. Palgrave Macmillan: London.

Ben-Arieh, Asher/George, Robert M. (Hrsg.) (2006): Indicators of Children's Well Being. Understanding their Role, Usage and Policy Influence. Social Indicators Research Series. Wiesbaden.

Bendo, D. (2020). Parallel lines? Childhood discourses emphasized by the children's rights movement and the emerging field of children's rights studies. In: Childhood, 27(2), S. 173-187.

Berger, P. L. & Luckmann, T. (2013). Die gesellschaftliche Konstruktion der Wirklichkeit. Eine Theorie der Wissenssoziologie. Frankfurt/M.: Fischer.

Bernard, F./Comolli, C. L. 2019. Parental separation and children's educational attainment: Heterogeneity and rare and common educational outcomes, in: Zeitschrift für Familienforschung, 31 (1), S. 1-24.

Betz, T. & Bischoff, S. (2018). Machtvolle Zuschreibungen ‚guter' Elternschaft. In: Sozial Extra, 42(3), S. 38-41.

Bildung in Deutschland 2020. www.bildungsbericht.de. Zugriff: [20.04.2021].

Biesel, K./Meysen, T. & Schrapper, C. (2020). Über den Umgang mit Fehlern im Kinderschutz. In: neue praxis, 50(5), S. 409-425.

Biesel, K. & Urban-Stahl, U. (2018). Lehrbuch Kinderschutz. Weinheim/Basel: BeltzJuventa.

Biesel, K. & Messmer, H. (2018). Jugendhilfeinspektion in Hamburg. In: Sozial Extra, 42(2), S. 15-18.

Biesel, K. & Schrapper, C. (2018). Das Jugendamt der Zukunft. Zentrale für gelingendes Aufwachsen oder Kinderschutzamt? In: M. Böwer & J. Kotthaus (Hrsg.), Praxisbuch Kinderschutz. Professionelle Herausforderungen bewältigen (1. Auflage). Weinheim/Basel: BeltzJuventa, S. 442-448.

Biesel, K. & Wolff, R. (2014). Gesellschaft der Unterschiede. Aus Kinderschutzfehlern lernen. Eine dialogisch-systemische Rekonstruktion des Falles Lea-Sophie. Bielefeld: transcript.

Bmfsfj (2019). Fünfter und Sechster Staatenbericht der Bundesrepublik Deutschland zu dem Übereinkommen der Vereinten Nationen über die Rechte des Kindes. www.bmfsfj.de. Zugriff: [20.04.2021].

BGH, 23.11.2016 – XII ZB 149/16 Voraussetzungen für familiengerichtliche Weisung an die Eltern bei Gefährdung (FAmRZ 1956). Link: http: dejure.org. Zugriff: [20.08.2020].

Bode, I. & Turba, H. (2014). Organisierter Kinderschutz in Deutschland. Strukturdynamiken und Modernisierungsparadoxien. Wiesbaden: VS.

Böwer, M. (2012). Kindeswohlschutz organisieren. Jugendämter auf dem Weg zu zuverlässigen Organisationen. Weinheim/Basel: BeltzJuventa.

Böwer, M. & Kotthaus, J. (Hrsg.) (2018). Praxisbuch Kinderschutz. Professionelle Herausforderungen bewältigen (1. Auflage). Weinheim/Basel: BeltzJuventa.

Bohler, K. F. & Franzheld, T. (2015). Problematische Professionalität der Sozialen Arbeit im Kinderschutz. In: R. Becker Lenz, S. Busse, G. Ehlert, & S. Müller-Hermann (Hrsg.), Bedrohte Professionalität. Wiesbaden: VS-Springer, S. 189-212.

Bolin, A. (2016). Children's agency in interprofessional collaborative meetings in child welfare work: Children's agency. In: Child & Family Social Work, 21(4), S. 502–511.

Bourdieu, P. (1998). Praktische Vernunft. Frankfurt/M: Suhrkamp.

Bourdieu, P. (2004). Staatsadel. Konstanz: UVK.

Braches-Chyrek, R. (2020a). Kinderrechte. In: R. Braches-Chyrek, Ch. Röhner, H. Sünker & M. Hopf (Hrsg.), Handbuch frühe Kindheit. Opladen: Barbara Budrich, S. 443-452.

Braches-Chyrek, R. & Sünker, H. (2020). Klassenstrategien und frühe Kindheit. In: R. Braches-Chyrek, Ch. Röhner, H. Sünker & M. Hopf (Hrsg.), Handbuch frühe Kindheit. Opladen: Barbara Budrich, S. 55-64.

Braches-Chyrek, R. (Hrsg.) (2020a): The future of childhood studies. Opladen: Barbara Budrich.

Braches-Chyrek, R.& Sünker, H. (2017a): Frühkindliche Bildung – zur Aktualität kritischer Perspektiven. In: K. H. Braun, F. Stübig & H. Stübig (Hrsg.): Erziehungswissenschaftliche Reflexion und pädagogisch-politisches Engagement: Wolfgang Klafki weiterdenken. Wiesbaden: SpringerVS, S. 293-305.

Braches-Chyrek, R. & Sünker, H. (2017b): Subjektivität. In: G. Taube, M. Fuchs & T. Braun (Hrsg.): Handbuch „Das starke Subjekt". Schlüsselbegriffe in Theorie und Praxis. München, S. 65-82.

Braches-Chyrek, R. & Sünker, H. (2017c). Bildung und ungleiche Lebenswirklichkeiten in der frühen Kindheit. In: A. Karber, J. Müller, J.K. Nolte, P. Schäfer & T. Wahne (Hrsg.): Zur Gerechtigkeitsfrage in sozialen (Frauen-)Berufen: Gelingensbedingungen und Verwirklichungschancen. Opladen: Barbara Budrich. S. 111-122.

Braches-Chyrek, R. (2014). Sozialpädagogische Diskursbestimmungen: Kinder und Kindheit. In: D. Bühler-Niederberger, L. Alberth, & S. Eisentraut (Hrsg.), Kinderschutz. Wie kindzentriert sind Programme, Praktiken, Perspektiven? Weinheim/Basel: BeltzJuventa, S. 185-199.

Braches-Chyrek, R, Röhner, C. & Sünker, H. (Hrsg.) (2012). Kindheiten. Gesellschaften: Interdisziplinäre Zugänge zur Kindheitsforschung. Opladen: Barbara Budrich.

Bruce, M. (2014). The Voice of the Child in Child Protection: Whose Voice? In: Social Sciences, 3(3), S. 514-526.
Bühler-Niederberger, D. (2011). Geleitwort. In: B. Schwarz: Die Verteilung der elterlichen Sorge aus erziehungswissenschaftlicher und juristischer Sicht. Wiesbaden: VS, S. 5-8.
Bühler-Niederberger, D. (2017). Kinderschutz und generationale Ordnung – eine prekäre Konstellation. In: F. Sutterlüty & S. Flick (Hrsg.), Der Streit ums Kindeswohl. Weinheim/Basel: BeltzJuventa, S. 134-152.
Bühler-Niederberger, D. (2020). Lebensphase Kindheit. Theoretische Ansätze, Akteure und Handlungsräume, Weinheim: BeltzJuventa.
Bühler-Niederberger, D., Alberth, L. & Eisentraut, S. (2014). Das Wissen vom Kind – generationale Ordnung und professionelle Logik im Kinderschutz. In: B. Bütow, M. Pomey, M. Rutschmann, C. Schär & T. Studer (Hrsg.), Sozialpädagogik zwischen Staat und Familie. Wiesbaden: VS, S. 111-131.
Bühler-Niederberger, D. & Sünker, H. (2006). Der Blick auf das Kind. In. S. Andresen & I. Diehm (Hrsg.): Kinder, Kindheiten, Konstruktionen. Wiesbaden. VS, S. 25-52.
Bühler-Niederberger, D. & Türkyilmaz, A. (2014). Sozialisation als generationales Ordnen – ein theoretischer und empirischer Versuch. In: Zeitschrift für Soziologie der Erziehung und Sozialisation, 4, S. 339-354.
Bühler-Niederberger, D. & Türkyilmaz, A. (2017). Ungleiche Kindheiten – ein soziologischer Zugang, In: M. S. Baader & T. Freytag (Hrsg.): Bildung und Ungleichheit in Deutschland. Wiesbaden: Springer, S. 75-102.
Bundesministerium für Familie, Senioren, Frauen und Jugend (Hrsg.) (2021). Neunter Familienbericht. Eltern sein in Deutschland. In www.http.//bmbfsfj.de Zugriff: [20.04.2021].
Bundeskinderschutzgesetz: www.bagljae.de/empfehlungen/index.php. Zugriff: [20.04.2021].
Buschhorn, C. (2015). Familie, Elternschaft und Frühe Hilfen. In: Soziale Passagen, 7(2), S. 219-233.
Castellanos, H. A. & Hertkorn, C. (2016). Psychologische Sachverständigengutachten im Familienrecht. Grundlagen, Beurteilungen, Qualitätsstandards. Baden-Baden: Nomos.
Chassé, K. A. & Rahn, P. 2020 (Hrsg.). Handbuch Kinderarmut. Opladen: Barbara Budrich.
Choate, P. W., & Engstrom, S. (2014). The "Good Enough" Parent: Implications for Child Protection. In: Child Care in Practice, 20(4), S. 368-382.
Christidis, A. (2019). Jugendhilfe als Geschäft – Die Folgen aus Sicht Betroffener. In: W. Körner & G. Hörmann (Hrsg.), Staatliche Kindeswohlgefährdung. Weinheim: BeltzJuventa, S. 206-220.

Cloos, P., Gerstenberg, F., & Krähnert, I. (2018). Symmetrien und Asymmetrien. In: C. Thon, M. Menz, M. Mai, & L. Abdessadok (Hrsg.), Kindheiten zwischen Familie und Kindertagesstätte. Wiesbaden: VS Springer, S. 49-74.

Cunningham, H. (2005). Die Geschichte des Kindes in der Neuzeit. Düsseldorf: Patmos.

Deutscher Kinderschutzbund Niedersachsen (2011). Jahresbericht 201. www.dksb-nds.de. Zugriff: [20.04.2021].

Deutscher Kinderschutzbund Landesverband NRW e.V. (2018). Kinderschutz im Wandel. Die Definition des Begriffs der Kindeswohlgefährdung unter Berücksichtigung der Kinderrechte. www.kinderschutz-in-nrw.de. Zugriff: [20.04.2021].

Dethloff, N. (2016). Neue Familienformen. Herausforderungen für das Recht. In: Zeitschrift für Familienforschung, 28(2), S. 178-190.

Dewe, B. & Otto, H.-U. (2012). Reflexive Sozialpädagogik. In: W. Thole (Hrsg.): Grundriss Soziale Arbeit. Ein einführendes Handbuch (4. Auflage). Wiesbaden: VS, S. 197-217.

Destatis. www.destatis.de. Zugriff: [20.04.2021].

Dixon, J., Ward, J. & Blower, S. (2019). "They sat and actually listened to what we think about the care system": the use of participation, consultation, peer research and co-production to raise the voices of young people in and leaving care in England. In: Child Care in Practice, 25(1), S. 6-21.

Dresing, T./Pehl, T. (2018). Praxisbuch Interview, Transkription & Analyse. Anleitungen und Regelsysteme für qualitativ Forschende. Marburg: Eigenverlag.

Elias, N. (1971) 2006. Wissenssoziologie: neue Perspektiven, Teil I und II in: Aufsätze und andere Schriften II. Ges. Schriften. Band 15. Frankfurt/M., S. 219-286.

Engelhard, I. (2017). Kinderrechte und elterliche Verantwortung. In: C. Maier-Höfer (Hrsg.): Kinderrechte und Kinderpolitik. Fragestellungen der Angewandten Kindheitswissenschaften. Wiesbaden: VS, S. 167-186.

Entscheidungssammlung des Bundesverfassungsgerichts (1968). Link: http. www.bundesverfassungsgericht.de Zugriff: [20.04.2021].

Faas, S. (2013). Berufliche Anforderungen und berufsbezogenes Wissen von Erzieherinnen. Theoretische und empirische Rekonstruktionen. Wiesbaden: SpringerVS.

Faas, S. (2015). Professionalität – und die Frage nach dem Wissen frühpädagogischer Fachkräfte. Zur Aktualisierung und Aneignung berufsbezogenen Wissens im Spiegel beruflicher Anforderungen. In: Empirische Pädagogik, 29(3), S. 353-370.

Featherstone, B., White, S. & Morris, K. (2016). Re-Imagining child Protection. Bristol: Policy Press.

Featherstone, B., Gupta, A., Morris, K. & White, S. (2018). Protecting Children: A social model. Bristol: Policy Press.

Fegert, J. M., Schnorr, K., Kleidt, S., Kindler, H., & Ziegenhain, U. (2008). Lernen aus problematischen Kinderschutzverläufen. Machbarkeitsexpertise zur Verbesserung des Kinderschutzes durch systematische Fehleranalyse. hrsg. vom BMFSFJ), Berlin. Link: http: www. fruehehilfen.de Zugriff: [20.04.2021].

Flick, U. (2011). Das Episodische Interview. In: G. Oelerich & H.-U. Otto (Hrsg.), Empirische Forschung und Soziale Arbeit. Wiesbaden: VS, S. 273-280.

Flick, U. (2016). Qualitative Sozialforschung. Eine Einführung. Reinbek bei Hamburg: Rowohlt.

Foucault, M. (1974). Die Ordnung der Dinge. Frankfurt/M.: Suhrkamp.

Franzheld, T. (2017a). ‚Verdacht' als theoretische Reflexion und analytische Konzeption der Kinderschutzforschung. In: Sozialer Sinn, 18(2), S. 255-280.

Franzheld, T. (2017b). Verdachtsarbeit im Kinderschutz. Wiesbaden: Springer VS.

Garlen, J. C. (2019). Interrogating innocence: „Childhood" as exclusionary social practice. In. Childhood, 24(1), S. 54-67.

Gerber, C. & Alt, C. (2013). »Wie sind wir im Kinderschutz aufgestellt?«. Ein Fragebogen für eine Mitarbeiter/innenbefragung als Selbstevaluationsinstrument für Jugendämter im Rahmen der Qualitätsentwicklung im Kinderschutz. In: Das Jugendamt, 86(2), S. 58-62.

Gillingham, P. (2011). Decision-making tools and the development of expertise in child protection practitioners: are we 'just breeding workers who are good at ticking boxes'? Decision-making tools and expertise. In: Child & Family Social Work, 16(4), S. 412-421.

Gissel-Palkovich, I. & Schubert, H. (2015). Forschung aus der Hans-Böckler-Stiftung: Der Allgemeine Soziale Dienst unter Reformdruck. Interaktions- und Organisationssysteme des ASD im Wandel (1. Auflage). Baden-Baden: Nomos.

Glaser, B. & Strauss, A. (2010). Grounded Theory. Strategien qualitativer Forschung. Bern: Huber.

Groß, L. M., Ginter, J., & Zeller, M. (2017). » … wenn andere Professionen ihren eigenen Blick auf die Sachen haben«. Über die (Nicht-) Herstellung von Zuständigkeit im multiprofessionellen Handlungsfeld der Frühen Hilfen. In: N. Thieme & M. Silkenbeumer (Hrsg.), Neue Praxis Sonderheft. Bd. 14: Die herausgeforderte Profession. Soziale Arbeit in

multiprofessionellen Handlungskontexten. Lahnstein: neue praxis, S. 53-64.
Güthoff, F. & Sünker, H. (Hrsg.) (2001). Handbuch Kinderrechte. Partizipation, Kinderpolitik, Kinderkultur. Münster: Votum.
Hamburger, F. (2016). Einführung in die Sozialpädagogik. Stuttgart: Kohlhammer.
Hammer, W. (2019). Das Bundeskinderschutzgesetz. Zum Verhältnis von Kinderschutz zu Kinderrechten. In: W. Körner & G. Hörmann (Hrsg.), Staatliche Kindeswohlgefährdung. Weinheim: BeltzJuventa, S. 28-34.
Heimer, M., Näsman, E. & Palme, J. (2018). Vulnerable children's rights to participation, protection, and provision: The process of defining the problem in Swedish child and family welfare. In: Child & Family Social Work, 23(2), S. 316-323.
Heiner, M. (2010). Soziale Arbeit als Beruf. Fälle – Felder – Fähigkeiten. München/Basel: Reinhardt.
Heinitz, S. & Slüter, R. (2018). Von der Notlösung zum Erfolgsmodell. Erfindungen, Fallstricke und Perspektiven im Kinderschutz am Beispiel der Entwicklung des Profils der „insoweit erfahrenen Fachkraft". In: Böwer, M. & Kotthaus, J. (Hrsg.), Praxisbuch Kinderschutz. Professionelle Herausforderungen bewältigen. Weinheim: BeltzJuventa, S. 44-58.
Hensen, G. & Schone, R. (2019). „Kindeswohlgefährdung". Ein unbestimmter Rechtsbegriff mit existenziellen Folgen für Eltern und Kinder. In: W. Körner & G. Hörmann (Hrsg.), Staatliche Kindeswohlgefährdung. Weinheim: BeltzJuventa, S. 12-27.
Hetherington, R. & Baistow, K. (2001). Supporting families with a mentally ill parent: European perspectives on interagency cooperation. In: Child Abuse Review, 10(5), S. 351-365.
Hövermann, A. (2021). Belastungswahrnehmung in der Corona-Pandemie. In. WSI, 50, S. 1-13
Honig, M. S. (1999). Eine Theorie der Kindheit. Frankfurt/M.: Suhrkamp.
Hummel, K. (2019). Im Zweifel lieber wegnehmen? Ein Beitrag aus der Frankfurter Allgemeinen Sonntagszeitung vom 21.10.2018, Nr. 42. In: W. Körner & G. Hörmann (Hrsg.), Staatliche Kindeswohlgefährdung. Weinheim/Basel: BeltzJuventa, S. 198-205.
Hutchby, I. & Moran-Ellis J. (Hrsg.) (1998). Children and social competence. Arenas of action. London/Washington: The Falmer Press.
Jurczyk, Lange, A. & Thiessen, B. (2014). Doing Family. Warum Familienleben heute nicht mehr selbstverständlich ist. Weinheim: BeltzJuventa.
Jones, P. & Welch, S. (2010). Rethinking Children's Rights. New York: Bloomsbury Academics.

Jud, A. & Gartenhauser, R. (2015). The impact of socio-economic status and caregiver cooperation on school professionals' reports to child protection services in Switzerland. In: European Journal of Social Work, 18(3), S. 340-353.

Kerber-Ganse, W. (2009). Die Menschenrechte des Kindes. Die UN-Kinderrechtskonvention und die Pädagogik von Janusz Korczak. Versuch einer Perspektivenverschränkung. Opladen: Barbara Budrich.

Kindler, H., Lillig, S., Blüml, H., Meysen, T. & Werner, A. (Hrsg.) (2006). Handbuch Kindeswohlgefährdung nach § 1666 BGB und Allgemeiner Sozialer Dienst (ASD). München: Deutsches Jugendinstitut.

Kindler, H., Gerber, C., & Lillig, S. (2016). Wissenschaftliche Analyse zum Kinderschutzhandeln des Allgemeinen Sozialen Dienstes im Landkreis Breisgau-Hochschwarzwald im Todesfall des Kindes A. München: Deutsches Jugendinstitut.

Klatezki, T. (2020). Der Umgang mit Fehlern im Kinderschutz – eine kritische Betrachtung. In. neue praxis, 50 Jg., H. 2, S. 101-121.

Klein, S. B. (2018). Familienvorstellungen im Wandel. Zürich: TVZ .

Knezevic, Z. (2017). Amoral, im/moral and dis/loyal: Children's moral statur in child welfare. In: Childhood, 2484), S. 470-484.

Körner, W. (2019). Diagnostik bei Kindeswohlgefährdung (KWG.) In: W. Körner & G. Hörmann (Hrsg.) (2019), Staatliche Kindeswohlgefährdung. Weinheim: BeltzJuventa, S. 165-182.

Körner, W. & Hörmann, G. (Hrsg.) (2019). Staatliche Kindeswohlgefährdung. Weinheim: BeltzJuventa.

Kunstreich, T. (2019). Kinderschutz im Dialog. In: Sozialwissenschaftliche Literatur Rundschau, Jg. 78, H. 1/19, S. 38-46.

Landtag Mecklenburg-Vorpommern (2016). Landesprogramm Kinderschutz, Drucksache 5/5268.

Lenze, A. (2019). Arme Kinder in einem reichen Land. Erscheinungsformen, Ursachen und Lösungsansätze. In: W. Körner & G. Hörmann (Hrsg.), Staatliche Kindeswohlgefährdung. Weinheim: BeltzJuventa, S. 184-197.

Ley, T. (2018). Informationstechnologien im Kinderschutz zwischen politischer Steuerung, fachlicher Vernetzung und professionellem Entscheiden. In: M. Böwer & J. Kotthaus (Hrsg.), Praxisbuch Kinderschutz. Professionelle Herausforderungen bewältigen (1. Auflage. Weinheim/Basel: Beltz Juventa, S. 112-127.

Liebel, M. (2007): Wozu Kinderrechte? Grundlagen und Perspektiven. Weinheim: BeltzJuventa.

Liebel, M. (2010): Staat oder soziale Bewegung? Überlegungen zu einem basisorientierten und lokalisierten Umgang mit Kinderrechten. In: M. Liebel

& R. Lutz (Hrsg.), Sozialarbeit des Südens. Band 3 – Kindheiten und Kinderrechte. Oldenburg: Paulo Freiere, S. 47-66.

Liebel, M. (2017). Postkoloniale Kindheiten. Zwischen Ausgrenzung und Widerstand. Weinheim: BeltzJuventa.

Liebel, M. (2017a). Kinderinteressen. Zwischen Paternalismus und Partizipation. Weinheim: BeltzJuventa.

Liebel, M. & Saadi, I. (2010). Partizipation von Kindern in verschiedenen kulturellen Kontexten. Herausforderungen für die Sozialarbeit. In: M. Liebel/R. Lutz (Hrsg.), Sozialarbeit des Südens. Band 3 – Kindheiten und Kinderrechte. Oldenburg. Paulo Freire, S. 403-428.

Lindner, R. (2016). Nur kein Risiko eingehen! Zur präventiven Orientierung von Kinderschutz und Frühen Hilfen. In: neue praxis, 46 Jg., H. 2, S. 125-132.

Locke, J. (1990). Gedanken über Erziehung. Stuttgart: Reclam.

Lochner, B./Hellmann, M./Thole, W. (2020). Pädagogische Professionalität und Professionalisierung in den außerfamilialen Angeboten der Pädagogik der Kindheit. In: R. Braches-Chyrek, C. Röhner, H. Sünker, & M. Hopf (Hrsg.), Handbuch frühe Kindheit. Opladen: Barbara Budrich, S. 513-528.

Lundy, L. (2007). ‚Voice' Is Not Enough: Conceptualisierung Article 12 of the United Nations Convention on the Rights of the child. In: Britisch Educationa Research Journal, 33(6), S. 927-942.

Mannheim, K. (1964). Wissenssoziologie. Luchterhand: Berlin.

Marks, S. & Sehmer, J. (2017). Familiale Autonomie im Kinderschutz. In: Sozialer Sinn, 18(2), S. 203-229.

Martins, P.C., Oliveira, V. H. & Tendais, I. (2018). Research with children an young people on sensitive topics – The Case of poverty and delinquency. In: Childhood, 25(4), S. 458-472.

Mason, J. (2008). A Children's Standpoint: Needs in Out-of-Home Care. In: Children & Society, 22(5), S. 358-369.

Matzner, A. (2018). Informelle Gespräche in Jugendämtern. Dissertation. Wiesbaden: VS-Springer.

Mayring, P. (2010). Qualitative Inhaltsanalyse. Grundlagen und Techniken. Weinheim: BeltzJuventa.

Maywald, Jörg (2010). Die UN-Kinderrechtskonvention: Bilanz und Ausblick. In: Aus Politik und Zeitgeschichte (APuZ), 38, S. 8-15.

Metzner, F., Wolkwitz, P., Lehmann, N. M. & Pawils, S. (2019). Prädiktoren und Verfahren zur Erfassung von Hinweisen für Kindeswohlgefährdung in Forschung und Praxis. Ein Überblick zum Stand vor und nach Einführung des Bundeskinderschutzgesetzes. In: W. Körner & G. Hörmann (Hrsg.), Staatliche Kindeswohlgefährdung, Weinheim: BeltzJuventa, S. 149-164.

Ministerium für Generationen, Familie, Frauen und Integration des Landes Nordrhein-Westfalen (2010). Studie Kindeswohlgefährdung – Ursachen, Erscheinungsformen und neue Ansätze der Prävention. Link: www.mfggi.nrw. Zugriff: [20.04.2021].

Morrison, F., Cree, V., Ruch, G., Winter, K. M., Hadfield, M. & Hallett, S. (2019). Containment: Exploring the concept of agency in children's statutory encounters with social workers. In. Childhood, 26(1), S. 98-112.

Münder, J. (2017). Kindeswohl zwischen Jugendhilfe und Justiz: Zur Entwicklung von Entscheidungsgrundlagen und Verfahren zur Sicherung des Kindeswohls zwischen Jugendämtern und Familiengerichten. Weinheim: BeltzJuventa.

Moran-Ellis, J. & Sünker, H. (2008). Kinderrechte und Kinderpolitik, In: Widersprüche, 28 (109), S. 53-69.

Moran-Ellis, Jo (2013): 'Children as social actors, agency, and social competence: sociological reflections for early childhood'. In: neue praxis, 43 (4), S. 323-338.

Moran-Ellis, Jo (2020): Agency und soziale Kompetenz in früher Kindheit. In: Braches-Chyrek, Rita/Röhner, Charlotte/Sünker, Heinz/Hopf, Michaela (Hrsg.): Handbuch frühe Kindheit. Opladen: Barbara Budrich, S. 171-184.

Munro, E. (2010). Learning to Reduce Risk in Child Protection. In: British Journal of Social Work, 40(4), S. 1135-1151.

Munro, E. (2019a). Decision-making under uncertainty in child protection: Creating a just and learning culture. In: Child & Family Social Work, 24(1), S. 123-130.

Munro, E. (2019b). Effective Child Protection. London: SAGE.

Niemelä, M., Kallunki, H., Jokinen, J., Räsänen, S., Ala-Aho, B., Hakko, H., Ristikari, T., & Solantaus, T. (2019). Collective Impact on Prevention: Let's Talk About Children Service Model and Decrease in Referrals to Child Protection Services. In: Frontiers in Psychiatry, 10(64).

Niemeyer, C. (2015). Sozialpädagogisches Verstehen verstehen. Eine Einführung in ein Schlüsselproblem sozialer Arbeit. Weinheim: BeltzJuventa.

Oelkers, N. (2018). Kindeswohl: Aktivierung von Eltern(-Verantwortung) in sozial investiver Perspektive. In: K. Jergus, J., O. Krüger, & A. Roch (Hrsg.), Elternschaft zwischen Projekt und Projektion. Wiesbaden: VS-Springer, S. 103-119.

Petry, U. (2013). Soziale Arbeit: Die Last der Arbeit im ASD. Belastungen und Entlastungen in der Sozialen Arbeit. Weinheim: BeltzJuventa.

Peucker, C., Gragert, N., Pluto, L. & Seckinger, M. (2010). Kindertagesbetreuung unter der Lupe. Befunde zu Ansprüchen an eine Förderung von Kindern. München: DJI.

Peucker, C., Pluto, L., & van Santen, E. (2017). Situation und Perspektiven von Kindertageseinrichtungen. Empirische Befunde. Weinheim/Basel: BeltzJuventa.

Pluto, L., Gadow, T., Seckinger, M. & Peucker, C. (2012). Gesetzliche Veränderungen im Kinderschutz – empirische Befunde zu Paragraph 8a und Paragraph 72a SGB VIII. Perspektiven verschiedener Arbeitsfelder. München: DJI.

Pluto, L. (2018). Partizipation und Beteiligungsrechte. In: K. Böllert (Hrsg.), Kompendium Kinder- und Jugendhilfe. Wiesbaden: SpringerVS, S. 945-965.

Pölkki, P., Vornanen, R., Pursiainen, M. & Riikonen, M. (2012). Children's Participation in Child-protection Processes as Experienced by Foster Children and Social Workers. In: Child Care in Practice, 18(2), S. 107-125.

Pothmann, J. & Tabel, A. (2018). Allgemeiner Sozialer Dienst und das Zusammenwirken von Fachkräften im Kinderschutz. In: M. Böwer & J. Kotthaus (Hrsg.), Praxisbuch Kinderschutz. Professionelle Herausforderungen bewältigen (1. Auflage). Weinheim: BeltzJuventa, S. 261-276.

Oppermann, C., Winter, V., Harder, C., Wolff, M. & Schröer, W. (Hrsg.). Lehrbuch Schutzkonzepte in pädagogischen Organisationen. Weinheim: Beltz/Juventa.

Quortrup, J., Bardy, M., Sgritta, G. et al. (Hrsg.) (1994). Childhood Matters. Social Theory, Practice and Politics. Aldershot.

Rap, S., Verkroost, D. & Bruning, M. (2019). Children's participation in Dutch youth care practice: an exploratory study into the opportunities for child participation in youth care from professionals' perspective. In: Child Care in Practice, 25(1), S. 37-50.

Reckwitz, A. (2017). Die Gesellschaft der Singularitäten. Frankfurt/M: Suhrkamp.

Richmond, M. (1930). The Long View. New York: Russel Sage Foundation.

Richter, J. (2017). Kinderschutz oder Kinderrechte? Versuch, ein wenig Ordnung in eine aktuelle Debatte zu bringen. In. Widersprüche, 37 (146), S. 89-102.

Roeske, A. (2018). Digitalisierung Sozialer Arbeit: Widersprüche im fachlichen Handeln. In: Sozial Extra, 42(3), S. 16-20.

Rooth, H., Piuva, K., Forinder, U. & Söderbäck, M. (2018): Competent parents with natural children: Parent and child identities in manual-based parenting courses in Sweden. In: Chilhood, 25(3), S. 369-384.

Rosenkötter, W. (2019). Das Recht des Kindes auf Beteiligung. Zur Bedeutung von Partizipation. In: W. Körner & G. Hörmann (Hrsg.) (2019), Staatliche Kindeswohlgefährdung. Weinheim: BeltzJuventa, S. 35-49.

Ross, N. M. (2013). Different Views? Children's Lawyers and Children's Participation in Protective Proceedings in New South Wales, Australia. In: International Journal of Law, Policy and the Family, 27(3), S. 332-358.

Rousseau, J. J. (1971). Emil oder über die Erziehung. Paderborn: Ferdinand Schöningh.

Sachße, C. (2018). Die Erziehung und ihr Recht. Vergesellschaftung und Verrechtlichung von Erziehung in Deutschland 1870-1990. Weinheim: BeltzJuventa.

Salgo, L. (2019). Die Beziehung zwischen Familienrecht und Human-/Sozialwissenschaften am Beispiel des Kindschaftsrechts. In: Zeitschrift für Familienforschung, 28 Jg., H.2, S. 191-207.

Schneider-Janessen, K., Toussaint, P., & Cappenberg, M. (2014). Kindeswohl zwischen Jugendhilfe, Justiz und Gutachter. Eine empirische Untersuchung. Wiesbaden: VS-Springer.

Schone, R. & Tenhaken, W. (Hrsg.) (2012). Kinderschutz in Einrichtungen und Diensten der Jugendhilfe. Weinheim: BeltzJuventa.

Schone, R. (2019). Schutzkonzepte in den Hilfen zur Erziehung. Zwischen Gefahrenabwehr und Risikominimierung. In: W. Körner & G. Hörmann (Hrsg.), Staatliche Kindeswohlgefährdung. Weinheim: BeltzJuventa, S. 136-148.

Schrödter, M., Bastian, P. & Taylor, B. (2018). Risikodiagnostik in der Sozialen Arbeit an der Schwelle zum »digitalen Zeitalter« von Big Data Analytics. In: Kutscher, N., Ley, T., Seelmeyer, U., Siller, F., Tillmann, A. & Zorn, I. (Hrsg.): Handbuch Soziale Arbeit und Digitalisierung. Weinheim: BeltzJuventa, S. 255-264.

Schütz, A. (2010) [1954]. Begriffs- und Theoriebildung in den Sozialwissenschaften. In: T. Eberle, J. Dreher, & G. Sebald (Hrsg.), Zur Methodologie der Sozialwissenschaften. Konstanz: UVK, S. 443-470.

Schütz, A. (2011) [1957]. Gleichheit und die Sinnstruktur der sozialen Welt. In. A. Göttlich, G. Sebald, & J. Weyand (Hrsg.), Relevanz und Handeln 2. Gesellschaftliches Wissen und politisches Handeln. Konstanz: UVK, S. 171-250.

Schutter, S. (2020). Kinderschutz. In: R. Braches-Chyrek, C. Röhne, H. Sünker & M. Hopf (Hrsg.), Handbuch frühe Kindheit. Opladen: Barbara Budrich, S. 463-472.

Schwarz, B. (2011). Die Verteilung der elterlichen Sorge. Weinheim: BeltzJuventa.

Seckinger, M., Pooch, M.-T., & Mairhofer, A. (2018). Kindeswohl und Kinderschutz zwischen Unbestimmtheit, Kontingenz und Ambivalenzen. In: T. Betz, S. Bollig, M. Joos, & S. Neumann (Hrsg.), Kindheiten – Neue

Folge: Gute Kindheit. Wohlbefinden, Kindeswohl und Ungleichheit (1. Auflage). Weinheim/Basel: BeltzJuventa, S. 116-130.

Sehmer, J. (2018). Zur Konstruktion des Kindes durch Fachkräfte eines Allgemeinen Sozialen Dienstes. In: I. Kaul, D. Schmidt, & W. Thole (Hrsg.), Kinder und Kindheiten. Wiesbaden: Springer Fachmedien, S. 131-151.

Sehmer, J., Marks, S., & Thole, W. (2017). Zuständigkeit und Expertise. Eine Fallstudie zur Kooperation von Fachkräften eines Jugendamtes und einer Klinik im Kinderschutz. In: N. Thieme & M. Silkenbeumer (Hrsg.), Neue Praxis Sonderheft. Bd. 14: Die herausgeforderte Profession. Soziale Arbeit in multiprofessionellen Handlungskontexten. Lahnstein: neue praxis, S. 43-52.

Shier, H. (2001). Pathways to participation: openings, opportunities and obligations. In: Children & Society, 15(2), S. 107–117.

Spence, T. (1796). The rights of infants. www.thomas-spence-society.co.uk/rights-of-infants/. Zugriff: [20.04.2021].

Spyrou, S. (2018): What next for Childhood Studies? In: Childhood, 25(4), S. 419-421.

Stadtjugendamt Erlangen, Gedik, K., & Wolff, R. (Hrsg.) (2018). Kinderschutz im Dialog. Grundverständnis und Kernprozesse kommunaler Kinderschutzarbeit. Opladen: Barbara Budrich.

Surall, F. (2009): Ethik des Kindes. Kinderrechte und ihre theologisch-ethische Rezeption. Stuttgart: Kohlhammer.

Thieme, N. & Silkenbeumer, M. (2017). Herausforderungen Sozialer Arbeit in multiprofessionellen Handlungskontexten. In: N. Thieme & M. Silkenbeumer (Hrsg.), Neue Praxis Sonderheft. Bd. 14: Die herausgeforderte Profession. Soziale Arbeit in multiprofessionellen Handlungskontexten. Lahnstein: neue praxis, S. 3-12.

Thole, W., Milbradt, B., Göbel, S., & Rißmann, M. (2016). Wissen und Reflexion – Einleitung. In: W. Thole, B. Milbradt, S. Göbel, & M. Rißmann (Hrsg.), Kasseler Edition Soziale Arbeit. Band 4: Wissen und Reflexion. Der Alltag in Kindertageseinrichtungen im Blick der Professionellen. Wiesbaden: SpringerVS. S. 1-6.

Thurn, L. (2017). Kinderschutz im Kontext der Kindertagesbetreuung. Eine Untersuchung zu Herausforderungen und Chancen im Umgang mit dem Schutzauftrag. Wiesbaden: VS.

Tisdall, E. K. M. (2016). Subjects with agency? Children's participation in family law proceedings. In: Journal of Social Welfare and Family Law, 38(4), S. 362-379.

Turba, H. (2018). Die Polizei im Kinderschutz. Wiesbaden: Springer VS.

UN-Kinderrechtkonvention https://www.kinderrechtskonvention.info/. Zugriff: [20.04.2021].

Urban-Stahl, U., Albrecht, M. & Gross-Lattwein, S. (2018). Hausbesuche im Kinderschutz. Empirische Analysen zu Rahmenbedingungen und Handlungspraktiken in Jugendämtern. Opladen: Barbara Budrich.

van Bijleveld, G. G., Dedding, C. W. M. & Bunders-Aelen, J. F. G. (2015). Children's and young people's participation within child welfare and child protection services: a state-of-the-art review: Children's participation within child protection. In: Child & Family Social Work, 20(2), S. 129-138.

van Santen, E. & Seckinger, M. (2003). Kooperation: Mythos und Realität einer Praxis. Eine Empirische Studie zur interinstitutionellen Zusammenarbeit am Beispiel der Kinder- und Jugendhilfe. München: DJI.

van Santen, E. & Seckinger, M. (2015). Kooperation im ASD. In: J. Merchel (Hrsg.), Handbuch Allgemeiner Sozialer Dienst (ASD). München: Reinhardt, S. 351-368.

van Santen, E. & Seckinger, M. (2017). Kooperation und Konflikt. In: F. Kessl, E. Kruse, S. Stövesand, & W. Thole (Hrsg.), UTB Soziale Arbeit. Bd. 4347: Soziale Arbeit – Kernthemen und Problemfelder. Opladen: Barbara Budrich, S. 194-201.

van Santen, E., & Seckinger, M. (2018). Netzwerke und Kooperation im Kinderschutz. In: M. Böwer & J. Kotthaus (Hrsg.), Praxisbuch Kinderschutz. Professionelle Herausforderungen bewältigen (1. Auflage). Weinheim/Basel: BeltzJuventa, S. 298-313.

Walper, S. (2015). Kinderrecht und Kindeswohl. Eine Untersuchung zum Status des Kindes im öffentlichen Recht. Tübingen: Mohr Siebeck.

Winkler, M. (2008). Weder Hexen noch Heilige – Bemerkungen zum Verhältnis von Pädagogik und der neueren soziologischen Kindheitsforschung. In: S. Andresen & I. Diehm (Hrsg.), Kinder, Kindheiten, Konstruktionen. Erziehungswissenschaftliche Perspektiven und sozialpädagogische Verortungen. Wiesbaden: VS, S. 83-105.

Wolff, R., Flick, U., Ackermann, T., Biesel, K., Brandhorst, F., Heinitz, S., Patschke M. & Röhnsch, G. (2013). Aus Fehlern lernen – Qualitätsmanagement im Kinderschutz. Leverkusen: Budrich.

Wolff, R., Flick, U., Ackermann, T., Biesel, K., Brandhorst, F., Heinitz, S., Patschke, M. & Robin, M. (2014). Kinder im Kinderschutz. Zur Partizipation von Kindern und Jugendlichen im Hilfeprozess – Eine explorative Studie. Köln: Nationales Zentrum Frühe Hilfen (NZFH).

Wolff, R., Flick, U., Ackermann, T., Biesel, K., Brandhorst, F., Heinitz, S., Patschke, M. & Robin, P. (2016). Contributions to Quality Development in Child Protection. Children in Child Protection. On the Participation of

Children and Adolescents in the Helping Process. http://www.fruehehilfen.de/children-in-child-protection. Köln: NZFH. Zugriff: [20.04.2021].

Wonneberger, A., Weidtmann, K. & Stelzig-Willutzki, S. (Hrsg.) (2018). Familienwissenschaft. Wiesbaden: SpringerVS.

Woodman, E., Roche, S., McArthur, M. & Moore, T. (2018). Child protection practitioners: Including children in decision making. In: Child & Family Social Work, 23, S. 475-484.

Zeiher, H. & Zeiher, H. (1994). Orte und Zeiten im Leben der Kinder. München: Juventa.

Ziegenhain, U., Schöllhorn, A., Künster, A., Hofer, A., König, C. & Fegert, J. M. (2011). Werkbuch Vernetzung. Chancen und Stolpersteine interdisziplinärer Kooperation und Vernetzung im Bereich Frühe Hilfen und im Kinderschutz. http.//www.frühehilfen.de Zugriff: [20.04.2021].

Zitelmann, M. (2020). Kindeswohl und Kindeswille. In: R. Braches-Chyrek, Ch. Röhner, H. Sünker & M. Hopf (Hrsg.), Handbuch frühe Kindheit. Opladen: Barbara Budrich, S. 454-462.

Zitelmann, M., Berneiser, C. & Beckmann, K. (2021). Appell aus der Wissenschaft: Mehr Kinderschutz in der Corona-Pandemie. In: https://www.jugenhilfeprotal.de Zugriff: [20.04.2021].